英文ビジネス契約書の読み方・書き方・結び方

野副靖人【著】
Nozoe Yasuhito

Easy Method to Interpret, Draft and Conclude
a Business Agreement in English

中央経済社

はじめに

　商取引には契約書は欠かせません。とくに，国際的な商取引では契約書を作成しなければならず，そのほとんどはとうぜん英文で作成されます。

　したがって，英文契約書についての理解と活用なくしては，国際取引は行えないといっても過言ではありません。

　英文契約書を読みこなし，理解することは，専門の部署のみではなく，営業部門でも管理部門でも，ビジネスマンにとっては必須の能力といえます。

　洋の東西を問わず，契約書は難解とされていることに変わりはありませんが，英文契約書にはとくにその傾向が強いようです。

　われわれ日本人には，外国語を苦手とする人が多く，加えて，国際商取引において相手国の法令や制度についての知識にも乏しいことが多いので，英文契約書の独特の表現や解釈などでなおさら難解と思ってしまいます。

　確かに，英文契約書は複雑なものが多く，そこに潜んでいるリスクを把握せずに取引を開始することは，闇夜にライトをつけずに車を運転するようなもので非常に危険です。

　ところで，英文契約書は本当に難しいのでしょうか？

　契約書の英語は，特殊な英語ではなく，法律的な考え方に基づく英語なのです。したがって，英語の読解力だけでなく，法律的な考え方が大切で，基本的な構造や独特の表現あるいは留意すべきポイントを十分理解すれば，少しも難しいことはないのです。

　英文契約書にはいろいろな種類のものがありますが，その中の条項については，相当な部分において共通のものが多いことに気づきます。

　それらについては，原文の英語表現とそれに対応する日本語の翻訳表現を覚えれば，その部分だけでも翻訳や解釈の手間が省けることとなります。英文契

約書を読みこなすことや作成することができれば，リスクの所在についても知ることができ商取引の条件交渉は容易となります。

契約書は当事者の置かれている状況によって二面性があります。

1つの売買契約書は，売り手の立場から見た条件内容と買い手の立場から見たものとはおのずから異なります。すなわち，売り手に有利な内容は買い手にとって不利なこととなるのです。

契約書の作成に際しては，できるだけこちらに有利な内容とすべく粘り強く交渉して実現することが肝要です。

契約書条項作成に際しての交渉が"Battle of Draft"と呼ばれるのも，契約条件内容を自分に有利なものとするための交渉が熾烈だからです。

契約書作成において，相手の言いなりになったり，相手の要求に大幅に譲歩して，こちらに不利な内容で締結せざるを得ないこととなった場合，すなわち，契約書作成交渉において敗北すれば，その後の商取引すべてが負け戦を余儀なくされるのです。

だからこそ，取引のスタートとなる契約書の内容交渉は重要なのです。契約書の基本的な条項内容を熟知しておけば有利な交渉が進められるのです。

国際商取引の最前線で契約を締結しなければならない担当者にとって，本書が，英文契約書の読み方・書き方およびチェックの仕方の一助となれば幸いです。

2005年1月

野 副 靖 人

目 次

■国際間の契約について —————————————— 1

1 契約とは？／3
　(1) 契約とは法的拘束力をもった合意のこと・3
　(2) 契約の成立には次の4要件が必要です・3
　(3) 申込と承諾で合意となる・5
　(4) 国際取引契約にはリスクが付き物・5

2 契約書の役割とは？／7
　(1) なぜ契約書を作成するのか・7
　(2) 契約自由の原則・9
　(3) 国際売買取引に潜む4つのリスクへの対応・10

3 契約書の種類／13
　(1) 物品売買契約・13
　(2) 販売店契約・15
　(3) 製造委託契約・18
　(4) 業務委託契約・18
　(5) 知的財産ライセンス契約・19
　(6) リース契約・19
　(7) サービス提供契約・20
　(8) 金銭消費貸借契約・20
　(9) 保証契約・21
　(10) 担保契約・21
　(11) 雇用契約・21
　(12) 秘密保持契約・22
　(13) プラント技術・建設工事契約・23

⒁　合弁事業契約・23
　　　⒂　他社（株式・資産）の買収契約・24
　4　電子商取引の契約書／25
　5　契約書を作成する場合の注意事項／29
　　　⑴　契約書作成の前に・29
　　　⑵　条文作成の作業手順と注意点・29
　　　⑶　契約当事者を特定する・34
　　　⑷　明確性と具体性・34
　　　⑸　契約書は万一のときに備えるもの・35
　　　⑹　取引内容が法令に抵触していないかチェックする・36
　　　⑺　必要な条項が抜けていないかチェックする・37
　　　⑻　間違った記載はないか・39
　　　⑼　内容や字句の表現が明確か・39
　　　⑽　当方を不当に拘束する条項はないか・39
　6　英文契約書の難しさ／40
　　　⑴　法律文書の理解が困難・40
　　　⑵　法律英語の理解が困難・40
　　　⑶　契約書文言の独特の言い回し・44
　7　法律上注意すべきこと／46
　　　⑴　国連物品売買統一法条約・46
　　　⑵　なぜ準拠法規定が必要なのか・46
　　　⑶　準拠法を決めない場合はどうなるか・49
　　　⑷　製造物責任・50
　　　⑸　調印するまで気を抜かない・51
　　　⑹　裁判管轄・51
　8　補償条項／54
　9　被保険者追加条項／58

10　児童労働等使用禁止条項／59

▣英文契約書の基本的な構成―――――――――――61

1　すべての契約書に一般的に共通なもの／63

(1)　表紙・63
(2)　表題・63
(3)　頭書・64
(4)　前文・65
(5)　定義条項・65
(6)　当事者関係条項・66
(7)　契約期間条項・68
(8)　通知条項・69
(9)　譲渡禁止条項・70
(10)　契約解除条項・72
(11)　不可抗力条項・77
(12)　事情変更条項・79
(13)　権利の非放棄条項・80
(14)　条項の分離可能条項・81
(15)　守秘義務条項・82
(16)　準拠法条項・84
(17)　紛争解決条項・87
(18)　損害賠償の制限条項・96
(19)　税金条項・97
(20)　タイム・オブ・エッセンス条項・99
(21)　見出しに関する条項・100
(22)　副本条項・101
(23)　存続条項・101
(24)　相殺条項・102
(25)　相殺禁止条項・103

⒆　贈賄禁止条項・104
　　　⒇　完全合意条項・105
　　　(28)　使用言語条項・107
　　　(29)　末尾文言・109
　　　(30)　署名欄・109
　　　(31)　印紙・111
　２　売買契約書に特有な条項／112
　　　(1)　売買意思表示条項・112
　　　(2)　発注手続条項・112
　　　(3)　取引数量条項・113
　　　(4)　商品規格条項・114
　　　(5)　代金条項・114
　　　(6)　支払条件条項・115
　　　(7)　商品引渡，所有権および危険負担の移転条項・116
　　　(8)　所有権留保条項・119
　　　(9)　船積手配条項・122
　　　(10)　運送保険条項・123
　　　(11)　検品条項・124
　　　(12)　品質保証条項・126
　　　(13)　知的財産権侵害条項・130
　　　(14)　発効条件条項・132
　　　(15)　期限の利益喪失条項・133
　３　ライセンス契約に特有な条項／135
　　　(1)　ライセンス許諾条項・135
　　　(2)　技術情報・知的財産権の開示条項・136
　　　(3)　技術指導条項・137
　　　(4)　ライセンス許諾表示条項・138
　　　(5)　改良情報相互交換使用条項・139
　　　(6)　著作権・所有権の帰属条項・140

(7) 品質コントロール条項・141
(8) ライセンシーによる広告宣伝・販売促進努力条項・142
(9) ライセンシーの記録保管・報告義務条項・142
(10) 契約解除条項・144
(11) 秘密保持条項・145

契約書サンプル —————————————147

1 売買契約書／149
2 独占的販売店契約／171
3 個別契約申込書（発注書）記載の裏面約款／196
4 製造委託契約書／205
5 ノウハウ・ライセンス契約／230
6 秘密保持契約／259
7 貨物寄託基本契約書／274
8 事務所賃貸借契約書／286
9 電子商取引契約書／306

索　引／329

国際間の契約について

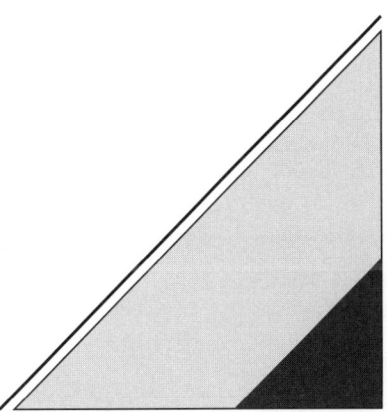

1 契約とは？

(1) 契約（Contract）とは法的拘束力（Enforceability）をもった合意（Agreement）のこと

　2人以上の複数の者が，ある事柄を実現させることについて合意した内容を約束といいますが，約束には契約となるものと，ならないものがあります。契約とは，法律的には，"私法上互いに対立する2個以上の意思表示の合致（合意）によって成立する法律行為"のことをいいます。

　わかりやすく言えば，一方が「これを買いたい」と言い，他方が「これを売りましょう」という意思表示があって，双方が合意に達すれば，売買契約という契約が成立することとなります。

　相手方が約束を守らない場合には，裁判所の力を借りて力づくで相手方に約束を守らせることができるような内容を取り決めた約束を契約といいます。

> 合意（Agreement）＋法的拘束力（Enforceability）⇒ 契約（Contract）

❖ Agreement と Contract

　Agreement も **Contract** も契約あるいは契約書の意味で使われます。
　Agreement と **Contract** とは，厳密に言えば法律上では別の概念とされていますが，実務上ではほぼ同じと考えてよいと思います。しいて言えば，**Agreement** は契約に限らず，当事者双方が署名する覚書や確認書などと呼ばれる簡易な形式の文書にも使用されているのに対して，**Contract** は比較的フォーマルな契約書の場合のタイトルに使用されています。

(2) 契約の成立には次の4要件が必要です

　契約を有効に成立させるためには次の4つの要件が必要です。

① 契約当事者双方に意思能力があること
契約を締結する当事者双方のいずれもが，意思能力がなければなりません。行為無能力者（法律行為を単独でできる能力が欠けている者，未成年者，禁治産者，準禁治産者など）では契約は有効に成立させることができないのです。

② 申込と承諾があること
一方がある行為の約束をしたいという申し入れを行い，他方がそれを承諾することによって契約は成立します。

③ 約因（Consideration）*1があること
英米契約法上の用語で，債務の対価として提供される作為または不作為の行為，法律関係の設定・変更・消滅等の約束があることをいいます。

④ 契約内容が適法であること
契約内容が公序良俗に反していたり違法であれば，その契約は無効とされたり有効な契約として機能しないこととなります。

◈英国法上の Contract 成立要件
英国法では，Contract（契約）が成立するためには以下の要件が充足されていることが必要とされています。
① 合意（Agreement）があること
Agreement とは一方が申込（Offer）をし，他方が承諾（Acceptance）することによって成立します。
Agreement is made when one party accepts an offer made by the other.
契約は一方が行った申込を他方が承諾するときに成立します。
Offer とは作為もしくは不作為をするという意思表示のことで Acceptance により拘束力ある合意に変わります。
② 契約意思（Contractual Intention）が両当事者にあること
Agreement が法的関係（Legal Relations）を有することを当事者が意図（Intend）したことが契約意思があるということになります。
Intention to enter into legal relations. （法律関係に入る意思）
③ Consideration（約因，行為，約束）があるか，または Deed*2（捺印証書）といわれる特別の形式を踏むこと

*1) **Consideration** とは，約束を **Support** するものをいいます。

2) **Deed** とは，紙または羊皮の上に捺印し，相手方に交付した証書で，当事者の意見を立証するものである種の法律行為とされています。他の文書とは方式のみならず，効力においても相違があります。不動産取引や債務証書（**Bond**）や代理権授与等について作成されます。
④ 当事者が行為能力（Capacity to contract）を有していること

※米国法律協会（American Law Institute）による契約の定義
　1つまたは1組の約束で，その違反に対して法が救済手段を与え，または法がその履行を何らかの方法において義務として認めるもの。

(3) 申込と承諾（Offer & Acceptance）で合意となる

　何かをする，あるいはしないといった作為または不作為の意思表示が申込（Offer）であり，相手方の承諾（Acceptance）によって拘束力のある合意となります。

　たとえば，引合（Inquiry）は，相手方の意思を確認したり注文を勧誘する行為で，Offerではなく，相手方にOfferすることを求めたり必要な情報を請求したりする段階です。サンプル提出や細かな条件を確かめるやり取りが双方の間であった後に正式にOfferが行われることとなります。

　Acceptanceは，Offerされた条件のすべてを明確かつ確定的に受諾する意思を表示するものです。Acceptanceの意思表示は，無条件でなければなりません。もし条件をつけた場合は，それはAcceptanceとはならず，Offerを拒絶して新たなCounterofferを行うものということになります。

(4) 国際取引契約にはリスクが付き物

　国際取引とは，ある国から他国へ物やサービスが動く取引や当事者が異なる国に所在する取引のことをいいます。国際取引には以下のようなリスクが生じます。
① 物や役務およびその対価としての金銭が国境を越えて動く取引に関する契約……遠隔地・タイムラグにより生じるリスク，他国での訴訟リスク，

準拠法リスク
② **当事者が異なる国に存在する取引に関する契約**……他国での訴訟リスク，準拠法リスク，強制執行リスク

　国内における契約を拘束する程度，あるいは契約の解釈・運用についての重要度は，法令・規則がもっとも強く，次に業界慣習，最後に当事者の意思といえますが，国際契約では「当事者の意思＞業界慣習＞法令・規則」という順序で，当事者の意思がもっとも強くかつ重要という特性をもっています（当事者自治の原則）。

2 契約書の役割とは？

(1) なぜ契約書を作成するのか

① 相手方の意思を確認するため

　国際取引では，当事者のお互いが言語・文化・習慣・考え方がそれぞれ異なるものをもっています。

　お互いが離れているため，国内取引先のように気軽に会って疑問点や相違点を照会したり協議することができません。

　したがって，外国企業との取引においては，契約書がなければ契約の有無・契約内容・契約条件等について誤解や紛争が生じやすくなります。

　とくに担当者や責任者が異動したり退職したり，あるいは機構改革等で短期間に頻繁に交替するような米国企業との取引においては，文書にしていない契約内容や了解事項は後任者に引き継がれるかどうかわかりません。

　万一引き継がれなかった場合には，契約相手方の会社を法的に拘束できなくなる危険性がきわめて高くなります。また，ビジネス社会では誠実な人ばかりとは限らないことを銘記しておくべきです。そういう場合に備えて，契約を書面で取り交わしておくべきなのです。

② 合意内容を証拠づけるため（英米法にいう Parol Evidence Rule）

　契約書がなくても契約は成立します。しかし，書面にしたものがなければどのような合意をしたのかわからず，後日紛争のもとになりますし，証明することも困難となります。

　契約書を作成するのは合意内容を証拠づけるためなのです。現在好業績でも，契約したことを実行する時点で必ず実行できるという保証はありません。相手方が契約を履行してくれなかったり，履行してくれてもそれが不十分であったり，注文した商品の品質が不良であったり，数量が足りなかったりした場合に，相手方の責任を追及しなければならなくなります。その場合に証拠となるのが

契約書なのです。

契約書というものは，もともとトラブルが発生することを想定して（前提として）作るものです。

すなわち，後日もめたときの解決の基準やガイダンスとして作成するものであり，もめてからでは約束事を契約にし締結することは非常に困難なのです。

③ 合意が成立したことの証拠とするため

契約締結後，当事者や取引をめぐる状況に変化が生じたときは，きちんとした契約書でなければ，契約条件の証明をしたり，相手方に契約内容の履行を求めることは容易ではありません。

きちんとした契約書を書面で締結しておくことは，不測の事態が発生した場合，相手方との交渉において相手方を交渉のテーブルに着かせるという利点もあり，裁判の証拠として利用できます。

ちなみに，書面による契約書を締結しないで，当事者相互の信頼関係に基づいて物事を進める際の口約束を紳士協定（Gentleman's Agreement）といいます。相互の信頼関係が継続しトラブルが発生しないうちは問題ないでしょうが，トラブルが発生し，こじれたりして信頼関係も損なわれることとなれば，紳士協定は守られない危険性があります。

そういうトラブルを回避するためにも，契約は当事者双方の権限を有する者が署名した書面で作成しておくべきです。

❖米国や英国における口頭証拠排除の原則

英米法には「口頭証拠排除の原則（**Parol Evidence Rule**）」というものがあります。これは，英米法上の考え方で，書面重視・証拠重視，口頭証拠軽視・排除のことをいいます。

当事者の契約条件について，合意内容が最終的なものでありかつ完全なものとして契約書が作成され，契約書中にその旨（完全合意条項）が記載されている場合には，これと異なる合意内容を口頭の合意として当事者または第三者の証言により立証しようということを排除するものです。

ちなみに，米国統一商法典（**Uniform Commercial Code**）第2章第202条にはその旨が規定されています。

米国や英国の企業と契約する場合，米英企業はこのルールを念頭において契

約書を作成しようとしますので，あらゆる契約条件・条項を網羅的に規定したり，考えられるすべての不測の事態を想定して個々のケースの対処方法や解決方法を規定したり，自己の権利を確保するための条項を記載しようとする傾向があります。

英文契約書にしばしば「**Parol Evidence Rule Clause**（口頭証拠排除条項）」あるいは「**Entire Agreement Clause**（完全合意条項）」が規定されているのは，そういう事情があるからです。

❖日本人と欧米人の契約に対する考え方の違い

契約書を作成する際に，日本人は取引の相手方といかに友好的にやっていくかを第一に考え，万一の場合に備えた詳しい内容の契約書を作成することを躊躇する傾向が強いといわれています。したがって，契約書にも最後に規定外事項として「問題が発生すれば両者誠意をもって協議し解決する」という文言が記載されるのが一般的です。

これに対し，欧米人は契約をあたかも将来離婚するときのために作成すると評されています。いかにうまく別れるか，いかに支出をせずに別れるかを考えて契約条文を考えるのです。したがって，「問題が発生したら両者協議の上」といった文章は欧米人には意味がなく通用しません。約束事は，契約書の中に書かれていることだけが有効とされるのです。

外国企業との契約では，いかに問題や紛争を発生させないようにするか，問題や紛争が発生したときどうするのか，すなわち，問題が必ず発生すると予測して，その解決方法や損害が生じた場合の対処法をあらかじめ契約書の中へ可能な限り詳細に盛り込んでおくことが肝要です。

(2) 契約自由の原則

別々の国に所在している契約当事者が締結する契約（国際契約）についても，当事者は近代私法（Modern Private Law）のもつ「契約自由の原則」に従い，契約関係や契約内容を自由に決定できます。

a) 契約方式の自由

契約を書面にしてもしなくても，契約の結び方は自由です。必ずしも契約書（書面）を作成する必要はありません。しかし，商行為の契約では後日のトラブルを回避するためにも書面にしておくべきです。

近時では，インターネット上で電子文書にて契約が締結されることも増えてきていますが，電子データは容易に改ざんでき，改ざんの痕跡も残りませんので，締結された電子文書による契約書もプリントアウトしてコピーとして保管しておくことをお勧めします。

b) 契約内容決定の自由

契約はどのような内容でも取り決めることができますが，殺人を依頼するような公序良俗違反等の内容は無効になることがあります。

c) 契約締結の自由

契約を締結するのも自由で，締結しないのも自由です。

国際売買取引契約においても売主と買主は双方の自由な合意によって契約内容を自由に決定できます。私的な個人間の契約は私的関係のため，国家はほとんど介入しません（当事者自治の原則）。

国家が介入するのは公益的な必要性から限定的に行われるものが多く，誘拐や殺人を依頼する契約など公序良俗に違反するものなどを無効とする強行法規*で介入してきます。

(3) 国際売買取引に潜む4つのリスクへの対応

国際売買取引は商品の発送から到着までの間に時間がかかることが多いことから，特殊なリスクが発生することとなります。

a) 金融上のリスク

売主は商品代金（対価）をできるだけ早く受け取りたいと考え，代金受領までの間は商品を引き渡さないか，商品の担保的利益を保持しておきたいはずです。一方，買主は商品を受け取るまでは代金を支払いたくないはずです。

＊ 強行法規とは当事者の意思にかかわりなく適用される法律。また任意法規とは当事者の双方が合意しない場合に補充的に適用される法律をいいます。

どちらが譲歩しても，他方には与信や資金調達の金融上のリスクが発生することとなります。

b) 物理的なリスク

商品が遠隔地から運送されてくることから，運送中の滅失・損傷または減価によって生じるリスクです。

c) 法律上のリスク

輸出入禁止など，主に輸出入に関しての輸出国や輸入国の政府の干渉によって生じるリスク，適用法等に関する準拠法リスク，強制執行の可否リスクです。

d) 異文化のリスク

使用言語や商慣習の背景にある考え方の違いによって生じるリスクです。

貿易取引の長い歴史の中で，このようなリスクに直面した当事者が，リスクを配分する条項を契約の中で盛り込むようになりました。

その1つが信用状（Letter of Credit）です。相手方が遠隔地の国際取引では，売主は代金を払うかどうかわからぬ買主のために，契約が成立したというだけで製品の生産を始めたり，仕入れたりすることは不安です。

一方，買手にしてみれば製品の引渡しを受ける前に代金を支払いたくないものです。この相反する売主・買主の心配を解消するのが信用状**ですが，契約書中に決済条件として信用状によることを規定するようになりました。

取引が深耕し相手方が信頼できるようになれば信用状での決済からその他の決済条件に変更されることはありますが，取引のはじめの段階では上記不安を解消する方法として利用されます。

また，リスクの配分割合や配分方法等については，当事者が合意さえすれば自由に決定できますが，当事者の国籍が違い，国境や海を越えて交渉する場合

** 信用状とは，国際取引において，国際商業会議所（International Chamber of Commerce）が定めた信用状統一規則（The Uniform Customs and Practice for Documentary Credits）に基づいて，開設依頼人（輸入者）の依頼により銀行が受益者（輸出者）に対して定められた書類と引き換えに支払いを約束するために発行される支払保証状です。

は，契約のつど細かな条項に至るまで取り決めることは当事者にとって煩雑で大変な負担となります。

そこで，商人間の一般的了解事項とでもいうべき標準的取引条件が長い年月の間に形成されました。それを類型化して定められたものがINCOTERMS（インコタームズ）***です。

取引条件は契約当事者の共通の基盤となるべきものであり，万一その解釈について当事者間に誤解や解釈の相違があれば，重大な紛争の原因となる恐れがあります。それを未然に回避する見地から，国際機関の国際商業会議所により国際規則としてINCOTERMSが定められ，今日に至っています。

*** INCOTERMS (International Commercial Terms：国際商業取引条件）国際商業会議所（ICC）が制定した定型取引条件の解釈に関する国際規則で取り決められた外国貿易にもっとも普通に使用されている定型取引条件（Standard Trade Terms）の解釈に関する国際規則です。同規則は1936年に初めて刊行され，その後修正・追加が1963年，1976年，1980年，1990年に行われ，現在は2000年に改定されたINCOTERMS2000が最新のものです［☞ p. 119］。

3 契約書の種類

われわれが日常行っている国際取引に係る英文契約書の主なものに次のようなものがあります。

(1) 物品売買契約
(Sales Agreement, Supply & Purchase Agreement)

国際取引の中心は物品の売買契約です。「Sales Agreement」には，物品名・数量・引渡時期等具体的な個別事項が決められた個別契約や一定期間にわたって約定物品を売買する長期契約などがあり，継続的な売買契約の基本的な共通条件を定める継続的商品売買基本契約等があります。

「Supply & Purchase Agreement」は，一定の期間継続的に同種の商品を売買する場合の契約書のタイトルに使用されることが多いようです。継続的売買契約書は「Continuous Sale and Purchase Agreement」とも呼ばれます。

一方の「買う」という意思表示と他方の「売る」という意思表示が合意に達して締結されるのが売買契約で，これが国際取引における契約の基本です。売買契約が成立すると，売主は代金を請求する権利と商品を引き渡す義務が生じ，買主は商品の引渡しを請求する権利と代金を支払う義務が生じます。

契約当事者の双方に権利と義務が生じる契約を双務契約（Reciprocal Contract）といいます。

物品売買契約に係る法律には，製造物責任法（Product Liability Law），輸出入管理法，反ダンピング法，ボイコット禁止法，関税法，原産地表示に関する法律，知的財産法，移転価格規制税法，民商法，破産法，国連物品売買統一法条約等，多くの法律がからんできますので，売買対象商品に係る生産地国や輸出先国の法律に十分注意して契約書を作成することが肝要です。

❖ **英国商品売買法による売買契約の定義**

A contract of sale of goods is a contract by which the seller transfers or agrees to transfer property in goods to the buyer for a money consideration, called the price. (Sale of Goods Act 1979 s2(1))

商品の売買契約は価格という金銭受領を約因として商品という財産を譲渡もしくは譲渡することを合意した契約をいいます。

❖ **米国企業との売買契約で注意すべきこと**

米国企業との取引では，契約を書面にすることが重要です。米国には統一商法典（**UCC: Uniform Commercial Code**）があり，その中の「**Article 2. Sales**」が物品の売買に関する規定となっています。米国では，ルイジアナ州を除く各州がこの **UCC** を採択し州法としています。

UCC においては，500ドル以上の物品売買契約では，その内容が具体的に記載された相手方の署名付書面（たとえば受注請書）が必要とされています。（第2章第201条1項）

米国企業との個々の売買取引では，一般的に①買主が発注書（**Purchase Order**）を売主へ送付し，②売主が受注請書（**Order Acceptance**）を買主へ返送することによって契約が成立し，③売主は物品を完成したうえで買主へ引き渡し，④買主は物品を受領し代金を売主へ支払う，という手順となります。

①の発注書および②の受注請書のそれぞれの裏面には支払条件や製造物責任等の取引条件が記載されており，これを裏面約款といいますが，それぞれ自分に有利な条件が記載されていることが多く，発注書の裏面約款と受注請書の裏面約款とはその内容が異なっています。売主は買主から発注書を受領したらその裏面約款を契約合意内容の取引条件とチェックし，異なる条件部分については反論し条件を刷り合わせておくことが肝要です。

とくに，買主は売主から送付を受けた受注請書（**Order Acceptance**）の裏面約款内容を必ずチェックして，合意済みの取引条件と異なる条件が記載されている場合には，遅滞なく書面で異議を唱えておくことが肝要であり必要です。これを行わず放置しておくと，売主の裏面約款記載の取引条件が適用されることとなるからです。

UCC の規定では，買主の発注書と売主の受注請書の中に同じ条項があり，それらの条件が異なっている場合には，それぞれが打ち消しあい，代りに **UCC** の規定により補充される条件となります。

米国では消費者保護が進んでおり，**UCC** の規定も買主に有利なものとなっています。そのため，売主はできるだけ責任を排除ないし回避する販売条件を受注請書の裏面約款に盛り込んでいます。

したがって，米国企業から送付されてくる発注書や受注請書に記載されてい

る裏面約款の内容については十分チェックし，合意済取引条件等と異なる部分については適時に反論し書面で確認をとっておくことが必要です。

とくに，米国企業から物品を購入する場合に，売主の米国企業から送付されてくる売買確認書（**Confirmation of Sales**）については，その内容が合意内容と異なる場合には受領後10日以内に書面で異議を申し立てなければ，同売買確認書が正式契約内容となりますので注意が必要です。（第2章第201条2項）

(2) 販売店契約（Distributorship Agreement）

a) 販売店契約とは

メーカーや商社が商品を海外に販売しようとするときに，現地での販売を継続的に行ってもらうことを目的に，現地の販売業者と継続的商品売買契約を締結しますが，販売店契約は当事者がより緊密な関係を構築して取引を発展させ，販売地域での販売を伸ばしたいという場合に締結する契約です。

単純な売買契約より，売主と買主の関係がよりパートナー的なものとなりますが，売主（Seller）と販売店（Distributor*）との間はあくまでも売主と買主であり，前述物品売買契約と基本的には共通しています。異なるのは，売主が販売店に対し当該商品を合意した地域において独占的または非独占的に販売する販売権を付与することが盛り込まれることにあります。

販売店契約には，一定地域において独占的に当該商品を取り扱えるとする独占的販売店契約（Exclusive Distributorship Agreement）と，そうでない非独占的販売店契約（Non-Exclusive Distributorship Agreement）とがあります。

販売店契約は継続的な取引を前提とした契約のため，売買契約に共通する条件のほか，以下のような販売店特有の契約要素があります。

① 販売店の指名と受諾（Appointment）

---

* "Distribute" には中間者（Middleman）として買って売るという意味合いがあり，単に売るという意味の Sell とは同義ではありません。

② 独占的販売権か否かの区別（Exclusive or Non-exclusive）
③ 販売地域の指定（Territory）
④ 商品供給者と販売店との関係（Relationship，販売店か代理店か）
⑤ 商品供給者の直接販売権の有無（Direct Sales）
⑥ 注文の集中（Order，販売店へ集中させる）
⑦ 市場開拓・拡販の努力（Marketing Efforts）
⑧ 最低購入義務（Minimum Purchase Obligation）
⑨ 技術支援や訓練（Technical Support & Training）
⑩ 守秘義務（Confidentiality）

b）注意事項

　販売店契約については，南米や中東の国に所在する販売店と行うときにはそれらの国の代理店保護法，欧米所在の代理店と行うときは反トラスト法，EUのローマ条約やアムステルダム条約，あるいは相手国の租税条約，等の法律の規制に抵触しないよう契約書を作成することが肝要です。

　日本企業が，米国向けに販売することを目的に米国で代理店（Agent）を起用して販売する場合，米国の税法上ではその代理店が日本の企業の恒久的な施設（Permanent Establishment, PE）とみなされるリスクがありますので注意を要します。

※販売店契約と代理店契約の違い

　日本でも「販売代理店」「代理店」「特約店」という言葉がよく使われますが，それが**Distributor**なのか**Agent**なのかは，はっきり区別できません。国際取引の契約では，しっかり区別して契約書に明記しておくことが肝要です。

契約種類	契約の法的性格	収入源	売掛債権回収リスク
販売店契約 Distributorship Agreement	販売店は，自己の名と計算で，売主から商品を購入し，顧客へ転売する	転売利益（販売価格は販売店が決定）	販売店が負担
代理店契約 Agency Agreement	代理店は，営業活動を仲介する。商品売買は売主と顧客との間の契約となる	手数料（コミッション）販売価格は売主が決定	売主が負担

販売店契約の取引形態

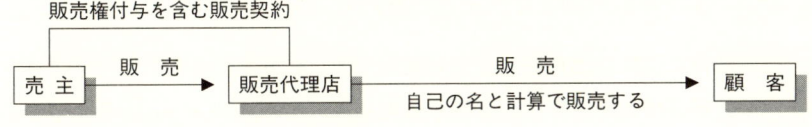

代理店契約の取引形態

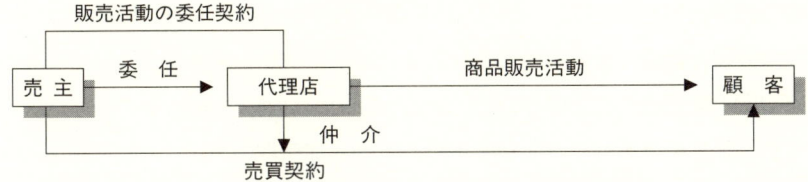

注) 販売店契約と混同を避けるため，代理店契約を仲介契約もしくは販売取次契約ということもあります。

　一般的に販売代理店契約と呼ばれているものに，法的には，**Distributorship Agreement**（販売店契約）と **Agency Agreement**（代理店契約）の 2 種類があります。両者は多くの点が類似しており混同されることが多いのですが，本質的に異なるものなので注意が必要です。
　① 販売店契約（Distributorship Agreement）
　　販売店が自分の責任で商品をメーカー等供給者（**Supplier**）から購入し，自分で再販売価格を決定し一定の合意された地域でそれを自分の名で販売することが認められる契約です。
　② 代理店契約（Agency Agreement）
　　日本語では販売代理店契約と呼ばれたりしていますので，上記の販売店契約と混同しないように注意が必要です。誤解を避けるために仲介契約（販売取次契約）と称することもあります。代理店（**Agent**）は，売主のために商品の販売活動は行うものの，売買契約は売主と顧客との間で締結されます。代理店は手数料ベース（**on a commission basis**）で販売の取次ぎだけをすることが認められる契約です。
c) Buying Agent
　　逆に，買主が海外の物品供給地に物品を買い付けるための代理店を置くことがあります。欧米の大手小売業に多く見られるケースですが，その代理店は買付代理店（**Buying Agent**）と呼ばれます。
　　買付代理店の仕入網を利用して幅広い仕入ソースから物品を継続的に調達しようとする場合に行われるものです。

(3) 製造委託契約（Manufacturing Agreement）

　一方が他方に商品の製造を委託する契約です。依頼する側の仕様やデザインのほか，依頼者のブランドを表示させる製造委託 OEM（Original Equipment Manufacturing）と，ブランドを付さない製造委託があります。

　OEM の場合には，製造した商品の全量引取りや類似品製造・販売を禁止する等の OEM 取引特有の条件が盛り込まれます。ブランドを付さない製造委託には OEM 製造委託に近いものと，商品売買契約に近いものとがあります。

　また，加工のみを行うことを取り決める委託加工取引契約（Agreement for Processing Deal）や部品を供給し現地で組立だけを委託するノックダウン契約（Agreement of Knock-Down）なども製造委託契約の一形態です。

　製造委託契約では，物品売買契約に関係する法律のほか，現地の労働法，税法，社会保険法や環境保護法等がからんできますので，注意を要します。

(4) 業務委託契約（Business Trust Agreement）

　ある業務を自分の代わりに他人にやってもらう場合に締結する契約です。依頼者を委託者，同依頼を引き受ける者を受託者といいます。委託契約や請負契約等に基づいて，委託者がある業務を委託し，受託者等が同業務を自己の業務として処理する契約です。

　販売業務や特定の業務を特定の者へアウトソーシングする際に締結します。

　委託する業務の内容によって，委託販売契約書（Consignment Agreement），研究開発委託契約書（Reserch & Development Agreement），経営委託契約書（Management Trust Agreement），販売代行契約書（Sales Representation Agreement），代行サービス契約書（Representative Service Agreement），役務契約書（Service Agreement），コンサルタント契約書（Consulting Agreement）など，種々のものがあります。

(5) 知的財産ライセンス契約（License Agreement）

知的財産の取引に係る契約はさまざまなものがあります。

特許・商標・意匠（デザイン）・コンピュータソフトウエア等のライセンス使用許諾契約，新製品・新技術などの研究開発委託契約，共同研究開発契約，映画・TV・音楽ソフトの放映・放送ライセンス契約，キャラクターマーチャンダイジング（商品化）ライセンス契約等々があります。

知的財産権が確立しているものは，その登録番号で対象の特定ができます。単なるノウハウの場合には登録する方法がないものが多いので，その場合はその内容を詳しく記載しておく必要があります。

知的財産のライセンス契約では，源泉徴収税（Tax）に係る条項を無視できません。税金に係る規定を設けないでライセンス契約を締結した場合，源泉徴収税の負担者，負担方法，支払方法に関して紛争が発生しやすいので注意を要します。知的財産に係るライセンス契約には，各国の知的財産法（特許法，著作権法，商標・意匠法，etc)，不正競争防止法，トレードシークレット保護法，租税条約，移転価格規制法，等がからんでくることが多いので注意を要します。

(6) リース契約（Lease Agreement）

海外へ進出すれば，事務所・事務所設備・工場敷地・工場設備あるいは派遣者の住居などが必要となりますが，それを賃借（リース）により手当てすることがあります。

リース契約には，賃貸借にあたるオペレーティングリース（Operating Lease）と，実態は金融取引に近いとされるファイナンスリース（Finance Lease）とがあります。一般的にオペレーティングリースの契約期間は短く，中途解約が容易です。

ファイナンスリースの場合は，リース契約の期間がリース対象機器の減価償却期間に近く，したがって長期間のものが多く，レッシー（借手）からみれば，

ファイナンスリースは長期の分割払いによる機器購入契約（割賦購入契約）に似ています。

リース契約では，契約期間，解除と更新条項，補修義務，税金の扱いを明確に規定しておくことが肝要です。

(7) サービス提供契約 (Service Agreement)

専門家・技術者・コンサルタントあるいは経営指導など，人によるサービス（役務）の提供に関して，提供サービスの内容や提供方法・対価等を取り決める契約です。ビジネスの複雑化・高度化にともない，専門家・技術者・コンサルタントあるいは経営指導など，人によるサービスの提供に関する契約も増加しています。

法的には委任契約に分類されますが，サービス提供者の能力に頼るところが大きいのが特色です。

サービス提供契約では，どのような種類のサービスをいつ，どこで，どの程度提供するか，提供されたサービスの効果や結果について，いつどのように評価するか等について規定することが肝要です。

(8) 金銭消費貸借契約 (Loan Agreement)

金銭の貸し借りに関して，金利・返済条件・担保等の貸借条件等を取り決める契約です。

契約が成立すれば，借主は借りるべき金銭の引渡しを要求する権利とともに，支払期日にはその金銭と同額あるいはそれに利息をつけて貸主に返還する義務が生じます。

貸主は借主に金銭を交付する義務と支払期日に返還を要求する権利が生じますが，金銭を交付した後は借主に対して何の義務も負担することはありません。

契約当事者の一方にのみ（継続的）義務が生じる契約を片務契約といいます。

(9) 保証契約（Guaranty Agreement）

売掛金や貸付金等取引相手方に対する債権の回収が遅れたり，相手方が原契約上の義務の不履行に備えて，相手方に代わって債務を弁済したり義務を履行したりしてもらうことを第三者に約束してもらう契約です。

債権者としては，どのような債務や義務を保証の対象とするか，保証を受ける金額や範囲をどのようにするかが肝要です。

また，補償の種類を単純保証とするか連帯保証とするか，あるいは継続的取引を保証する継続的保証（Continuing Guarantee）とするか単発取引を対象とするかも重要なポイントです。

(10) 担保契約（Mortgage [Security] Agreement）

債務や義務を担保するものが第三者の保証ではなく物であるという違い，および担保を提供する者は債務者本人でも第三者でもよいという点を除けば，その内容は保証契約とほぼ同じです。

担保がどのような物か，それは市場価値が十分あるか，処分するのが容易か等がポイントで，契約書中に担保物を特定できるよう詳しく記載することが肝要です。

(11) 雇用契約（Employment Agreement）

海外へ進出して業務を行えば，現地で従業員を雇用することとなります。現地従業員を採用する際に，雇用条件や服務義務等を規定して当該従業員との間で締結するものが雇用契約です。

雇用契約の締結にあたっては，採用の仕方，雇用条件などに関して，会社の方針に従って行うのはもちろんのこと，現地国の労働法，社会保険法，所得税法等の法制や慣行に十分注意して契約内容を規定することが肝要です。

<雇用契約の主要条項>

ⓐ 雇用の合意（Agreement of Employment）
ⓑ 仕事の内容（Duties）
　▷付与する権限とともにできるだけ具体的に記載することが必要です。
ⓒ 雇用期間（Term）
ⓓ 労働時間（Full time work なのか Part time work なのかの別）
ⓔ 仕事・労働の提供場所（Place of Work）
ⓕ 報酬，給与（Remunetation; Salary; Bonus）
ⓖ 残業（Overtime）
ⓗ 厚生施設，通勤用の車の使用等福利厚生（Fringe benefit）
ⓘ 休暇，病気休暇（Home leave; Sick leave）
ⓙ 秘密保持義務（Confidentiality; Secrecy）
　▷雇用中に知り得た営業上の情報や会社の情報を，雇用中のみならず退職後も第三者へ開示してはならないこと，それら情報を自己または第三者のために使用してはならないことを規定します。
ⓚ 契約中途解除事項（Termination for Cause）
ⓛ 契約終了後の一定期間の競業制限（Non-Competition after termination）
ⓜ 紛争処理条項（Settlement of Dispute）

⑿ 秘密保持契約（Confidentiality Agreement）

　一方がある情報を提供する代わりに相手方はそれを合意された目的にのみ使用し，第三者には開示しないことを約束する契約です。

　業務提携や買収あるいは資金調達等を検討するにあたり，候補となる相手先に対して自社の機密情報を公開する必要が生じます。その際も，情報の濫用や漏洩による問題や損害を防止する目的で交わされます。

　秘密保持厳守の義務のほか，秘密が保持されるべき情報が何か，秘密の保持

のためにどのように管理するか，秘密保持が守られず損害を被った場合の補償方法等が規定されます。

情報を取得する側からすれば，何についての情報をどれぐらい詳細に開示してもらうかを個別具体的に詳しく規定するように注意することが肝要です。

(13) プラント技術・建設工事契約
(Plant Engineering / Construction Agreement)

いわゆるプラント契約は，その契約の対象となる引受業務の範囲・リスクの取り方・プラントの種類・プラントの設計・エンジニアリングから資材機器の調達（Procurement），機器の供給（Equipment Supply），建設工事（Construction），試運転まで，いくつかの業務によって構成されています。

建設契約は，合意された設計図に従って資材を購入したり提供したりして建物や設備を建設する役務を行う契約です。

(14) 合弁事業契約
(Joint Venture Agreement / Shareholders Agreement)

外国企業と共同で，海外または日本で合弁共同事業の運営にあたる際に，お互いの権利・義務，合弁事業での役割分担などについて，基本契約を締結します。もっとも典型的なものに，投資者とは別法人の新会社を設立するものがあります。これを Incorporated Joint Venture といいます。この場合，合弁事業基本契約のことを株主間契約（Shareholders Agreement）ともいいます。

合弁事業契約には，単に契約による共同事業からパートナーシップ形態のものまでさまざまです。

合弁事業契約には，その性格上紛争となる原因をはらんでいます。すなわち，万一相手方が契約違反を犯した場合，その救済方法の範囲や限度について必ずしも明確でないことが多いからです。合弁事業契約の相手方が契約条項に違反した場合，単に損害賠償の請求ができるだけなのか，それとも合弁事業契約の約定通りの行為を相手方に求めることができるのか，合弁会社そのものを拘束

することができるのか，等々の問題をはらんでいるからです。

　合弁事業には，契約書のみならず，合弁会社の定款を注意深く作成したりすることにより極力トラブルが生じないように配慮することが肝要です。

(15)　他社（株式・資産）の買収契約
　　　（Company [Stock／Assets] Purchase Agreement）

　海外の事業や会社を買収したり，自社の事業を海外の会社に売却する取引の際に締結する契約です。

　近年では，事業や会社の買収あるいは売却の取引が増大しています。製造業や販売業のみならず，不動産業やサービス業にまで対象が拡大しています。他社の海外の事業を買収する場合，その株式（Stock）を購入する方式の株式譲渡契約（Stock Purchase Agreement）と，会社資産（Assets）を各資産ごとに分けて，そのうちのいくつかを購入する方式の資産譲渡契約（Assets Purchase Agreement）があります。

　株式譲渡契約では，契約の相手方当事者は譲渡対象会社の主要株主であり，資産譲渡契約の契約相手方当事者は譲渡対象会社自身となります。

　全株式を購入する株式譲渡契約による事業買収は，従前の事業をそのまま継承することとなります。この場合，隠れた債務保証や紛争があったとしても，それから免れるわけにはいきません。

　したがって，思いがけない隠れた債務が後日判明して紛争が生じるリスクを避けるための対策が必要であり重要です。

　資産譲渡による事業買収の場合には，契約書に記載した資産のみを買い取り，引き継ぐこととなります。

　買収にかかる契約においては，独占禁止法，証券取引法，外国為替管理法，外国投資法，労働法，社会保険法，税法，租税条約，外国人不動産投資法等がからんでくることが多いので，特に注意が必要です。

4 電子商取引の契約書

　電子商取引とは，インターネットなどのオープンネットワークを利用して，契約や決済あるいは情報等のサービスの取引を行うことで，ネットワークの種類や取引の内容を限定しない包括的な用語です。

　近年，急速な情報通信技術の進歩により，インターネットの規模が飛躍的に拡大し，それにともなってインターネットビジネス，なかでも電子商取引（Electronic Commerce）が増大してきています。従前から企業間の取引の一部がEDI（Electronic Data Interchange：電子データ交換）などの技術を使って電子化されていましたが，インターネットが一般家庭に普及するにつれて，消費者を直接に対象とした電子商取引が飛躍的に拡大しています。

　電子商取引は大きく3つに分けられ，企業間で行うもの（B to B），企業と消費者間で行うもの（B to C），消費者間で行うもの（C to C）等があります。B to Bの取引は，売り手と買い手がWebサイトなどを使ってオープンな取引を行う電子市場や，企業内で行われていた業務をネットワークを通じてアウトソーシングするものなどがあります。

　欧米では電子商取引が急速に普及し，日本でも国内取引では急速に拡大しています。通商産業省（現経済産業省）が行った市場規模調査では，日本の国内居住者間電子商取引市場規模は1997年に8.7兆円であったものが2003年には77兆円へと飛躍的に拡大しており，そのほとんどは企業間取引の増加です。

　インターネットの普及は，インターネット上で商取引を行うことを可能とし，その取引にかかわる契約についても必然的にインターネット上で締結されることが増加しています。

　日本では，2000年11月からスタートした「IT基本戦略」や「e-Japan戦略」などにより電子商取引に関連した法規制の整備や改正が行われ，「IT書面一括法」や「電子署名法」などの法律が施行されました。また，印紙税法や法人税法などの関連法規で電子契約の扱いが確認されるなどがあって，徐々に環境が

整備されつつあり，日本国内で契約書や注文請書などを電子データで取り交わす「電子契約」を利用する企業はこれから加速度的に増加していくと思われます。

　日本国内での急速な拡大に比べて，海外業者との電子商取引については国ごとに法律や制度が異なること，真正なデータかどうかの確認方法（電子認証，電子公証）や不正アクセスによる電子データの盗難や改ざん等のインターネット特有の問題，さらにはトラブルが発生したときにどの国の裁判所が裁判管轄をもつのかといったような法整備の遅延等の環境整備の遅れもあって，海外業者とスムーズに電子商取引を行える環境が整うまでにはなお時間を要するような状況にあります。

　電子商取引においては，取引データが電子化されるため取引データの記録も電子化されます。電子化されたデータは，文書と異なり改ざんすることが容易であり，改ざんした痕跡が残らないこと，取引相手所在国が電子データに証拠能力を認める法律を有していなければ証拠能力が否定される可能性があること，不正なアクセスに対する防御システムの構築，万一紛争が生じたときの準拠法をどうするかやどこの国の裁判所を裁判管轄とするかなど，電子取引をめぐる問題が数多くあります。

　電子商取引における認証技術や相手国の認証機関との相互認証，電子署名，個人認証等の情報を国際間で互換性のある暗号技術の採用やそれを使って実際の取引で実証されること，決済・流通システムや決済データのセキュリティ保護システムなど，技術的な問題は解決しつつありますが，電子商取引の環境が整備されるまでにはなお時間がかかると思われます。

　欧米では，「有体動産の国際売買の統一法に関する条約（ハーグ条約）」が1964年に採択され，1980年ウィーンで採択された「国際動産売買契約に関する国連条約」あるいは国際私法統一国際協会（UNIDROIT）で作成された「国際商事契約原則」等，環境が整備されてきていますが，日本は残念ながらいずれも採択するに至っておらず，国際取引での電子商取引への参画はまだ実現していません。

電子商取引アプリケーションモデル
＜海外企業との国際電子取引を安全に行うための電子化を実現するアプリケーション＞

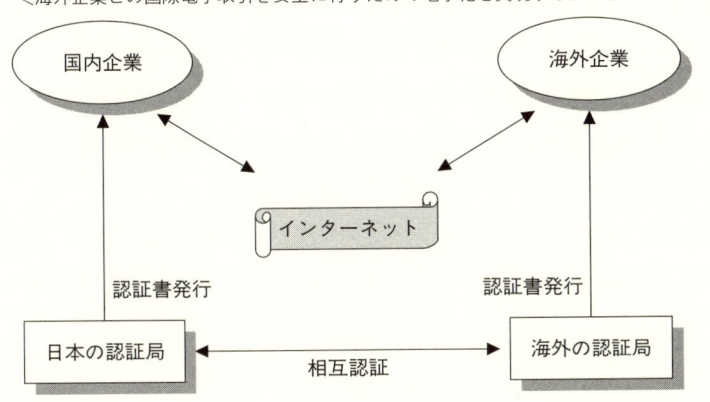

```
    国内企業                         海外企業
       ↕                              ↕
            ┌─ インターネット ─┐
       ↕                              ↕
  認証書発行                      認証書発行
  日本の認証局  ←―― 相互認証 ――→  海外の認証局
```

　電子商取引では，契約書を電子文書で作成し「電子的な署名と認証」を使用して契約し，インターネットを介して物品・サービス・情報等の売買を行います。

　日本企業が海外企業と電子商取引を行う際には，日本国内の個人や法人に対する電子認証書（電子認証証）の発行は日本の認証局が行いますが，海外の取引先に対する電子認証書の発行は海外の認証局が行います。この場合に，海外の認証書をもった海外の取引先と日本の個人・法人が取引する際には，海外の認証局と日本の認証局との間で相互認証が必要となります。

　この相互認証に関してのシステムがまだ実証されていないため，海外企業との電子商取引が実用化されるまでにはなお時間がかかるとされています。

　電子商取引の契約書はインターネット上で取り交わされることとなりますが，当該契約書は電子文書として作成されることが大半です。

　その場合でも，電子文書のみで，すなわち，コンピュータの中だけで当該契約書を保管するのではなく，プリントアウトして「控」または「写」として保管しておくことをお勧めします。不正なアクセスによりコンピュータへ侵入されデータが改ざんされたり抹消されたりする事故の危険性もあり，万一に備えておくのが望ましいからです。

ただし,「控」や「写」としてプリントアウトし保管するのであれば問題はありませんが,プリントアウトしたものを契約書の正本とすると日本では課税文書とされる可能性がありますので注意が必要です。

日本の印紙税法では,各種契約書や領収証など,経済取引に関して作成される一定の文書には印紙税が課されますが,海外で調印された契約書や書面とならない電子文書による契約書には課税されません。

企業間の電子商取引では,取引の基礎となる取引基本契約書と個々の取引を取り決める個別契約のほかに当事者間のデータ交換に関する契約書を取り交わすことが必要です。

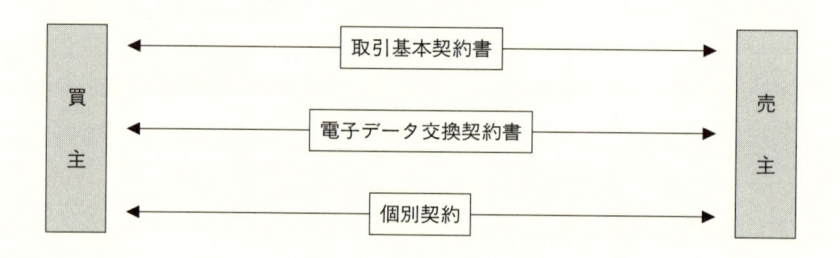

```
買主 ←―― 取引基本契約書 ――→ 売主
    ←―― 電子データ交換契約書 ――→
    ←――   個別契約   ――→
```

5 契約書を作成する場合の注意事項

(1) 契約書作成の前に

　国際取引を行うに際して契約書のドラフティング（Drafting）を行う場合，その取引の性質・規模や相手方との関係等諸要素を勘案しなければなりません。そのうえで，どのような契約書が適切かをあらかじめ考えてから Drafting に取りかかることが肝要です。

　相手方が開発途上国の一民間企業の場合と，欧米の官公庁の場合，当方が100％出資している子会社の場合とでは，同じ交渉姿勢で Drafting に取りかかるわけにはいきません。それは，取引に含まれるリスクや解決方法が異なってくるからです。

　ビジネスについて，さまざまなケースを想定して取引の状況を確認しながら，契約書をいかなる内容としていくかの方針を決めることが肝要です。契約が1回限りの取引で1万ドル程度のものと，契約期間が数年間にわたり毎年数百万ドルのミニマム・ロイヤリティを支払う契約とは同じ扱いをすることはできません。それぞれの契約が抱えているリスクが異なるからです。

　すなわち，契約書の Drafting は，取引の性質ごと，取引の規模ごと，相手先ごとに取り組み姿勢を変えて対処することが肝要です。

(2) 条文作成の作業手順と注意点

　契約書の Drafting の手順としては，実現させたい契約条件，または合意した契約内容・条件を，まずは当該取引の担当者が自分の言葉と表現で書き上げることが最初のスタートです。

　まったく白紙の状態から書きあげていくことや，あるいは相手方が提示してきた契約書案に対して，その内容を拒絶し，当方の主張を盛り込んだカウンタ

ードラフト（Counterdraft）を作成する場合もあろうと思われます。

　自分の原稿ができたところで，法務部門や弁護士のチェックや助言を受けて契約書案を完成していくことが肝要であり契約書案完成への近道です。

　契約書を Drafting するに際しては，とくに次の事項に気をつける必要があります。

　① 合意済の事項と，これから提案し交渉する事項とを区別する

　商談の段階ですでに相手方と合意済の事項と，これから提案し交渉する事項を区別しておかなければなりません。

　交渉の段階では，当方の新たな提案であるカウンタープロポーザル（Counter Proposal）として修正した箇所について色をつけたりアンダーラインを付したりして相手方にもわかりやすくしておくのが親切でしょう。

　実務では，Counter Proposal の箇所やその趣旨をカバーレターで簡単に説明する方法も一般的に行われています。

　② Yes, No をはっきりさせる

　当事者の権利義務として同意できる事項と約束できない事項とを明確に区別することが，契約交渉でもっとも大切な事項の1つであり重要です。

　契約交渉では Yes, No をはっきりさせることが重要であり忘れてはなりません。交渉の途中だけではなく最後のまとめの段階でも，確認して明確にしておくことが肝要です。

　相手方の提案や要請に対してどうしても合意できない場合，表現を工夫することも重要です。

　相手方の希望にできる限り添えるように努力はするが，法的な義務は負えないというような場合には，"ABC will make its every efforts（ABC はあらゆる努力をする）"，"to the extent possible（できる限り）"，"to the best knowledge of ABC（ABC が知っている範囲で）" など，いずれも法的な義務を負わない範囲で最大限の協力あるいは確認をしようという妥協案の表現をお勧めします。

　Yes なのか，No なのか，不明なままあるいは沈黙のまま交渉を終えると，

相手方は当方が Yes と黙認したなどと誤解を招き後日のトラブルのもととなりかねませんので，Yes，No ははっきり表明することが肝要です。

③　重要なのは文法

　契約英語は難解ですが，独特の言い回しなどに慣れれば難しいものではありません。問題は契約英語や独特の単語よりむしろ文法にあります。なかでも，契約条件を詳細に規定する修飾語（Modifier）と修飾の対象となる被修飾語との関係を正確かつ明確に特定することが重要です。修飾語と被修飾語の関係を正確にかつ明確に特定できればほとんど問題なく正確な翻訳や解釈が可能となるばかりでなく，相手方の意図していることまで見えてくるようになります。

　英文契約から日本語に翻訳する場合も日本語の契約を英文契約書に翻訳する場合も同じです。英文契約書を翻訳する体験を繰り返せば，日本語の契約書を英文に翻訳することや，英文契約書を Drafting することは容易になります。

❖国際取引契約交渉の機微

　できるだけ自社に有利な取引内容で成約することは営業マンの義務であり，またそれが実現すれば大きな充実感が味わえるものです。成約に至るまでの過程で留意すべき主な点は以下のようなものがあります。

①　沈黙することの是非

　　交渉中に「沈黙」をいかに使うかで，交渉を有利に進められたり，逆に相手側に主導権を取られてしまうことがあります。

　　欧米人は言葉に表したことですべてを判断しようとする傾向があり，交渉の最初に要求のすべてをぶつけてきます。そういうことに慣れていないと，法外な要求や条件を要求されてきたときに，返事のしようがなくて沈黙することもあります。

　　当方が沈黙した場合には，相手方は条件をさらに追加してきたり，合意があったものとしようとしてきます。自分に有利な条件を確実なものにしようとするためであったり，当方が理解できていないうちに決着してしまおうと意図しているからです。

　　しかし，多弁はときとして論理の矛盾を露呈することもあります。喋るだけ喋らせておいて，矛盾が露呈した途端に反撃することが肝要です。反撃がうまくいけば，相手の主張を論破できたり，当方に有利な条件に導くこともできます。

　　しかし，黙っているうちに，交渉テーマが次に移ってしまい，後になっ

てから反論を持ち出しても，黙っていたのは合意したからではないかと主張され反論の機会を失うこととなるおそれがあります。

交渉時間が限られている場合には，時間切れで押し切られてしまうこともあります。もし，ペンディングにして後で検討したい場合には，その旨をはっきり発言しておく必要があります。無意味な沈黙は相手に白旗を上げたのと同じこととなるのです。

契約内容の交渉は重要な駆け引きであることを肝に銘じておくべきで，主張すべきことを主張し，反論すべきものはタイミングを誤らないことが肝要です。

② わからないフリも有効に使う

英語で書かれた契約書や法律文書などは，慣れない人には難解なものです。

意味がわからなければ，その内容がわかるまで相手に質問して明らかにしておくことが必要です。その内容が当方に不利なものであれば，場合によってはわからないふりをしてペンディングとし，後で調べたり反論を検討したりすればよいのです。

契約書に記載された条項が受け入れ難いものであれば，英語力不足を理由にして「わからない」とか「後で検討して返答したい」を連発するのも交渉術の1つでしょう。

③ 交渉は完勝を望まない

交渉には完全な勝利を求めることはできませんし，100％の負けとなってもいけないことは交渉の鉄則です。なぜなら，交渉する当事者のいずれの側にも絶対的優位や絶対的な正義はないだけでなく，一方のみ有利な条件の取引は長続きしないからです。

交渉当事者が出すさまざまな条件や要求は，あくまでも相対的なものであって，どちらかが完璧ということはあり得ないのです。交渉は相手との議論次第で自分の要求するものが容易に受け入れてもらえたり，逆に受け入れてもらえないこととなります。

是非ともこれだけは受け入れてもらいたいというものがあれば，別の部分で相手に譲るとか，妥協せざるを得ないのです。交渉の妥結は妥協の産物なのです。

どのような交渉でも，最後は営業的判断・経営的判断あるいは法律的判断から最適なところで手を打つことになりますが，その着地点をどのあたりにするかの判断が重要であり肝要なのです。

相手の強硬な態度に負けて仕方なく応諾するのでは完全な負けになり，以後もつけ込まれることとなります。あくまでも誠心誠意言葉を尽くして説得交渉し，少しでも当方に有利な内容へ改善することに努力し，最後に

積極的な判断で受け入れることが必要です。

　納得できる内容の契約書に仕上げるまでは，精一杯努力することが肝要です。

　妥協によってリスクを背負うことになるとすれば，それは計算されたリスク負担でなければなりません。そうでなければ，後日「無謀」とか「おそまつ」「杜撰(ずさん)」と非難されることとなるでしょうし，自社をリスクにさらした責任を追及されることとなるでしょう。

④　契約書が締結されるまで手をゆるめない

　たとえ交渉が長期間に及んでも，契約書として完成し調印しなければ意味がありません。交渉をどれほど有利に進められたとしても，契約書を作成し締結に至らなければ努力は水の泡です。

　さらに，契約書に記載されたことだけがすべてとなりますので，後日になって「ここに記載されていることは私が同意したことと違う」といっても手遅れです。最終案が作成された際には，最後の仕上げとして合意内容がもれなく正しく記載されているか慎重に点検し遺漏がないようにしておくことが肝要です。

⑤　契約書案は誰が作成すべきか

　契約書案は誰がつくるかが問題であり重要です。結論からいえば，交渉する人が自らつくるのがもっとも適切です。

　自分でつくれば希望条件の達成度がもっとも高い契約書案がつくれます。なぜなら，交渉当事者本人が作成した契約書案文なら，相手の抵抗や反論を予測し，どこをどの程度まで譲りどの条件を実現するかを契約書案文の中に戦略的に盛り込むことができるからです。

　当方がどうしても実現させたい部分さえ受諾させたら当方の利益は確保できるという最低ラインの達成は，自分で作成した契約書案文をたたき台にすることによって初めて可能となります。しかし，誰でも契約書案文を簡単に作成できるわけではないので，顧問弁護士に取引の内容，当方の意図，契約書に盛り込みたい条件や内容を十分に説明し，周到な協議を重ねながら契約書案文を作成すべきです。

　相手側との交渉内容についても逐一顧問弁護士へ報告し，対策や代替案を協議しながら交渉を進めることが肝要です。文書戦を制して，初めて交渉は完結し成功したといえることとなるのです。

(3) 契約当事者を特定する

　契約書の頭書部分において，当事者の名称・住所・設立準拠法の表示を行いますが，契約の当事者をよく確かめて特定する必要があります。

　契約の当事者が個人であるか法人であるかあるいは組合等であるのかがはっきりしない場合や，英米系の大会社では持株会社を頂点として一部門（Division）ごとに会社を設立したり，「〇〇 Inc」とか「〇〇 Corp」と会社と称していても単なる Division であって登記がなされていなかったり，非常に複雑な組織形態をとることが多いので注意が必要です。

　また，当事者の住所は裁判管轄の決定その他に重要な影響を与えたり，法人の場合はその設立準拠法によってその法人の能力に制限があったりするので，明確にすることを忘れてはいけません。

(4) 明確性と具体性

　契約書記載内容は当事者の意図と正確に一致しているか，解釈に相違が生じないように明確に記載されているか等を確認することが肝要です。

　a) 内容が正確か（契約当事者の意図と正確に一致した記載となっているか）
　　　当事者が契約上の権利義務を行使したり履行したりするにあたって誤解が生じないように，正確かつ明確に記載されている必要があります。
　b) 内容が明確か（記載内容は誤解を生じないよう，異なる解釈が生じないように明確に記載されているか）
　c) 紛争時に契約書をうまく活用できるか（そもそも契約書は紛争が生じたときのために作成するもの）

　取引をスムーズに行うには，合意した取引条件について明確に詳しく規定しておくことが肝要です。

　いざ係争となった際に，裁判官や仲裁人などの解決にあたる人が当事者の権利・義務をどのように判断し，判定すればよいかが明確にわかる内容となって

いなければなりません。

　当事者にはわかりきったことであっても，具体的に契約書中に記載しておかなければ，判定に採用されないからです。

　誰でも契約を締結するときは争いが生じるとは予想していませんが，いざ紛争となれば相手方は自己に有利になるように主張するものです。また，自分に不利となるような規定を自分に都合のいいように解釈しがちです。

　合意を履行しない場合や履行できなくなった場合にいかなる効果を生じるか，損害が生じたときに補償するのかしないのか，補償する場合にいくらをどのように補償するのか，等を詳細に規定しておくことが肝要です。

　自分の意図している内容が契約書の条項と一致しているかを確認することは，最低限必要です。米国企業との取引などでよくあるケースですが，Distributorship Agreement 等で，当事者は売主と買主のつもりなのに，契約書文言では一方が他方の代理人になっているというケースや，単なる Agency Agreement のつもりなのに売主と買主との契約となっている間違いがよく見られます。つまり，販売店なのか代理店なのか，確認がとれていないということです [☞ p. 16]。

(5) 契約書は万一のときに備えるもの

　契約書を作成する場合は，相手に対する情けは無用なのです。あくまでもビジネスライクに進めることが肝要です。

- a) 相手側が契約を遵守しなかったときに，自分の権利はどういう影響を受け，権利実現のためにどのようにすれば相手方を強制できるかという観点から規定内容が盛り込まれているか
- b) 契約書は，後日約束が破られたり紛争が発生することを想定して作成しているか

　　経営者交代・資産状態変化・経済情勢変化等は約束不履行が生じたり信用の喪失が生じる危険性があります。

- c) いざ後日紛争が生じた場合に，実際に契約書が役に立ち得るかどうかに

ついて十分検討して契約書の内容を規定してあるか

　契約書の作成は「Battle of Drafts」なのです。契約書作成段階で主張すべきことを主張せず相手の言いなりになる，すなわち，「Battle of Drafts」に負ければ，その後の取引自体がすでに負け戦を余儀なくされ，不利となることが必至なのです。

(6) 取引内容が法令に抵触していないかチェックする

　行おうとする取引が，適用される法令に違反するようなことがあってはならないことはいうまでもありません。

　米国の反トラスト法（Anti Trust Laws）に抵触するような取引を行えば，巨額の損害賠償請求を受け，企業の存立そのものを危惧しなければならなくなることもまれではありません。

　また，腐敗防止法（Corruption Act）に違反した場合には社会的な糾弾を受けるとともに，国際的な問題や外交問題となる可能性があり，自社の営業活動に多大な影響を与えるおそれがあります。

　契約そのものは法律上何ら問題がない場合でも，化学品・危険物の取扱いの場合のように，実際に行うためには種々の免許や認可が要求されることも少なくないので，契約を締結する場合には，単にその契約が関係法令に抵触しないかどうかだけではなく，その契約を履行する際に法律上の制約や障害がないかどうかも十分チェックする必要があります。

　法律は国によって異なり，米国のような連邦国家の場合には，すべての州において適用される連邦法と州によって異なる州法とがありますので注意が必要です。

　法律というものは時代の要請に従って絶えず変わっていきますし，解釈についても複数の説があることもあり，外国の法律が適用される場合には，日本法の常識で判断すると誤った結果となる危険性があります。

したがって，外国の法律が関係している取引の場合には，その国の信頼できる弁護士や法律家に相談し，その意見に従って行動するのがもっとも安全で確実なやり方です。

(7) 必要な条項が抜けていないかチェックする

契約書は，原則としてその取引に関して取り決めておかなければならないすべての事項を網羅していなければならず，調印の段階でなお当事者が将来協議して決定する部分が残されていることは好ましくありません。

そのためには，行おうとしている取引を論理的に明解に規定するとともに，将来発生する可能性がある問題については，その解決方法を規定しておかなければなりません。

① 絶対的必要記載条項

取引の種類によって絶対的に必要な事項は異なりますが，たとえば，売買契約では以下のような事項は必ず規定しておかなければなりません。

a) 契約の目的物ないし対象物（Subject Matter）

英米法では，Consideration（約因，対価）がなければ，契約は裁判で強行することができないとされています。物品の場合，取引対象物をメーカーや品番等で特定できるように記載します。

仕様・規格・成分・サイズ・産地・性能・etc，要はその記述を読むだけで当事者が何を取引の目的物としたかがわかることが肝要です。

サービス契約では提供されるサービスの内容，ライセンス契約では対象となるライセンス内容等を特定できるように具体的に記載します。

b) 価格（Price）：価格はもう１つの目的物

取引の対象物は金銭でまかなわれます。支払通貨・換算率等を規定します。

c) 量（Quantity）

契約の目的物を定めた後は，それをどれだけ引き渡すのかあるいは必要

な量をそろえるのにどれだけの時間を費やすのか等を規定する必要があります。

d) 受渡条件（Terms and Conditions for Sale）

売主は支払いが確実になってからしか製造ないし仕入をしたくないし役務の提供もしたくないものです。一方，買主は物を手に入れない前や役務の提供を受けない前には代金を払いたくないものですし，物を受け取るまでは滅失・毀損に係るリスクを負担したくないのは当然です。

実際の取引では，両者の思惑を交渉によってどこかに落ち着かせることにより成立することとなります。

② 取引に特有な条項

契約の種類によって異なります。たとえば，売買契約の場合には以下のようなものがあります。

ⓐ 支払方法：前払いか後払いか，D/P・D/A，L/C，送金
ⓑ 船積に関する取決め：定期船か不定期船か，梱包方法，荷印，etc
ⓒ 検品に関する取決め：検査者，検品時期（工場出荷時，船積時，受入時），不良品許容率，不良品取扱方法，検品基準
ⓓ 所有権や危険負担の移転時期に関する取決め
ⓔ 貨物保険に関する取決め
ⓕ 品質保証（Warranty）に関する取決め：保証内容，違反についてのクレーム（Claim）方法等
ⓖ 製造物責任に関する取決め
ⓗ 知的所有権に関する取決め
ⓘ 不測の事態が生じた際の取決め：不可抗力，義務履行の免除，解決法
ⓙ 契約不履行と契約解除に関する取決め：解除事由，解除方法，解除効果，損害賠償請求権等
ⓚ 守秘義務に関する取決め：守秘事項の特定，守秘違反の対処，守秘期間
ⓛ 紛争解決に関する取決め：仲裁，調停，準拠法，裁判管轄

(8) 間違った記載はないか

　当事者名・住所等に間違いはないか。また，誤字や脱字，コンマやピリオドの使い方の誤り等は，単に見苦しいだけではなく，契約の解釈に根本的に影響することもありますので，決しておろそかにしてはなりません。

(9) 内容や字句の表現が明確か

　契約書の各条項はわかりやすく，誤解の余地がないように書かれていなければなりません。将来，契約条文の解釈について紛争が生じることがないように，契約書の記載は唯一つの解釈しかできないように明確に表現しておくべきです。2通りあるいは複数の解釈ができるような不明確な表現をしてはなりません。

(10) 当方を不当に拘束する条項はないか

　たとえば，自社がDistributorになる場合，競合品を取り扱わないことを義務づけられることが多いのですが，自社販売先の問屋では当該取扱商品の販売先が広範囲にわたっており，いかなる競合品を取り扱うかわからないので，そのような競合品取扱禁止の条項は将来契約違反を起こす可能性が高く，契約書中に規定するか否かを十分検討することが必要です。

6　英文契約書の難しさ

　欧米の企業との英文での契約は，日本人にとって不利ともいえます。英語自体の理解困難さのほかに，英語を使えば必然的に英語圏の習慣や制度が前提とされてしまうからです。

(1)　法律文書の理解が困難

　契約書や法律文書では，「契約英語」とか「法律英語」という特殊な英語があるわけではありませんが，通常使用されない用語や独特の言い回しがあります。
　普段使う言葉と見かけは同じでも意味がまったく違うこともありますので注意を要します。

(2)　法律英語の理解が困難

　なじみのある言葉は自分の知識で理解しようとして誤解することがあります。結果として間違った理解となる危険性がありますので，法律的な意味について知識を得ておくことが肝要です。なじみのない言葉は英文法律用語辞書を引いたり，専門家に尋ねて確認し正しく理解することが肝要です。
　日常会話や文学で使用される英語と法律文書で使用される英語の意味が異なるものがあります。英語に堪能でも法律的なバックグラウンドがないと理解困難です。
　たとえば，「Assign」は，一般的には「割り当てる」という意味です。「A君にこの仕事をアサインする」などと使いますが，契約書では「譲渡する」意味で用いられます。
　「受領する」という意味の英語は「Receive」で，受領する人は

「Receiver」が使われますが，契約書では受領者のことを「Recipient」の語を用います。

また，責任という意味の語には Responsibility や Liability がありますが，厳密にいえば，Responsibility は一般的な意味での責任のことをいい，Liability は法的な意味での責任のことをいいます。

同じようなものに以下があります。

単語	一般的意味	契約書上での意味
action	行為	訴訟，告訴（＝law suit）
attachment	添付	添付物，差押
consideration	考慮	約因
dissolution	分離，分解，溶解	（会社などの）解散
execute	実行する	調印する（＝sign and deliver）
failure	失敗	不履行（＝failure to enforce）
filing	綴じ込み	申請や告訴をすること
frustration	挫折，欲求不満	契約目的の達成不能
govern	統治する	準拠する
instrument	計器，楽器	法律文書（＝legal documents）
liable to	〜しがちな	〜の責任がある
material	材料，原料	資料，データ
observe	見守る	遵守する
performance	性能	履行
provide	提供する	規定する
question	質問	疑義
save	救う，節約する	免れる
title	表題，肩書	所有権

◈契約文書の助動詞

契約文書では，**shall** や **will** などの助動詞の扱いには注意する必要があります。

① shall と will

　契約文書・法務関係文書で使用される「**shall**」は，記載内容が契約上の債務（**Obligation**）であることを示します。すなわち，一方の当事者が他方の当事者に対して，その履行の強制を企図する場合に用いられます。

　「**shall**」で記載された条項は「**Binding provision**（法的拘束力をもった規定）」と解釈されます。したがって，その規定内容を当事者が履行しないときは債務不履行となり，契約違反となります。

　他方，契約文書・法務関係文書で使用される「**will**」は，時をあらわす未来，可能性（**Possibility**），能力（**Capacity, Ability**）などを示す場合と，当事者の意思・意図や目的などを表現する場合に用いられます。「**will**」で表現された条項も契約上の一定の義務関係を表しますが「**shall**」に比べて強制の程度がきわめて弱く，主として法的強制力をともなわない条項（**Unbinding provision**）や，強制する必要がないものについて使用されます。

　「**The Manufacturer will complete the Product by December 31, 2004.**（製造者は本製品を2004年12月31日までに完成させるものとする）」と記載されていると，当事者の意思を示すのみで法的強制力をもって履行を迫るものではないと解釈されます。

　すなわち，製造者は2004年12月末までに完成させなくても債務不履行とはならないのです。

② should

　契約文書・法務関係文書で使用される「**should**」は，主として一方の当事者の強い要求や提案を表す場合に用いられます。「**shall**」のような法的強制力を意図しない非強行規定（**Non-mandatory provision**）です。

　「**The Manufacturer should submit the drawing to the Buyer before the commencement of the production.**（製造者は製造開始前に買主に対して設計図面を提出しなければならない）」と規定されていると，一方の当事者（買主）の強い要請を表す表現ですが，製造者がそのとおりに履行しなかったとしても契約上の債務不履行とはならないのです。

③ may

　「〜することができる」の意味の許可（**Permission**）や可能性（**Possibility**）を表す場合に使用され，非強行規定です。

　ただし，「**may not**」は禁止を示します。

④ must

　義務を表す場合に使用されますが，「**should**」より強い意味で使用されます。一般的には「**shall**」と同様に法的強制力をもつと解釈されていますが，異論もあり，「**shall**」の代用として使用するのは避けたほうがよさそ

うです。

❖**時を表す前置詞**
① by（〜までに）
ある期間の終期を表現し，by で指定された日はその期間中に含まれます。
「**The Work shall be completed by December 31.**（その作業は12月31日までに完了しなければならない）」は，12月31日当日を含んでその終了時点までにということになります。

② until（〜まで）
ある特定の日時までの期間を表し，「**The Work shall be completed until December 31.**」は，12月31日までのいずれかの日時に完了しなければならないこととなります。

「**until December 31**」や「**until 5：00 p.m.**」が，それぞれ記載された日時を含むかどうかは解釈が分かれていますが，一般的には含むとされ，「荷為替信用状に関する統一規則及び慣例（**Uniform Customs and Practice for Documentary Credit**）」でも表示された日時はその期限内に含まれると規定されています。

誤解を避けるには「**until and including December 31, 2004**」のように規定しておくとよいでしょう。

③ after（〜以降）
「**after receipt of the documents**」のように具体的な日付ではなく，書類受領というある事実が発生する時期を示すケースでは，その事実が発生した時点（受領時）が始期となります。「**after January 1**」のように具体的日付が記載されているケースでは，記載された日（1月1日）は含まれず，その翌日が始期となります。

当日をも含める場合には，誤解をさけるために「**on and after January 1**」のように記載されます。

④ before（〜以前）
期限を示すために使用された場合には記載当日は含まれません。「**The Work shall be completed before December 31, 2004.**」と記載されている場合，記載当日の12月31日は含まれず，前日の12月30日が期限ということになります。

⑤ from〜to（〜から〜まで）
from はある期間の始期を，**to** は終期を表します。原則として記載された当日を含みます。「**The meeting shall be held from December 1 to 5.**」と記載されている場合，12月1日と5日の両日を含む5日間ということとなります。

契約書では，誤解を避けるために「**from December 1 to 5（both dates inclusive）**」のように記載されます。

(3) 契約書文言の独特の言い回し

英文契約書では独特の言い回しや用語がありますが，基本的な用語を理解すれば，英文契約書の解釈はさほど難しくはありません。

たとえば，英文契約書には「hereby」とか「hereof」「hereto」とかが頻繁に出てきますが，これらの「here」は「ここ」という一般的な意味ではなく「this Agreement」のことを意味します。「hereby」は「by this Agreement（本契約により）」，「hereof」は「of this Agreement（本契約の）」，「the parties hereto」は「the parties to this Agreement（本契約の当事者）」と訳します。同様に，「the conditions hereunder」は「the conditions under this Agreement（本契約の条件）」の意味です。

また，「subject to」は「〜に従い，〜に基づき，〜を条件として」という意味で使用されます。

これら英文契約書に使用される基本的な用語や言い回しはおよそ50から60くらいあるようですが，これらを知っていれば英文契約書の解釈や英文で契約書を作成することはさほど難しいことではないのです。

❖英文契約書の基本的用語
① **amicable**：平和的な，友好的な
② **as the case may be**：「場合に応じて」
③ **bear**：（費用を）負担する
④ **breach**：違反
⑤ **but not limited to**：これらに限られるものではない
⑥ **consideration**：「考慮」と訳すのではなく「約因」の意味
⑦ **disclose**：開示する（秘密扱いされていたものをそうでなくする）
⑧ **execute**：「実行する」，「署名する」，「調印する」
⑨ **furnish to〜**：〜に対して提供する，支給する
⑩ **good faith and fair dealing**：誠実かつ公正な取扱い

⑪　**have the option to～**：～する選択権をもつ，～することができる
⑫　**hereinafter**：分解すると（**here＋in＋after**）で，「以後本契約書中で」
⑬　**including without limitation, including but not limited to**：「～を含むが，それらには限定されない」。いくつかの例をあげた場合に，例にあげたもの以外を含むか含まないかで，トラブルにならないために，「例にあげたもの以外も含む」ことを明らかにしておく決まり文句
⑭　**ivulge**：漏洩する（秘密状態の情報を漏らす）
⑮　**may**：「～できる」
⑯　**provided that～**：「ただし」例外を定める場合の決まり文句
⑰　**receiver**：管財人
⑱　**shall**：「～しなければならない」
⑲　**thereof**：分解すると（**there＋of**）で，その前にある単語を受けて「**of～**」と同じ
⑳　**voluntary arrangement**：任意整理
㉑　**whereas**：一般的意味の「～なので」に近く，前文を導き出すための決まり文句
㉒　**withhold**：控除する
㉓　**withdraw**：撤回する，取り下げる
㉔　**witnesseth**：**witness**「証する」の古い表現
㉕　**workmanship**：できばえ，手際

❖日本の法律用語の英訳
　①　任意清算：**voluntary winding up**
　②　民事再生手続：**arrangement**（**between debtors and creditors**）
　③　会社定款：**certificate of incorporation, articles of incorporation**，英法系の国では，**memorandum of association**
　④　特別決議：**special resolution**
　⑤　持分：**interest**

7 法律上注意すべきこと
国により法律制度が違うことを認識しておく

どの国の法律も世界標準ではありません。国ごとに法律が異なります。

係争に際しては，相手側の国の法律や行為地の法律，強制執行の可否などを知っておく必要があります。

(1) 国連物品売買統一法条約
（Contracts for the International Sales of Goods, Vienna 1980, ウィーン条約）

国際取引に適用される法律や裁判制度については，世界で一律に適用される統一法や裁判所というものはありません。

全世界で適用されるべき国際間商品売買取引に関する取引条件のスタンダードをつくることを目的に国連の国際商取引法委員会（The United Nations Commission on International Trade Law：UNCITRAL）により作成され，1980年4月10日ウィーン外交会議で採択された「国際物品売買統一法条約」は1988年1月1日に発効しており，米国をはじめ50ヶ国が加盟批准していますが，残念ながら，日本はまだ加盟・批准するに至っていません。

加盟国・批准国に所在する現地法人や合弁会社が契約当事者となる場合は，その適用を受けることとなります。ただし，契約当事者の合意により，その適用を排除することができます。

米国の企業で契約書中にUNCITRALの適用を排除する規定を挿入してくるものがありますが，そのようなケースでは米国企業に一方的に有利な契約内容となっていることが多いので注意を要します。

(2) なぜ準拠法規定が必要なのか

日本国内の取引であれば，契約の成立・効力などを判断するのに自動的に日

本法が適用され，自分の権利義務を判断する根拠に迷うことはありません。しかし，当事者が複数の国にまたがっている場合など自動的に準拠法が定まらない場合には，自分の権利義務がどうなっているかわからないこととなります。

　それを避けるため，あらかじめ当事者間でどの国の法律を適用するかを合意し，契約書中に規定しておくことにより，契約条項の解釈や紛争が生じたときの適用法を決めておくことが重要です。

　一般的に，当事者は準拠法を好きなように合意できます（契約自由の原則）。ただし，最終的には判断を任された裁判所が契約書に規定された準拠法を採用するか否かを決めることになります。準拠法を日本法と定めれば，任意法規については外国の法律の適用を排除できます。

　外国の会社と契約する場合には，日本の法律ばかりではなく契約相手側の国の法律についても知る必要があります。

　しかしながら，たとえ弁護士であっても，専門外の法律や法律用語については知らないことがたくさんあります。まして自国の法制度すら熟知していない一般のわれわれが，外国の法制度や法律用語を熟知することは非常に困難です。

　外国の法制度を理解するためには，難解な法律用語を含む外国語の文献にあたらなければなりませんが，われわれ日本人がその内容を適切に理解できるかどうか疑わしいと言わざるを得ません。とくに，英米法の場合，判例法が重要ですから，判例を調査しなければなりませんが，一般の人にはその調査は非常に困難です。このような問題に対処するにはどうすればよいでしょうか。

　まず第1は，準拠法を日本法とすることです。準拠法を日本法とすれば，任意法規については日本法が適用されることとなり，自分でもある程度理解できますし，日本の弁護士にでも相談すれば，契約の結果を十分予見できることとなります。

　やむを得ず外国法を準拠法に定めた場合には，外国人弁護士に外国の法律の観点から確認させることが大切です。

　しかしながら，何よりも重要なことは，重要な事項についてはできるだけ詳細な規定を設けて，なるべく任意法規によって契約を解釈する必要がないよう

にしておくことです。案件が重要であれば，外国人の弁護士から意見を聞くことも当然考えるべきでしょう。しかし，外国人弁護士は，日本人が疑問に思うことが何であるかについて，必ずしも十分に理解したり把握したりしているとは限りませんし，外国人弁護士の日本語や日本人英語の理解能力についても問題があることもありますので，外国人弁護士とのコミュニケーションには日本の弁護士に間に入ってもらうほうが効率的で正確なこともあります。

　任意法規については，当事者の合意により準拠法を決定することができますが，強行法規に抵触するものについては当事者の合意とは無関係に準拠法が決定されます。場合によっては，複数の国の法律が重複して適用されることもあり得ます。日本では，「法例」という名称の法律が準拠法について規定していますが，それ以外の法律がこのような事項を規定している場合もあります。

　準拠法について考えるにあたって注意すべきことは2つあります。

　第1は，「法例」が日本の国内法にすぎないという性質上，「法例」は国際管轄について日本の裁判所を拘束するだけで，外国裁判所を拘束しないということです。「法例」によって日本法が適用されることとなっているにもかかわらず，外国の裁判所が日本の法例の規定を無視して日本法ではなく自国の法律を適用することがあり得ます。

　したがって，是が非でも日本法を準拠法にしたい場合には，契約書中にその旨を明記しておくことが不可欠となります。

　第2は，準拠法が日本法であるからといっても，日本の裁判所が必然的自動的に管轄を有することにはならないことです。

　契約書中で準拠法を中国法，第一審の管轄裁判所を東京地方裁判所と合意することは論理的には何ら問題はありません。しかし，準拠法と管轄の国を別にした場合には，管轄裁判所は別の国の法律に基づいて判断することになります。このような場合には，裁判所は適用する法律の内容すら理解できないことになりかねませんので，必ずしも実務的とはいえません。

　したがって，準拠法と管轄の国は一致させておいたほうが無難といえるでしょう。準拠法が問題となるのは国際案件の場合ですから，同時に国際管轄につ

いても問題となります。契約書中には裁判の管轄についても規定しておくことが肝要です。

(3) 準拠法を決めない場合はどうなるか

　準拠法について当事者の合意がない場合，準拠法を決める基準とされる要素は複数あります。

　当事者の国籍，当事者の住所地または営業の場所，契約成立地，契約履行地，契約ともっとも密接な関係（Closest Connection）をもつ場所，契約の目的物の所在地，契約不履行が発生した場所，裁判地，紛争にもっとも強い関心（Most Compelling Interest）をもつ国などの要素を勘案して決定されることとなります。準拠法を決めないあるいは決められない場合には，顧問弁護士と相談して対処するのが適切です。

　ちなみに，日本の法例第 9 条第 2 項では，当事者間で決めていない場合について，「契約ノ成立及ヒ効力ニ付テハ申込ノ通知ヲ発シタル地ヲ行為地ト看做ス若シ其申込ヲ受ケタル者カ承諾ヲ為シタル当時申込ノ発信地ヲ知ラサリシトキハ申込者ノ住所ヲ行為地ト看做ス」と行為地法を原則とする旨が規定されています。

　また，準拠法の規定はないが裁判地や仲裁地の指定をしたときは，その地の法律を適用すると合意したものと推定されます。

　インターネットを介したネットワーク取引などで申込地が判然としない場合がありますが，同意をクリックした場所が行為地と解されており，申込の発信地を行為地とする法例と異なる扱いとなっていることに注意を要します。

　米国では，Point of Sales 理論，すなわち商品をオーダーして，送られてきた住所が行為地とされていることに注意を要します。

(4) 製造物責任（Product Liability）

　多くの国が，商品が内包する欠陥により同商品を購入した顧客や消費者が損害を被った場合，メーカー，輸入業者および販売業者が賠償責任を負うとする，いわゆる製造物責任（Product Liability）を法律で定めています。

　品質保証と似ていますが，品質保証は契約当事者のみを拘束するのに対し，製造物責任は直接契約関係のない消費者等の第三者からも賠償責任を問われる点で異なっています。

　売買契約に基づいて，売主は買主に対して，自分が買主に販売した商品の隠れた欠陥に対する瑕疵担保責任と良品を提供するという債務履行責任を負担しています。

　ところが，売主が当該商品を第三者メーカーから購入して買主に販売したような場合には，買主は商品の欠陥等から生じた人的・物的損害を直接契約関係にない第三者メーカーにその責任を追及できません。

　製造物責任は，商品に欠陥（Defect）がある場合に，商品の製造者および購入者へ製品が届くまでにかかわった者に責任を負担させるものです。原則として，損害の賠償を請求するものは被請求者に責任があることを立証しなければなりませんが，商品の欠陥について購入者あるいは一般の消費者がメーカー側の過失を立証することはほとんど不可能です。

　製造物責任法（PL法）は，欠陥さえあればメーカー側に責任ありとして消費者の立証義務を免除し，この問題を解決したものです。

　この法律により，製造者あるいは販売者は当該欠陥について自分に過失がなかったことを立証しない限り，欠陥についての瑕疵担保責任を負担しなければなりません。

　したがって，メーカーや販売者はPL責任やPL訴訟のリスクをカバーないし軽減するために製造物責任保険（PL保険）を付保するのです。

　とくに，米国ではPL訴訟が頻発し，その損害賠償額も多大となることから，米国向けに販売する販売者はPL保険を付保するとともに，取扱説明書や製品

にラベルを貼って危険性を明記しておくことが肝要です。自社が買主の場合には，売主にその責任をとらせる旨を契約書中に定めることにより，リスクを回避することが肝要です。

　しかしながら，契約で売主がすべての製造物責任に基づくリスクを負担すると規定したとしても，買主が第三者から損害賠償の請求を受ける可能性はあり，欠陥が認定された場合には買主も賠償義務を負うことがあります。その場合に備えて，契約書中に，損害賠償等で買主が被った損害を売主に補償させる旨を規定しておくことが肝要です。

(5) 調印するまで気を抜かない

　一方が物品あるいは役務の提供をオファー（Offer）するに際して，「弊社の条件書通りにて」と記載してOfferしたのに対し，相手方からの返信に「貴社のご注文をお受けいたします。なお取引条件は裏面記載の弊社 Standard Terms & Conditions of Contract によることとします」と返事してくるケースは珍しくありません。

　この場合，両当事者の取引条件が異なっていれば，どちらの条件が優先するかということが Battle of Forms（書式合戦）の問題です。

　申込と承諾の書式に記載された条件に違いがある場合に，いずれの書式に書かれた条件が優先するかも問題となります（当事者がそれぞれ独自のフォームを使用した場合に裏面記載条件が異なる場合）。

　相手方の返信に当方が提示した条件と異なる取引条件が記載してあった場合，適時に反論し条件を刷り合わせたうえで確認書を取り交わしておかないと，先方の取引条件を応諾したことになるおそれがありますので注意が必要です。

(6) 裁判管轄

　国際取引の特徴の1つは，紛争になったときにどこの国で裁判や仲裁をする

か，判決の強制執行はできるかなどといった権利の実現の方法にかかわる複雑さが存在することです。

したがって，契約の解釈・履行・不履行について，紛争が起こって最終的にそれを裁判に持ち込まざるを得なくなったとき，どこの裁判所が裁判管轄権をもっているかが重要な検討課題となります。

そこで，紛争解決を容易にするために，当事者間であらかじめ裁判管轄について合意をすることが多いのです。

裁判管轄の合意においては，自身が被告になるときと原告になるときと分けて考える必要があります。

一般的に相手を外国で訴える場合は，場所的不便，コスト，言語の不便，翻訳の煩雑さ，弁護士との連絡の不便等が障害となります。

また，たとえ裁判で勝訴しても，同判決をもって相手方が所在する国で相手方に履行を強制できるかの問題もあります。

❖ 裁判管轄と Jurisdiction, Venue

国際取引においては，誰かに対して提訴し裁判をしようとするとき，どこの裁判所で裁判を提起したらよいかが問題となります。

日本の裁判所は，すべて最高裁判所を頂点としてその下に高等裁判所と地方裁判所・簡易裁判所からなる階層構造となっていますので，日本の裁判所で裁判する限り，どこの裁判所が管轄をもつかによって手続や最終的な結論に変更が生じることは論理的にはありません。

これに対して，米国においては日本の管轄に類似するものとして **Jurisdiction** と **Venue** という2つの概念があります。

Jurisdiction も **Venue** もどの裁判所が裁判権を行使できるかという問題ですが，**Jurisdiction** の場合は，どの裁判制度のもとのどの種類の裁判所が裁判権を行使できるかという問題であるのに対して，**Venue** はもっぱら当事者の便宜を考慮して管轄を有する同種の裁判所のうちどの土地の裁判所に裁判権を行使させるかという裁判籍の問題です。

したがって，たとえ当事者が同意しても **Jurisdiction** を有しない裁判所が裁判をした場合にはその裁判は違法となるのに対して，当事者が同意していれば **Venue** が認められない裁判所が裁判をしても違法とはならないのです。

米国では，各州および連邦ごとにそれぞれ独立した裁判制度があります。このため，どの裁判制度において裁判を受けるかによって，手続や結論が大きく

変わることがあります。そこで、どの裁判制度のもとで裁判することができるか、複数の裁判制度を利用することができる場合はどの裁判制度を利用するのかといった事項は日本におけるよりも重要なこととなります。

　国際取引の場合、どの国（または州）の裁判所で裁判手続をすることができるかといった管轄の問題は非常に重要なのです。なぜなら、裁判所は自国民に有利な判断を下すことが多く、言葉や費用の点でも大きなハンディキャップを負うことになるからです。

　紛争が発生したときしか問題とならない管轄の問題について、多くの人は契約締結時にあまり注意を払いませんが、この点におけるリスクを十分念頭においておく必要があります。

❖米国の弁護士と裁判

　米国における契約交渉や訴訟事件に際して、弁護士に依頼する場合、米国の弁護士事務所（**Law Firm**）のシステムを知っておく必要があります。

　弁護士事務所に任せたままにせず、交渉や訴訟をどう進めるかの戦略を立てることや立案した戦略に沿って進めるに際して弁護士事務所と緊密に協議しながら進めることが必要です。

　訴訟については、訴訟を継続するか和解で決着すべきかといった点を十分協議しながら進めないと、経済的合理性がないのに訴訟を継続して思いもかけず高額な訴訟費用となりかねないからです。

　とくに米国での訴訟案件では、弁護士事務所のネームバリューで選ぶのではなく、その分野に有能な弁護士個人を選任することが肝要です。

8 補償条項 (Indemnity Clause/Hold Harmless Clause)

　契約内容の履行の結果としてあるいはともなって発生する責任，とくにクレーム処理や損害賠償を補償する，あるいはその義務等から免れる旨を規定する条項です。

　取引における力関係の強弱で内容は異なりますが，米国小売業が要求するものには理不尽なものが多いので注意を要します。

　少なくとも，相手方の不用意な取扱いによって生じたもの等相手方の責に帰すべき事由によるものは除く旨を記載することが肝要です。

　当方が売り手の場合には，この条項は極力回避するか，少なくとも「ただし，買主の責に帰すべきものは除く（except the loss and damages resulted from the buyer's responsibility）」といった留保文言を挿入しておくべきです。

　当方が買い手の場合は責任回避条項を入れて，当方に損害が降りかからないようにしておくべきです。

　以下は，売買契約書等でよく見られるものです。

① 一般的な補償条項

Seller shall indemnify and hold Buyer, its subsidiaries and affiliates and their directors, officers and employees harmless from any and all losses, damages, obligations, liabilities, costs and expenses (including, without limitation, legal fees and expenses) arising out of or inconnection with (a) any claim of a third party regarding any breach of warranty or representation or any defect in the design, materials or workmanship of the Products regardless of whether such defect is caused by the negligence of Seller, (b) any claim of a third party with respect to the Products, including, without limitation any claim or infringement of trademarks, trade names, emblems, designs, copyrights and othe intellectual property arising or in connection with Buyer's sale of the Products and (c) any claim, suit or action of a third party for injury to or death of any person arising out of or otherwise in connection with the Products sold by Seller to Buyer.

売主は，(a)保証または表明の違反，または売主の懈怠によるか否かにかかわらず発生した本製品のデザイン・原材料またはできばえの欠陥に関して第三者より提起されたクレーム，(b)本製品に関する第三者からのあらゆるクレーム（買主の本製品の販売に関する商標・商号・表象・デザイン・著作権その他の知的財産権についてのクレームを含む），(c)売主が買主に販売した本製品に関して，人身傷害や死亡について第三者より提起されたクレームまたは訴訟により発生した一切の損失・損害・責務・債務・費用（弁護士費用を含む）について，買主・その子会社・関連会社，およびそれらの取締役・役員・従業員を免責し，かつ補償する。

② 責任を限定的にしか負担しない場合

責任を限定的にしか負担しないとする以下のような条項が挿入されることがあります。

Except to the extent that by statute liability may not lawfully be excluded in an agreement of this nature and between the respective parties hereto, any statement, representation, condition, warranty or other term express or implied, statutory or otherwise, as to the quality, merchantability, suitability or fitness for any particular purpose of the Products is hereby excluded and Distributor shall not be liable to the Manufacturer and / or the intermediate trader(s) or to any other persons by reason thereof or any duty, statutory or otherwise, for any loss or damage (whether direct or consequential) arising directly or indirectly in connection with the goods or any modification, variation or enforcement thereof, or any documentation, manual or training relating thereto.

法令責任によって合法的に除外されない範囲を除いて，この種および個々の当事者間の契約において，法令，もしくは，商品のいかなる特定の目的のための品質・市販性・適応性または適合性について表現され，または暗示されているいかなるステートメント・表現・条件・保証または他の条件について除外され，販売店は，商品またはいかなる変更・変化または強化，それに関係する書類作成・マニュアルまたは訓練について，直接間接に発生するいかなる損失または損害（直接または必然にかかわらず）に対するいかなる義務も，法的か否かに

かかわらず，製造業者およびまたは中間業者もしくはいかなる第三者に対しても責を負わないものとする。

③ 責任を回避ないし限定的にしか負担しない場合

責任を回避ないし限定的にしか負担しないとする条項文言表現に，以下のようなものがあります。

> Seller shall be not liable except an agreement of this nature and between the respective parties hereto.
>
> 売主は，この種および個々の当事者の間の合意を除いて責を負わないものとする。

> Manufacturer's liability shall be limited for the loss or damage arising directly in connection with the Products.
>
> 製造業者の責任は，製品に関連して直接に発生する損失または損害に限定される。

④ 米国の大手小売業者の例

下記は米国の大手小売業者が商品供給者（Vendor）に対して要求してきたものです。自社のみならず親会社や関連会社，それらの役職員，代理店等に至るまで，すべての法律行為や訴訟等についてすべての責任を供給者が負い，買主およびその親会社・関連会社・それらの役職員等には一切責任を負わせず迷惑も及ぼさないことを約束させるもので，究極のIndemnity条項ともいえます。

法外とすらいえるこのような条項を売主が差し入れさせられるのは，力関係において買主が極端に優位にあるケースに見られます。

The Vendor hereby agrees to indemnify, hold harmless and defend XYZ Inc., its subsidiary companies, affiliates and each of its officers, directors, employees, agents, and representatives (hereinafter collectively called XYZ) from and against any and all actions, suits, claims, demands, losses, damages, obligations, judgements, or agreements, including all costs and expenses (including attorneys' fees in defending the same) connected with any of the foregoing, which it or they may be incur or become liable to pay by reason of any action, claim, suit or demand for infringement of patents, trademarks, copyrights, or other intangible property rights, or unfair competition, or defect, or violation of custom laws or any other applicable governmental laws arising from the purchase, importation, use of advertisement, or sale of all products and merchandise sold to the Buyer by the Vendor. In complying with the above, Vendor shall actively and at its own expense defend against any such claim, provided that if XYZ decides that Vendor fails to mount an adequate defense to such claim, XYZ shall have the right to defend, at its sole discretion, and to make any settlement of such claim, and Vendor shall cooperate with such efforts (including, without limitation, technical information, documents and data, and helps as may be requested by XYZ for such defense to such claim) and shall indemnify XYZ therefore as provided in the above.

売主は，発注，輸入，広告使用，または売主から買主に販売されたすべての製品および商品の販売から発生したいかなる法律行為，クレーム，訴訟または特許権，商標，著作権またはその他の無形財産権の侵害，または不公正競争，欠陥または関税法違反もしくはその他の適用法により支払義務が生じることのあるそれらに関して提起されるすべての法律行為，訴訟，クレーム，要求，損失，損害，義務，判決，または合意，費用（それらを防御するための弁護士費用を含む）について，XYZ社，その子会社，関係会社，およびそれらの役員，取締役，従業員，代理店および代理人（以後，総称してXYZ社）を補償し，保護することに合意する。
上記の遵守に際し，売主は積極的にかつ自己の費用にてかかるクレームに対する防御を行う。
ただし，売主がかかるクレームに対し適切な防御を行っていないとXYZ社が判断した場合，XYZ社は自己の裁量にてかかるクレームの防御をし，解決を図る権利を有し，売主はこれに協力（XYZ社がかかるクレームに対する防御のために要請する技術的情報，書類，データおよび助力の提供を含む）するとともに，上記の補償を行う。

9 被保険者追加条項
(Additional Insured Clause)

　自社のPL保険の被保険者は自社ならびに自社グループ関係会社に極力限定すべきです。自社ブランド製品を販売してくれる専門店等で自社ブランドの信用維持に必要等の合理的理由がなければ，第三者を被保険者として追加することは回避すべきです。

　買主から自社のPL保険の被保険者に買主を追加するよう要求してくることがありますが，買主を自社のPL保険の被保険者に加えることは極力回避すべきです。なぜなら，自社が納品したものかどうかわからない商品によって引き起こされたPL事故まで，自社のPL保険でカバーさせられることとなる不合理が生じる危険性がきわめて高いからです。しかも保険料の高騰へもつながることとなります。

被保険者として追加することを要求する例

Unless Buyer expressly otherwise agrees, Vendor shall carry general liability and products liability insurance.
Vendor shall also forward a certificate evidencing such insurance coverage to Buyer. Buyer shall be listed as an additional insured on Vender's products liability insurance policy.

買主が明白に別途合意しない限り，売主は一般総合保険および製造物責任保険を付保しなければならない。売主はかかる保険が付保されていることを証する証明書を買主へ提出しなければならない。買主は売主の製造物責任保険証券に追加被保険者として記載されていなければならない。

10 児童労働等使用禁止条項
(Prohibition of Children Labor)

　欧米の企業と取引契約を締結するときに，児童労働者や奴隷労働者（Slave Labor）または囚人労働者（Prisoner Labor）によって製品を製造してはならないという条項が挿入されることがあります。

　児童労働者や奴隷労働者あるいは囚人，すなわち，安価な製品をつくるために不当に安価な労賃で製造することを禁止するもので，人権問題への意識が高まるにつれて，そういう不当に安価な労働力を使用することへの社会的非難も大きなものとなってきており，買主がそういう非難を受けないために製品の供給者に児童労働者や奴隷労働者あるいは囚人を使用することによって製造した製品ではないという確認を確保しようとするものです。

　裏を返せば，購入者が不当に安価な児童労働や囚人労働等で製造された製品を取り扱っているという非難をかわすために要求してくるものともいえます。商品の調達をインドやパキスタンあるいは同じような開発途上国から行うときには，実際に当該製品を製造する工場などで児童などが就業していないかチェックしておくことが肝要です。

　以下のような条項文言が見られます。

> Supplier hereby certifies that the Products (including components thereof) shall be manufactured in compliance with the wage and hour laws of the country of manufacture and without the use of children (persons under the age of 15 or younger than the age for completing compulsory education, if that age is higher than 15), prison, indentured, exploited, bonded, forced or slave labor, and all shipping documents shall indicate the language.
>
> 供給者は，製品が製造国の賃金および労働時間法に適合し，児童（15歳未満または満15歳以上の場合は義務教育完了未満の者），囚人労働者，契約労働者，被搾取労働者，強制労働者または奴隷労働者を使用せず製造されたことを証する。また，すべての船積書類はその旨が記載されていなければならない。

米国所在業者向け輸出の場合で，給与や時間外労働や職場環境等について適法であることのほか，義務教育を終えていない児童や囚人等の不当に安価な労働力で生産した商品でないことを確約させられる条項文言に以下のようなものもあります。

> Any product (including components thereof) the Manufacturer manufactures or causes to be manufactured under this Agreement shall be manufactured in compliance with the wage, overtime compensation, benefits, hour, hiring and employment, workplace conditions and safety, environmental, collective bargaining, freedom of association, laws of the country of manufacture and without the use of children (persons under the age of 15 or younger than the age for completing compulsory education, if that age is higher than 15), prison, indentured, exploited, bonded, forced or slave labor.
>
> 製造者が本契約に基づいて製造しまたは製造されるいかなる製品も，賃金，残業手当，福利，労働時間，雇用および職業，労働場所の条件および安全，労働環境，団体交渉，結社の自由，製造国の法律に適合し，および児童（15歳未満または15歳以上の場合は義務教育完了年齢より若年の者），囚人労働者，契約労働者，被搾取労働者，強制労働者または奴隷労働者を使用せずに製造されるものとする。

❖顧問弁護士の使い方

　弁護士は，裁判やトラブルが生じたときに一番頼りになる相手です。しかし，トラブルはないことが望ましいことはいうまでもありません。トラブルが起きてから弁護士へ依頼すると大変な時間と費用がかかります。

　顧問弁護士の最大のメリット，あるいはもっともうまい使い方は，事前に法律的アドバイスを受けることができて，トラブルの予防・回避ができることです。顧問弁護士はホームドクターのようなものと考えて，日頃からビジネス上の法律的問題等で心配なことがあれば早めに相談しておくことです。

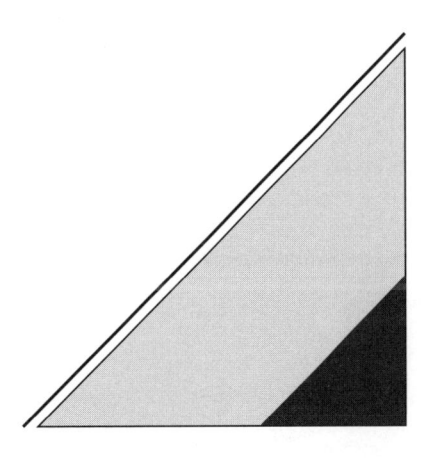

英文契約書の基本的な構成

1 すべての契約書に一般的に共通なもの

(1) 表紙（Cover）

　契約書の表紙は，期間の短いあるいは小額の取引の契約書であれば必要はないでしょうが，プロジェクトのごとく大きく複雑な取引や長期にわたる継続的取引に係る契約の場合には，長期保存に絶え得るためにもカバー等をつけておくのが望ましいのです。

　表紙に書かれるのは，一般的に契約書名・当事者名・契約調印日付等です。

THIS SUPPLY & PURCHASE AGREEMENT is made by and between XYZ MAKER ＿＿(Address)＿＿ and ABC Co, ＿(Address)＿ dated ＿＿＿＿＿＿

本供給購入契約はXYZメーカー（住所）とABC社（住所）との間で＿年＿月＿日付にて締結された。

---

(2) 表題（Title）

　契約書の内容を表すものです。ただし，表題はそれ自身法的拘束力をもつものではありませんので，いかなるタイトルをつけてもよいのですが，他の同種の契約書と区別できるようにその契約書内容を特定できるようなタイトルとすることが肝要です。

　商品売買取引であれば対象商品名を記載したり，役務取引であれば当該役務名を記載したり，あるいは契約書の一連番号を記載したりして，特定できるようにしておくことが肝要です。

(3) 頭書（Caption）

　契約締結の年月日・当事者名称・設立準拠法および主たる営業所所在地などを明らかにする部分で，前文の導入部にあたります。
　① 当事者（Parties）の特定
　契約上の権利・義務を有する者を特定することができる記載としなければなりません。個人の場合には名前（Full Name）・住所，必要があればパスポート番号やID番号等本人を特定できるものを記入します。法人の場合には，法人の正式名称・本店所在地住所・法人の種類・設立準拠法等を記載します。
　当事者の名称および主たる営業所（本社）の所在地は登記簿の記載通りに表示します。
　② 契約の日付（Signing Date）
　当事者が契約書をこの日付でサインしたことにしようと決めた日付。実際に署名・調印した日を記入するのが正式ですが，持ち回りで署名した日が異なる場合には，最後に調印・署名した日付を記入します。
　通常は，契約締結日（調印日）が契約発効日となりますが，契約実行に政府の許可等が必要な場合には，当該許可取得日が契約発効日（Effective Date）となり，契約締結日と異なる場合がありますので注意を要します。
　③ 設立準拠法（Governing Law for Establishment）
　契約の相手方が外国企業の場合，設立準拠法は，連邦制をとっている米国等，国によって州法等が準拠法となっていることも多いので注意を要します。
　契約相手方が米国やカナダ等の企業の場合，設立準拠法は州法まで記載します。
　④ 契約締結地（Place of Signing）
　契約が署名された場所を書く場合もあります。準拠法・裁判管轄が規定されていない場合には，準拠法や裁判管轄決定の要素となることがあります。署名された場所の裁判所がその契約をめぐる紛争について管轄権をもったり，署名された場所により印紙税がかかるかどうかが決まったりすることもあります。

外国の企業と締結する契約書の場合，文書の作成地が外国の場合には日本の印紙税は課税されないことにも注意が必要です。

(4) 前文（WHEREAS Clause）

Whereas Clause は，Recitals, Preamble または Witnesseth Clause とも呼ばれます。[☞ p. 150 注)] この前文で契約全体の概要がつかめるように簡潔に記載します。前文は契約書の説明部分でもあります。

① Whereas Clause の役割

Whereas で始まるいくつかの文章で，契約に至った経緯・動機・当事者の事情等の詳しい説明・当事者のこの契約における希望・契約の目的・契約の内容等を簡潔に書いた部分です。

② Whereas Clause の法的効力

前文自体には法律的効力はなく，当事者を直接拘束することはありませんので，必ずしも記載する必要性はなく省略されることもあります。しかしながら，前文を記載することは契約の全体像を把握するのに役立ち，契約書の内容を理解し条文を解釈する際の指針になります。

また，契約締結時点における当事者の立場や意思を明示しておくことは，事後に事情が変更した場合の備えにもなり得ますので，多くの場合設けられています。さらに，関連する契約が複数存在する場合には，それらの契約の関係を前文で明らかにしておくことで，契約の適用範囲や適用される契約を明確にすることができます。

(5) 定義条項（Definition）

契約書の中で意味が限定または特定して用いられる用語や繰り返し現れる語句あるいは省略された表現で用いられる語句等の使用方法や意義を定義する条文です。用語や語句の定義化は，契約の文言の解釈について争いが生じるのを

未然に防止する点に意義があります。

① 定義は契約書の中で使用される特定の言葉の概念を決めておくもの

ある言葉が契約書の中で何度も出てくるたびにその概念を契約書中に繰り返し記載することの煩わしさを避けるために定義条項を置き，その言葉が意味する概念を定義するものです。

一旦ある単語を定義してしまうと，契約書中ではその単語は一般的な意味を失って定義された概念でしか解釈されません。定義条項は書くほうにとっては便利ですが，読むほうにとってはいちいち定義条項で記載された概念を確認しながら読むことになり煩わしいものであるため，定義条項の濫用には注意が必要です。

② 定義した言葉は大文字で書く

また，定義した言葉が契約書中で一般的な概念で使用されることもありますので，混同を避けるために定義を施した言葉についてはすべてを大文字または最初の文字を大文字にして記載しておくのが望ましいのです。

一見あまり重要ではないように思えますが，実は重要なのです。契約書の中で使用される用語の意味によって当事者の権利義務の範囲が大きく左右されるからです。契約の対象についての定義はとくに重要です。

Unless the context requires otherwise, the following words shall have the following meanings in this Agreement:
_____ means _____

本契約では，文脈上他の意味に解釈すべき場合を除いて，次の語は次の意味を有するものとする。
_____とは_____のこと。

---

(6) 当事者関係条項 (Relationship of the Parties)

契約当事者がそれぞれ独立した法人であって，互いに相手の代理人として意

思表示をしたり契約を締結したりする権限を与えていないことを確認したり，ジョイントベンチャーやパートナーシップを構成するものではないことを確認する条項です。思いもよらず契約相手方が当方を代理して，義務や債務を負担するようなことになってはたまらないからであり，契約相手方が当方の代理人あるいはパートナーであると誤認されて，予想もしないリスクや債務あるいは損失を負担することとなるのを防ぐことにあります。

このような当事者の関係を規定する条項は，販売店契約，ライセンス契約，コンサルタント契約などでよく見られます。

> The parties are independent contractors, and nothing contained herein shall constitute or be construed to create a partnership, agency or joint venture between the parties.
>
> 契約当事者は独立した契約者であり，本契約のいかなる規定も，当事者間にパートナーシップ，代理関係またはジョイントベンチャーを構成するものではなく，また創出すると解釈されないものとする。

ややかしこまった契約書では，契約当事者が契約を締結したり契約に基づく履行義務を果たすことができる権利能力と権限を有している旨を宣言する，以下のような条項が挿入されることがあります。

> Each party hereto representsand warrants that it has the full power and authority to enter into this Agreement and to perform its abligations hereunder.
>
> 各当事者は，本契約を締結し，本契約に基づく義務を履行する完全な権利能力および権限を有することを表明し，保証する。

販売店契約やライセンス契約等では以下のような条文が一般的です。

> The parties are not partners or joint ventures.
> XYZ is not entitled to act as ABC's agent except as provided in this Agreement and ABC shall not be liable for any representation*, act or omission of XYZ.
>
> 当事者は互いにパートナーでもジョイントベンチャーのメンバーでもない。XYZ は，本契約で規定される場合を除き，ABC の代理人として行為してはならないものとし，また ABC は XYZ の表明，行為または不作為について責任を負わないものとする。

(7) 契約期間条項（Term）

① なぜ期間の定めが必要か

1 回限りの取引であれば必要はありませんが，継続的な取引を前提とした契約では期間を定めておくのが適切です。

② 契約発効日

契約は原則として調印日から有効となりますが，当事者の合意により契約有効期間の始期を将来の一定の時点と定めることもできます。契約発効の始期については次のものがあり，これらを正確に認識して契約書中に規定しなければなりません。

a) 契約書日付

契約書冒頭に「This Agreement made by A and B on this ___days of January, 20XX.」と書かれている日付。一般的には契約の発効日ともなりますので，基本的には契約書の締結日と同じ日付であることが望ましいのです。

b) 契約書締結日

文字通り契約に署名した日。署名者が遠隔地にいて署名した日が異なる

＊ "representation" とは，商品や役務を提供する場合などで，販売者側あるいは提供者側が顧客に対してその商品や役務等について説明を行うことをいいます。

場合には，最後に署名した日が署名日となります。
c) 契約書効力発生日
　　たとえば，当局の許可が必要な取引のような場合，その許可が取得できたときを契約の効力が発生する日としておくことが肝要です。契約の締結日から効力発生日までの当事者の義務は契約効力発生条件を満たすことです。

③　契約解除規定
期間を定めない場合には，どのような条件があれば契約を解除できるかを定めておく必要があります。

(8) 通知条項（Way of Notice）

①　なぜ通知条項が必要か
その契約に関する通知の方法や宛先，通知に用いる言語，通知の効力の発生時期等を規定します。通知について重要なことは，その通知の効力発生時期を送信時とするか到達時とするかを決めておくことです。欧米では発信主義をとる場合が多く見られます。契約上で権利の行使のため，もしくは義務の履行のために，通知が要求されないケースは稀です。とくに通知を出すことが権利発生の要件になる場合には通知は適切に出すことが重大な問題となります。どのようにすれば有効な通知ができるかを規定します。

②　通知は書面で
契約に何も定めがなければ電話で契約解除を通知してもかまわないということにもなります。しかし，それでは言った言わないの紛争のもととなります。
通例は，通知は書面によらなければならないと規定します。
ファックスやテレックスによる通知の場合は，後で書面で確認するのが一般的です。

③　通知の方法は複数に
書面にもいろいろあり，通知の渡し方にもいろいろあります。

書留航空郵便とする等複数の通知方法を規定しておきます。

通知の方法は相手方へ届いたことが確認できるような配達証明付の郵送方法等をとっておくことが，後日紛争が生じたときに有力な証拠とすることができます。

④　通知が届かなかったら

通知が届かなかった場合にはどうなるかについても規定しておきます。

All notice required hereunder shall be in writing in the English language and shall be sent by registered airmail, cable or fax to the address of the parties hereto shown in the beginning hereof. Notice given by airmail is deemed to be delivered to the recipient party seven (7) days from the dispatch thereof, and notice given by any means other than airmail is deemed to be delivered at the time of dispatch.

本契約により要求されるすべての通知は，英語で書かれた書面によらなければならず，本契約の冒頭に記載された当事者の住所に宛てた書留航空郵便，電報またはファックスで行われなければならない。航空郵便による通知は発送後7日間で名宛人に到着したものとみなし，それ以外による通知は発送と同時に到着したものとみなされる。

(9)　譲渡禁止条項
　　（Prohibition of Assignment）

契約上の権利・義務あるいは契約上の地位の譲渡は相手方の書面による承諾がなければできない旨を規定した条項です。

①　Assignment とは

Assignment は譲渡という意味の名詞で，動詞は Assign です。Assign は一般的に「割り当てる」という意味で,「仕事をアサインする」などと使いますが，契約書では権利の譲渡の意味です。通常，義務を移転ないし譲渡することを意味するわけではありませんので，義務をも譲渡禁止とする場合はその旨を記載しておく必要があります。

② なぜ譲渡禁止条項が必要か

物品等の売買ではない，金銭や役務のごとき債権的な契約においては，法令等で禁止されたり，契約書中に規定がなければ，契約当事者としての地位を譲渡することができます。

しかしながら，他方の契約当事者の立場からすれば，突然，契約の相手方が変わってしまえば，契約を締結した目的が達成されなくなってしまうことがあります。契約は相手方を信用して締結するものです。当方が知らない間に契約上の地位や権利義務を相手方が勝手に第三者に譲渡したらどうなるでしょう。譲渡された相手はどんな会社か，確かに契約を守ってくれるのか等の懸念があります。また，第三者に知られたくない秘密情報が漏れる危険性もあります。そういう事態にならないようにするために権利の譲渡禁止を規定しておくのです。

「原則として相手方の書面による同意がなければ譲渡禁止」としておく必要があります。

This Agreement, including all rights and obligations in whole or in part, shall not be assigned by either party hereto to any third party without the prior written approval of the other party.

本契約は，すべての権利義務の全部または一部を含め，相手方の書面による事前の同意なくしては，いかなる第三者にも譲渡されないものとする。

None of the parties shall assign this Agreement or any of its rights and obligations hereunder whether in whole or in part without the prior written consent of the other party.

両当事者は，相手方から事前に書面による同意を得ることなくして，本契約および本契約上の権利義務の全部もしくは一部を譲渡してはならないものとする。

⑽　契約解除条項（Termination）

①　なぜ解除の定めが必要か

契約有効期間中の相手方の倒産や契約違反行為といった，契約を解除しなければ対応できない事態が発生することがあります。そのためには，あらかじめ解除できるケースを契約書で取り決めておけば，解除の有効性をめぐる紛争を防ぐことができるからです。

②　契約解除の条件・効果

解除事由として代表的なものには，倒産，支払遅延，手形不渡，支払不能，会社解散，会社清算，オーナーシップ変更，不可抗力状態の継続，その他重要な契約違反などがありますが，契約書上で，どのような場合に解除できるか，いつ解除できるか，解除の方法（催告の有無），契約解除の効果等を明確に定めておく必要があります。

③　契約解除とならない場合

契約書で解除事由とするかどうかを検討する事項は，契約の種類によって異なりますが，以下については契約書で明示的に取り決めなければ，契約違反とはならず，したがって解除事由に該当しないとされることが多いので注意を要します。

a)　相手方のオーナーシップの変更
b)　他の契約の条項違反（クロス・デフォルト）
c)　長期にわたる不効力事態の継続，etc.

以下は，契約当事者双方に公平な解除権を認める標準的な契約解除条項です。

Either party may, without prejudice to any other rights or remedies, terminate this Agreement by giving a written notice to the other with immediate effect, if any of the following events should occur:

(a) if either party fails to make any payment to the other when due under this Agreement and such failure continues for more than ten (10) calendar days after receipt of a written notice specifying the

default;
(b) if either party fails to perform any other provision of this Agreement, which failure remains uncorrected for more than thirty (30) days after receipt of a written notice specifying the default;
(c) if either party files a petition in bankruptcy, or a petition in bankruptcy is filed against it, or either party becomes insolvent, bankrupt, or makes a general assignment for the benefit of creditors, or goes into liquidation or receivership;
(d) if either party ceases or threatens to cease to carry on business or disposes of the whole or any substantial part of its undertaking or its assets;
(e) if control of either party is acquired by any person or group not in control at the date of this Agreement.

下記のいずれかの事項が発生した場合，いずれの当事者も，相手方に書面による通知を与えることにより，他の権利または救済手段を失うことなく，本契約を即時解除することができる。
(a) いずれかの当事者が本契約上の期限が到来した相手方に対する支払いを怠り，当該不履行を明記した書面による通知を受領後，10暦日を超える期間にわたり当該不履行が継続するとき
(b) いずれかの当事者が本契約の他のいずれかの規定の履行を怠り，当該不履行を明記した書面による通知を受領後，30暦日を越える期間にわたり当該不履行が是正されず継続するとき
(c) いずれかの当事者が破産を申し立てもしくは破産を申し立てられ，または支払不能もしくは破産に陥り，または債権者の利益のために包括的な譲渡を行い，または清算もしくは管財人の管理下に入ったとき
(d) いずれかの当事者が事業を営むことを停止しもしくはそのおそれがあるとき，または事業もしくは資産の全部もしくは重要な一部を処分したとき
(e) いずれかの当事者の支配権が，本契約締結日に支配下にない人またはグループにより取得されたとき

④ 契約解除条項に債務不履行・違反条項を加えたケース

下記例では債務不履行・違反（Default）と契約解除を一緒にした条項ですが，大きなプロジェクトの契約書等においては違反（Event of Default）のみで1つの条項とする場合が多いようです。

また融資契約等においては，当該融資契約そのものには違反がなくとも，他

の契約（第三者との契約も含む）において Default を起こした場合には，当該融資契約に Event of Default が発生したとみなすとする下記のような Cross Default 条項を規定する場合があります。

　債権者となる可能性が高い場合には，債務者が他の契約で Default を起こせば融資の回収に支障を生じることとなる可能性が高いので，この Cross Default 条項を入れておくことが望ましいのみならず，契約を解除した場合において，契約の解除から生じる損害を請求する権利については影響を与えないようにしておくことが肝要です。

1. In the event either party fails to perform any obligation hereunder or otherwise commits any breach of this Agreement, the other party may terminate this Agreement by giving to the party in default a written notice, which shall become effective ten (10) days after the said notice has duly been delivered to the party in default, unless the failure or breach is corrected within said ten (10) day period.
2. In the event that any proceeding for insolvency or bankruptcy is instituted by or against either party or a receiver is appointed for such party, or that Buyer merged, consolidated, sells all or substantially all of its assets, or implements or undergoes any substantial change in management or control, the other party may forthwith terminate this Agreement.

1. いずれかの当事者が，本契約に基づく義務の履行を怠り，またはその他本契約に違反した場合は，相手方当事者は，適法に引き渡されてから10日後に効力を生じる書面による通知を不履行当事者に渡すことにより，本契約を解除することができる。ただし，その不履行または違反がその10日間の期間内に是正されたときは解除の効力は生じない。
2. 支払不能もしくは破産手続がいずれかの当事者によりもしくはこれに対して開始されるか，または財産管理人がその当事者のために選任され，もしくは買主が吸収・合併され，実質的にすべての財産を譲渡し，または経営もしくは会社支配に重大な変更がなされた場合，相手方当事者は直ちに本契約を解除できるものとする。

⑤ 一方のみが解除権をもつケース

実際の契約では，一方のみが解除権をもつケースが規定されることがあります。メーカーが代理店を起用する場合や，ブランド保持者（ライセンサー）がライセンシーや販売店を起用する場合，その信用を傷つける行為を代理店・販売店・ライセンシーが行ったときは，信用維持のため直ちに契約を解除するという一方的な解除権をライセンサーが保有することが必要と判断されることがあります。

自社がライセンサーの場合，信用維持のために解除権を必要とするケースをあらかじめリストアップしておくことが肝要です。何をどこまでリストアップするかについては，業務の内容や解除を必要とする事項についての経験や当該取引を行う国や地域の関連法令等によって異なるといえますので注意が必要です。

米国ではチャプターイレブン（米国連邦破産法第11章の会社更生に関する規定）やチャプターセブン（同連邦破産法第7章の破産）の知識が欠かせませんし，また，英国についてはReceivershipによる手続と管財人（Receiver）の機能について知っておく必要があります。

⑥ 自動更新（Automatic Renewal）

継続的取引のような場合においては，一定の時期までに当事者のいずれかから別段の意思表示がなければ，最初の契約期間が終了しても，契約期間はさらに何年か自動的に延長されるとすることがよくあります。おおよそ以下のような表現の条項です。

This Agreement shall come into force on the date first above written and, unless earlier terminated, shall remain in force for a period of __ years and shall be automatically renewed and continued thereafter on a year to year basis unless either party hereto expresses its intention not to renew or continue this Agreement by written notice to the other party at least three (3) months before the expiration of the original term or any such extended term of this Agreement.

本契約は，冒頭記載日に効力を生じ，それ以前に終了されない限り，＿年間有効であるものとし，いずれかの当事者が当初期間または更新期間の満了の3ヶ月前までに相手方に対して本契約を更新しない旨の書面による意思表示をしない限り，1年ごとに自動的に更新され継続されるものとする。

⑦ 契約解除後の責任・債務

契約を解除しても，消滅させたくない責任や債務がある場合には，以下のような残存条項を入れておくとよいでしょう。

Termination of this Agreement shall not relieve either party of any liability arising prior thereto or of any liability which by its terms is to take effect upon termination.

本契約の解除は，各当事者の解除前に生じていた責務や解除によって生じる責務を免除するものではない。

⑧ 契約解除後の補償

また，契約解除によって損害や損失が見込まれるような取引においては，契約解除された場合に相手方にその補償を求めることができるようにしておくためには，以下のような条項を入れておくとよいでしょう。

Upon termination of this Agreement or any Individual Contract by either party, the other party shall be entitled to recover from the terminated party any damage, losses, expenses or costs incurred as a result of such termination. Rights and remedies granted to the other party herein are cumulative and not exclusive of any rights or remedies provided by law or any other agreement between parties.

本契約または個別契約がいずれかの当事者により解除された場合，他方当事者は当該解除により生じた費用，損失，損害について解除当事者から補償を受ける権利を有する。本契約に基づいて他方当事者に認められたすべての権利およよ

び救済は累積的なものであり，法律または両当事者間の他の契約により与えられる権利または救済に限定されない。

⑾ 不可抗力条項（Force Majeure）

① 不可抗力条項とは

　天災（Act of God）・ストライキ・火災・法令による規制・その他当事者がコントロールできない（Beyond of Control）事情による義務の不履行については，当事者は責任を負わないとする旨を定める規定です。

　契約締結後，当事者の責任に帰せられない予期せぬ事由が発生し，そのために契約の履行ができないことがあります。これを不可抗力（Force Majeure）といいます。自然災害や戦争などいろいろなケースがありますが，具体的に何を不可抗力とするか，履行の遅延などをどう免責するか，通知義務をどうするか，不可抗力の状態が長期に継続した場合に解除を認めるか，などの多くの問題を考えて条文内容を決めていく必要があります。

　不可抗力事由が発生した場合，契約の履行遅延や不履行の責任が免責されるのが通例ですが，特約がない限り解除権は発生しないとされることが一般的です。したがって，不可抗力事由が一定期間継続したような場合で，その後に履行されても意味がないようなものを対象とした契約の場合には，契約を解除できる旨を規定しておくことが肝要です。

　一方，不可抗力事由として履行を免責される原因や事由の範囲については，契約の履行に関連して当事者間で紛争が発生しやすいものです。したがって，いかなる事由・事態を不可抗力と認めるか，また現実に起こった事態に対してどう対処するかはきわめて重要であり，後日の紛争回避のために明確に規定しておくことが肝要です。

② なぜ不可抗力条項が必要か

　一般的には，契約に定められた約束を守らないと，相手方から契約を解除されたり，損害賠償を請求されたりします。

ところが，自らに過失がなく，地震・洪水・戦争等人間の力の及ばない災害等で契約の履行ができなくなった場合にも責任が問われたり損害賠償を請求されたらたまらないからです。

③ 不可抗力条項は列挙が原則

契約当事者の合理的な力が及ばない事情を不可抗力といいます。

何を不可抗力事項とするかが重要であり，極力具体的に列挙して規定しておく必要があります。何を不可抗力とするかは当事者の合意によりますが，列挙されていない事項についてはそれが不可抗力にあたるか否かを争うこともあるので，できるだけ詳しく書いておくことが望ましいのです。記載事項については，あいまいな表現や漠然とした要件は回避すべきです。

④ 不可抗力条項の効力

天災や戦争など契約条件の履行を不可能または困難とする不可抗力の原因が発生したらどうするかについて規定しておきます。

履行期限を延長するか，一定期間継続したら契約解除できるとするか，善後策のため両当事者間で協議するとするか，などを取り決めておくべきです。

英米法の基本原則では，契約書中に万一不可抗力条項を規定しなかった場合には，たとえ天災地変その他どのような事情があろうと，当事者は必ず契約を履行しなければならないとされることがあることに注意を要します。

契約の中に不可抗力による免責条項を入れるかどうかは，その規定により自社の立場が有利になるか不利になるかを十分検討してから判断することが必要であり肝要です。

Neither party shall be responsible for any failure or delay in the performance of any obligation imposed upon it hereunder (except for the payment of monies due), nor shall such failure or delay be deemed to be a breach of this Agreement if such failure or delay is due to circumstances of any nature whatsoever which are not within its control and are not preventable by reasonable diligence on its part.

いずれの当事者も，本契約に基づく義務の不履行または履行遅滞（支払期限に

ある金銭債務は除く）が，当事者の制御可能下になく，当事者側の合理的な注意によって回避できない何らかの性質の事情による場合，当該不履行または遅延の責任を負わないものとし，当該不履行または遅延は本契約の違反とはみなされない。

⑿ 事情変更条項（Hardship）

① 事情変更条項とは

契約の履行にあたって，予想外の経済変動や，不可抗力とはいえないまでも当事者の義務の履行が困難となる，あるいは非常に厳しい状況が発生することがあります。不可抗力とはいえないが，契約通りに履行することが困難，あるいはむしろ一方に過酷となった場合に，両者で協議し事態の説明・分析を行い解決策を探るために設けておく条項が事情変更条項（Hardship Clause）です。

この条項を入れることが最近の傾向です。具体的には，契約履行期や価格を見直し，一部の解約も含めて検討する旨を規定します。

② 事情変更条項の効力

協議の結果，合意に達すれば契約改定等が可能となりますが，合意に達しなければもとの契約通りとなるというやや精神規定に近いものですが，本条項を規定しておく意義は，当方の事情を説明しあるいは相手方の事情を聞き，解決策を協議する機会をもつことが重要だからです。契約当事者双方の期待と事情，あるいは商取引に関する契約観がからみますので，本条項の現実の運用は容易ではありません。本条項に似たようなものにエスカレーション条項というものもあります。

以下は，標準的で簡単な条項です。

If between the date of this Agreement and the date on which the performance of the obligations of either party under this Agreement is to be made, there should be a material change in market conditions or other circumstances, or a substantial change in exchange rate, which would impose hardship on either party in performing its obligations under this Agreement, then both parties hereto shall, at the request of either party, meet, discuss and review in good faith, the terms and conditions of this Agreement as that it may be revised to resolve and overcome such hardship for the mutual benefit of both parties and the maintenance of good relationship.

本契約締結日と本契約に基づくいずれか一方の当事者の義務の履行日との間に，市況その他の状況に重大な変化が生じまたは為替レートに著しい変動が生じ，それが本契約に基づく一方当事者の義務の履行を困難にした場合には，両当事者は，一方当事者の要請があれば，両当事者の相互の利益と良好な関係の維持のために当該困難を解決し克服すべく本契約の条項を修正できるように会合し，誠意をもって協議し，契約条項を見直すものとする。

(13) 権利の非放棄条項（Nonwaiver of Rights）

① 権利の非放棄条項とは

　ある権利を行使しなかったこと（forbearance），あるいは中途半端に行使した場合に，そのことによりその権利や契約上有する他の権利を主張する権利を放棄したとみなされることを防ぐための条項です。

② 権利の非放棄条項の効力

　一方の当事者が不履行を起こした場合，他の当事者はそれを理由として契約解除等を請求できるのが一般的です。しかし，その不履行が些細なものであったり，当該時点で契約を解除するのが得策でないと判断した場合には，その不履行をとがめないことを選択することがありますが，とがめないことが権利行使をしなかったことになり，将来契約解除を行おうとしたときに，その権利を放棄したとみなされる危険があります。

　そこで，不履行をとがめるための権利を行使しなかったとしても，その権利を放棄したものではないということを明確にしておくことが必要だからです。ただし，この条項を契約書中に規定したからといって，いかなる場合にも定義

通りの効果が得られるかどうかは疑問とされています。

> Failure of either party hereto to enforce at any time any provisions of this Agreement or any right in respect thereof or to exercise any election provided for herein shall in no manner be deemed to be a waiver of such provisions, rights, or elections or in any way affect the validity of this Agreement. Failure of either party to exercise any of said provisions, rights, or elections shall not preclude or prejudice such party from later enforcing or exercising the sme or any other provisions, rights, or elections which it may have under this Agreement.
>
> 当事者が本契約の条項のいずれかまたはこれに関する権利のいずれかの強制を行わずまたは本契約上の選択権の行使を行わない場合であっても、かかる条項・権利・選択権を放棄したものとみなされることはないし、いかなる意味でも本契約の有効性に影響を与えない。当事者がかかる条項・権利または選択権の行使を怠った場合であっても、かかる当事者が後に同一または他の条項・権利または本契約上の選択権を強制しまたは行使することを妨げられない。

(14) 条項の分離可能条項 (Severability)

　契約書中の一部の条項が独占禁止法その他の強行法規もしくは政府の規制により当該国で違法となったり無効とされて履行できなくなった場合，当該条項だけが無効となり契約書中の残りの条項の有効性には影響を及ぼさず引き続き有効に存続する旨の規定です。契約書全体が無効とならないようにするための規定です。

> Any provision of this Agreement which is invalid, illegal or unenforceable in any jurisdiction shall, as to that jurisdiction, be ineffective to the extent of such invalidity, illegality or unenforceability, without affecting in any way the remaining provisions hereof in such jurisdiction or rendering that or any other provision of this Agreement invalid, illegal or unenforceable in any other jurisdiction.
>
> ある管轄地において無効・違法もしくは強制執行不可能と認められた本契約の

条項は，当該管轄地においてのみ，その無効性・違法性・強制執行不可能性を認められる限りにおいて効力を有しないものとし，いかなる意味においても当該管轄地における他の条項の効力に影響を与えないものとし，またその他の管轄地において本契約の他の条項を無効・違法もしくは強制執行不可能なものとしないものとする。

上記より簡単な表現として以下のようなものもあります。

If any provision of this Agreement is held invalid or unenforceable, the remainder of this Agreement shall continue in full force and effect.

本契約の一部の条項が無効もしくは履行不能とみなされる場合であっても，本契約のその他の条項は完全に有効であるものとする。

(15) 守秘義務条項（Confidentiality）

契約締結の履行義務の一環として，または信頼関係に基づき相手方に秘密情報を提供したり，偶然に相手方の秘密情報を入手したりする機会があります。そのような場合に備えて，第三者に漏洩されると営業に支障がある秘密情報については，秘密に保持し開示しない義務を課すことがあります。

契約の履行中に知った相手方の秘密情報を互いに秘密として保持する義務を規定する一般的な文言は以下の通りです。

1. Each party acknowledges that in connection with the formation and performance of this Agreement, it may be exposed to certain confidential information of the other party, the disclosure of which to third parties would be damaging ("Confidential Information").
2. The Confidential Information includes, but not limited to, business plans, price lists, pricing data, technical data, and documents marked "Confidential" or "Proprietary".
3. The parties agree; (a) not to use the Confidential Information, except for the performance of this Agreement, (b) not to disclose the

Confidential Information to any third party, except to its sublicense or subcontractor, and, (c) to treat the Confidential Information with the same degree of care with which ir treats its own confidential information of like importance.

4. The foregoing restrictions an disclosure and use will not apply to (a) information which a party can prove was previously known to it, (b) information lawfully received by a party from a third party without an obligation of confidentiality, (c) information which becomes known to the public other than by a disclosure prohibited by this Article.

1. 各当事者は，本契約の成立および履行に関連し，それを第三者に開示すると損害を生じさせることになる相手方の秘密情報（以下，「秘密情報」と称す）に接する可能性があることを認める。
2. 秘密情報は，事業計画，価格表，価格資料，技術資料および「秘密」または「所有物」と表示された書類を含み，かつ，それらに限定されない。
3. 両当事者は，(a)秘密情報を本契約の履行目的以外に使用しないこと，(b)各当事者のサブライセンシーまたはサブコントラクター以外の第三者に秘密情報を開示しないこと，(c)同程度の重要性をもつ自社の秘密情報を扱う際に払うのと同程度の注意を払って秘密情報を扱うことに合意する。
4. 開示と使用に対する上記の制限は，(a)当事者が以前から知っていたことを証明できる情報，(b)当事者が第三者から秘密保持義務に抵触せずに合法的に取得した情報，(c)本条で禁止された開示以外の方法によって公知となった情報には適用しないものとする。

秘密保持義務を簡潔に規定する以下のような文言もあります。

All information furnished by ABC or its representatives to XYZ under this Agreement shall remain strictly confidential between the parties hereto.

本契約に基づきABCまたはその代理人からXYZに提供されたすべての情報は，当事者間で厳格に秘密に保持されるものとする。

秘密情報を開示する場合の方法について，以下のような条項が加えられるこ

とがあります。

> When confidential information is disclosed by means of documents or other tangible items, the items shall be labeled as to their confidentiality and the date of disclosure.
>
> 書面またはその他有形物により秘密情報が開示される場合，当該有形物は開示日および秘密である旨が表示されなければならない。

(16) 準拠法条項（Governing Law）

契約の解釈の基準となる法律をどの国のものとするかを取り決める規定を準拠法条項といい，契約の成立（Formation）・効力（Validity）・解釈（Construction）および履行（Performance）がどこの国の法律に準拠するかを定める条項です。

契約交渉の初期段階では，双方が自国法を準拠法とすることを主張することが多く，いずれかの主張が簡単に通ることもあれば，交渉が難航することもあります。どの国（または州，地域）の法律を採用するかはビジネス上の判断となりますが，世界各国にはさまざまな法律があり，どの法律を適用するかによって，当事者の権利義務の内容が異なることとなります。したがって以下を留意しておく必要があります。

① 準拠法について合意できない場合

準拠法について合意できない場合は，妥協策として準拠法については何も定めずにしておくこともできます。

この場合，準拠法は，裁判所が当事者の合意・当事者の住所・契約締結のための協議が行われた場所・契約の締結地・履行地等を考慮して決定することとなります。

② 準拠法を決めない場合

当事者がどの法律を適用するかについて何も合意しない場合，裁判を行う場

所の国際私法（Private International Law）または抵触法（Conflict of Laws）と呼ばれる原則によって，どの法律を適用するかが決まることとなります。

日本では「法例」という法律がこれにあたります。

国際私法あるいは抵触法の原則によって，どの国の法律を適用することとなるかは，ときとして予想が困難です。したがって，あらかじめどこの国の法律を適用するかを合意として条文化しておくことが重要です。

③　相手方が米国所在の場合

米国のような連邦国家の場合は，米国法によるとしただけでは不十分で，どの州の法律によるかを定めなければなりません。

準拠法は1つとすべきです。たとえば東京に本社のある日本の会社と米国ニュージャージー州に本拠のある会社が取引をする契約で，準拠法を日本法とニュージャージー州法と定めることはできません。

④　準拠法と裁判管轄

契約の準拠法はわれわれがよく知っている法律のほうがよいことは当然なので日本法を提案することが多いのですが，外国で訴訟となった場合には，裁判官に対して日本法の内容を説明するために時間と費用を要するという問題があります。

準拠法を日本法とする場合には裁判管轄（Jurisdiction）も日本としておかなければなりません。

⑤　日本では「法例」に従う

日本では「法例」により，当事者自治の原則（意思主義，第7条）が定められていますので，当事者の合意により準拠法を決定できますが，意思主義を採用していない国（客観主義）もあります。

客観主義の場合には，契約の締結地・履行地・債務者の本国地などが準拠法を決めるための要素となります。

極端な例として，コロンビアのように融資契約は同国法でなければ憲法違反とされるので注意が必要です。

この種の問題を避けるためにも，準拠法選定にあたっては，裁判管轄地の国際私法（日本では「法例」）のチェックが必要です。基本的には自国法または熟練した弁護士を探しやすいニューヨーク州法，あるいは英国法とするのが望ましいのですが，裁判管轄地および強制執行地のことを考慮することも必要です。

⑥ 準拠法と訴訟手続

準拠法は通常契約の成立・履行の実体法[*1]の規定であり，訴訟手続は法廷地法[*2]が適用されます。

⑦ 特殊なもの

知的財産取引における登録に関する特許法・商標法や，合弁会社設立の場合の所在地会社法のように当然に適用される法律もありますので，注意を要します。

This Agreement shall be governed by, and construed in accordance with, the laws of Japan as to all matters, including validity, construction and performance.

本契約は，効力・解釈および履行を含むすべての事項について，日本法によって支配され，解釈されるものとする。

法律間の抵触ルールを排除し日本法を準拠法とする場合の規定の一般的なものは以下のとおりです。日本法人にとってもっとも有利な規定内容です。

---

*1 実体法とは，権利義務の発生・変更・消滅自体を規律する法律のことをいいます。憲法，民法，刑法，商法などが含まれます。
  これに対して，訴訟や強制執行の手続を定めた法のことを手続法といい，民事訴訟法や刑事訴訟法などがあります。
 2 法廷地法とは，訴訟地の法律のことをいいます。訴訟地法ともいいます。
  しかしながら，現実に訴訟が行われる地域の法律を必ずしも意味するものではなく国際私法的な問題が問題とされた地域の法律を意味します。日本の国際私法からいえば日本法が法廷地法となります。

> This Agreement shall be construed in accordance with and governed by the laws of Japan without reference to principles of conflicts of laws.
>
> 本契約は，法の抵触のルールを排除して，日本法によって解釈され，同法に準拠するものとする。

> This Agreement shall be governed by, and construed in accordance with the laws of Japan, without regard to the conflicts of law rules thereof.
>
> 本契約は，準拠法適用ルールにかかわらず，日本法に準拠し，同法に従って解釈される。

> This Agreement and all disputes under this Agreement shall be governed by, and all rights and obligations hereunder shall be construed in accordance with, the internal laws of Japan, without regard to principles of conflicts of laws.
>
> 本契約と本契約に基づくすべての紛争は，日本法に準拠するものとし，本契約上のすべての権利と義務は，法の衝突にかかわりなく日本法に従って解釈されるものとする。

(17) 紛争解決条項（Way of Settlement of Dispute）

① 紛争の解決法は？

契約に関して紛争が生じた場合，それを解決する手段としては，まず当事者間の善意（Good Faith）をもった話し合いによります。

話し合いで解決しないときは，第三者に委ねざるを得ません。何らかの強制的な解決法をとらざるを得ないこととなりますが，それは裁判あるいは仲裁です。

② 裁判による場合

a) 裁判管轄（Jurisdiction）

裁判による場合，どこの裁判所に提訴すればよいか（どこの国の裁判所が管轄権をもつか）についての国際的ルールはありません。契約当事者は，紛争が発生し訴訟する場合に，どこの裁判所で訴訟するか，すなわち裁判管轄についてあらかじめ合意しておくことができます。

　しかしながら，当事者が契約とは何の関係もない裁判所を管轄裁判所と合意しても，その裁判所が受理してくれるとは限らないので，裁判管轄について合意する場合には，その裁判所がその契約に関する訴訟を受け付けてくれるかどうかあらかじめ確認しておくことが必要です。

　裁判管轄には，専属管轄[*1]と非専属管轄[*2]があります。

　契約書に何も書かずに，裁判所の普通裁判籍もしくは特別裁判籍に基づいて訴訟を提起すればよいという考え方もありますが，管轄の有無についての争いが生じるのを避けるためには，あらかじめ合意管轄を定めておくのが望ましいのです。裁判管轄を決めるに際して考慮しなければならないことは，準拠法と連動しているか，裁判制度が信頼できるか，その地で有能な弁護士を選任できるか，相手方と比べて距離的に遠くないか，最終判決を得るまでにかかる時間は妥当か，執行は可能か等です。

b)　裁判管轄地が合意できない場合

　裁判管轄地の合意ができない場合，被告地主義を採用する場合があります。これは訴えるほうが相手の所在地へ乗り込んで裁判を起こすことですが，それを規定する条項例は以下のとおりです。

> All disputes that may arise between the parties out of or in relation to this Agreement shall be settled by the district courts located within the city in which the defendant reside, unless otherwise agreed between the parties.

[*1] 専属管轄（Exclusive Jurisdiction）では定められた裁判所にしか提訴できません。
[*2] 非専属管轄（Non-Exclusive Jurisdiction）では合意した裁判所に加えて，法律により管轄権が認められるその他の裁判所に提訴できます。

当事者間で別段の合意がなければ，本契約に基づきまたは本契約に関連して発生するすべての紛争は被告が居住する都市にある地方裁判所によって解決される。

③ 仲裁（Arbitration）による紛争解決

国際取引では，紛争の解決手段として裁判による方法のほかに仲裁があります。仲裁は，裁判官ではなく，仲裁人と呼ばれる人が当事者の言い分を聞き判断を下すという法律上の手続です。

仲裁を行おうとする国の仲裁法によっても行えますが，一般的には仲裁を専門とする団体の規則に従って，その団体が指定した仲裁人（Arbitrator）のリストから選んだ仲裁人によって行われます。

裁判ではある国の裁判所の判決の執行可否については執行地の裁判所の判断，あるいは二国間の条約によるところが多いのに比し，仲裁のメリットは裁判に比べて費用も安く結論が出るまでの時間が短いことのほかに，外国仲裁判断の承認および執行に関する条約（ニューヨーク条約）や外国仲裁の執行に関する条約（ジュネーブ条約）を調印し，他国での仲裁判断の執行を認めている国が多いことにあります。

仲裁判断は，最終的かつ拘束力を有していますので，当事者は仲裁判断に従ってその義務を履行しなければなりません。しかし，相手方がこれを履行しない場合には公的機関を通じて執行することとなりますが，その際に相手方や相手方の財産が外国に所在する場合には，当該外国の裁判所等の公的機関に対して執行を求めることとなりますが，相手国は主権を有しているので，他国で行われた判決や仲裁判断を当然に執行する義務はありません。外国において相手方やその財産に対して強制的な執行を行うには，当該外国の裁判所等の公的機関において，仲裁判断がその国においても効力を有することを承認し執行する手続を経る必要があります。

a) 仲裁のための条約

国際商事仲裁に関しては，仲裁判断の承認および執行についての多数国

間の条約が存在していますが，その代表的なものが「外国仲裁判断の承認および執行に関する条約（Convention on the Recognition and Enforcement of Foreign Arbitral Awards)」いわゆる「ニューヨーク条約」です。ニューヨーク条約加盟国の数は2003年12月現在で130ヶ国以上あり，日本も加盟しています。

❖ニューヨーク条約加盟国
Albania, Algeria, Antigua and arbuda, Argentina, arumenia, Australia, Austria, Azerbaijan, Bahrain, Bangladesh, Barbados, Belarus, Belgium, Benin, Bolivia, Bosnia and Herzegovina, Botswana, Brazil, Brunei, Bulgaria, Burkina Faso, Cambodia, Cameroon, Canada, Central Africa, Chile, People's Republic of China, Colombia, Costa Rica, Côte d'Ivoire, Croatia, Cuba, Cyprus, Czech, Denmark, Djibouti, Dominica, Dominican Republic, Ecuador, Egypt, El Salvador, Estonia, Finland, France, Georgia, Germany, Ghana, Greece, Guatemala, Guinea, Haiti, Holy See, Honduras, Hungary, Iceland, India, Indonesia, Iran, Ireland, Israel, Italy, Jamaica, Japan, Jordan, Kazakhstan, Kenya, Kwait, Kyrgyzstan, Lao People's Democratic Republic, Latvia, Lebanon, Lesotho, Lithuania, Luxembourg, Madagascar, Malaysia, Mali, Mauritania, Mauritius, Mexico, Moldova, Monaco, Mongolia, Morocco, Mozambique, Nepal, Netherlands, New Zealand, Nicaragua, Niger, Nigeria, Norway, Oman, Pakistan, Panama, Paraguay, Peru, Philippines, Poland, Portugal, Qatar, Romania, Russia, St Vincent & The Grenadines, San Marino, Saudi Arabia, Senegal, Singapore, Slovakia, Slovenia, South Africa, Spain, South Korea, Sri Lanka, Sweden, Switzerland, Syrian Arab Republic, Tanzania, Thailand, The Former Yugoslav Republic of Macedonia, Trinidad and Tobago, Tunisia, Turkey, Uganda, Ukraine, United Kingdam, USA, Uruguay, Uzbekistan, Venezuela, Viet Nam, Yugoslavia, Zambia, Zimbabwe

b) 仲裁のための機関

　日本の仲裁機関としては日本商事仲裁協会＊(Japan Commercial Arbitration Association), 英国ではLondon Court of International Arbitration, 米国ではAmerican Arbitration Association (AAA), 国際的組織としてはパリに本部があるInternational Chamber of Commerce (ICC) などがあります。

　国連の国際商取引委員会が定めた仲裁規則 (UNICITRAL) もしばしば使用されます。

　日本商事仲裁協会と米国仲裁協会 (American Arbitration Association) とは日米商事仲裁協定を締結しています。

c) 仲裁について契約書に記載すべき事項

　当事者がその間に起こった紛争を仲裁によって解決することに合意する旨の規定を契約書中に記載します。仲裁を付す機関名や使用されるべき規則についても記載します。

　誰が, どこで, どのような手続で, 何語で, 仲裁手続を行うかを規定しておくことが必要であり肝要です。

d) 仲裁条項の書き方

　契約の当事者は契約に関する紛争 (Dispute) について, 仲裁によって解決することを合意することができます。

　仲裁判断 (Award) が最終であり当事者を拘束すると規定した場合には, 訴訟による紛争解決を主張することはできなくなります。

　仲裁によって紛争を解決することに合意する場合は, いかなる仲裁規則 (Arbitration Rule) に従って仲裁を行うか (あるいはどの機関の仲裁に関する規則によるか) ということと, どこで仲裁を行うかということを明確にしておかなければなりません。

　仲裁地としては, ジュネーブ・パリ・ストックホルム等の経験のある仲

＊　日本商事仲裁協会は, 2002年末現在42の外国仲裁機関と協定を締結しています。

米国仲裁協会（AAA）モデル

Any controversy or claim arising out of or relating to this contract, or the breach thereof, shall be settled by arbitration in accordance with the Commercial Arbitration Rules of the American Arbitration Association, and judgment upon the award rendered by the Arbitrator(s) may be entered in any Court having jurisdiction thereof.

本契約に関連して生じるいかなる論争またはクレームあるいは契約違反は，米国仲裁協会の商事仲裁規則に従って仲裁により解決される。仲裁人によりなされた判断は，それに司法権を有しているいかなる裁判所に参加させることができる。

日本商事仲裁協会を利用するモデル

All disputes, controversies or differences which may arise between the parties hereto, out of or in relation to or in connection with this Agreement, or the breach thereof, which cannot be resolved by the parties after discussion in good faith attempting to reach an amicable solution, shall be finally settled by arbitration in Tokyo, in accordance with the Commercial Arbitration Rules of The Japan Commercial Arbitration Association. The award of the arbitrator(s) shall be final and binding upon the parties hereto.

本契約からまたは本契約に関連して，当事者の間に生じることがあるすべての紛争・論争または意見の相違あるいは契約違反は，当事者間で友好的解決に達するための誠実な協議によっても解決されないときは，㈳日本商事仲裁教会の商事仲裁規則に従って，東京において仲裁により最終的に解決されるものとする。仲裁人による仲裁裁定は最終的であり当事者を拘束するものとする。

裁人が多くいる場所が選択されることが多いようです。アジアであればシンガポールがよく使われます。

e) 仲裁地が合意できない場合

　日本商事仲裁協会が米国仲裁協会との間で締結している日米商事仲裁協定では，AAAまたは日本商事仲裁協会の規則によって仲裁が行われます

が，当事者が仲裁地についてあらかじめ契約の中で指定していない，または書面による合意ができない場合，両仲裁機関の合同仲裁委員会が仲裁地を決定することとなります。

　この日米商事仲裁協定による仲裁条項は以下の通りです。

All disputes, controversies, or differences which may arise between the parties, out of or in relation to or in connection with this Agreement, or the breach thereof, shall be finally settled by arbitration pursuant to the Japan-American Trade Arbitration Agreement of September 16, 1952, by which each party hereto is bound.

本契約からまたは本契約に関連して，当事者間に生じることがあるすべての紛争・論争または意見の相違，あるいは契約違反は，1952年9月16日付日米商事仲裁協定の仲裁によって最終的に解決されるものとし，同仲裁は各当事者を拘束するものとする。

　国際商工会議所（International Chamber of Commerce：ICC）が提唱している仲裁に関する条項文言は以下の通りです。

ICC モデル
All disputes arising in connection with the present contract shall be finally settled under the Rules of Conciliation and Arbitration of the International Chamber of Commerce by one or more arbitrators appointed in accordance with the said Rules.

現契約に関連して生じるすべての紛争は，国際商工会議所の調停および仲裁規則のもとで，同規則によって任命される1人またはそれ以上の仲裁人によって最終的に解決されるものとする。

　また，日本商事仲裁協会の「UNICITRAL 仲裁規則による仲裁の管理および手続に関する規則」によって仲裁を行うこともできます。その場合の条項文言は以下の通りです。

Any disputes, controversy or claim arising out of or relating to this Agreement, or the breach, termination or invalidity thereof, shall be settled by arbitration in accordance with the UNICITRAL Arbitration Rules as at present in force.

Any such arbitration shall be administered by The Japan Commercial Arbitration Association in accordance with the Administrative and Procedural Rules for Arbitration under the UNICITRAL Arbitration Rules. The appointing authority shall be The Japan Commercial Arbitration Association.

(a) The number of arbitrator(s) shall be _____.
(b) The place of arbitration shall be _____.
(c) The language(s) to be used in the arbitral proceedings shall be _____.

本契約からまたは本契約に関連して生じるすべての紛争・論争またはクレームあるいは契約違反、契約解除または無効は、現在有効なUNICITRAL仲裁規則に従って解決されるものとする。

それらすべての仲裁はUNICITRAL仲裁規則のもとで仲裁のための管理および手続規則に従って㈳日本商事仲裁協会によって管理される。指名される仲裁人は㈳日本商事仲裁協会とされる。

　　　仲裁人の人数は_____　←人数は1人または3人以上の奇数人を記載する
　　　仲裁場所は_____
　　　仲裁手続で使用される言語は_____

　上記とは別に、仲裁を被申立人の地で行う方式（被告地主義）を採用している国の仲裁機関には以下のようなものがあります。これらの国の企業と取引する場合には注意を要します。

◈**仲裁を被申立人の地で行う方式（被告地主義）を採用している国の仲裁機関**

ロンドン国際仲裁裁判所、中華民国仲裁協会、タイ・ボード・オブ・トレード仲裁裁判所、イタリア仲裁協会、インドネシア全国仲裁委員会、オーストラリア国際商事仲裁センター、大韓商事仲裁院、ブルガリア商業会議所仲裁裁判所、ハンガリー商業会議所仲裁裁判所、キューバ共和国商業会議所外国貿易仲裁裁判所、ガーナ商事仲裁裁判所、ポーランド商業会議所仲裁裁判所、ロシア連邦

商工会議所国際商事仲裁裁判所，ユーゴスラビア経済会議所国際商事仲裁裁判所，ルーマニア商工会議所国際商事仲裁裁判所，チェコ共和国経済会議所・農業会議所仲裁裁判所，スロベニア商工会議所常設仲裁裁判所

f) 仲裁のメリット・デメリット

　仲裁は訴訟に比べ費用が安く迅速であること，非公開性であるため秘密維持がはかれることがメリットといえます。

　しかし，仲裁人は法律家とは限らず，法律家でないときには，契約書の解釈や法律の適用等についての論理的判断が担保されない可能性があること，仲裁人が予断や偏見をもっていることもあることを考慮することも必要です。

　仲裁判断の執行に関する条約を締結していない国では仲裁判断に基づいて強制執行ができるかどうかわからないこと，等がデメリットといえます。

　融資契約のように紛争といえば借主が金を返さないというような単純な違反に限られる場合には仲裁より訴訟のほうが権利の行使のためには便利です。契約の内容により紛争解決の手段について仲裁にするか訴訟にするかを検討する必要があります。

g) 仲裁判断の執行（Enforcement）

　仲裁判断が出ても相手方が自発的に従わない場合には，相手方の資産が存在する国で仲裁判断を執行する必要があります。この場合，資産の存在している国が1927年ジュネーブ条約，1958年ニューヨーク条約に加盟していることまたは二国間条約が成立していることが条件となりますので，仲裁条項を選択する場合には，相手方の国，相手方の資産が存在する国が上記条約に加盟しているか否かを調査しておく必要があります。

　上記条約に入っていない場合には訴訟を選択せざるを得ないし，通常は国際的信用維持のため，自発的に仲裁判断を履行すると考えられますが，自発履行を望めない場合にも訴訟のほうが二度手間にならないこととなります。

❖ Mediation と Arbitration
　Mediation も **Arbitration** も仲裁と訳されますが，その意味はかなり異なります。**Mediation** は，その理念として，紛争は当事者自身が話し合いによって解決するのが一番であり，紛争当事者の話し合いを促進する（**Facilitate**）のが **Mediation** の役割であるという考えが強調されています。その考え方のもとでは，基本的に当事者の法的主張の当否を判定したり前提事実の調査が行われるということはなく，当事者の要望を当事者自身に発見させ，それに対応した解決を当事者自身で決めさせることが目指されます。
　これに対して，**Arbitration** は，過去の事実を探索し，主張の正否を問題にするものです。したがって，時間・費用・労力のかかる訴訟に代わるものといえます。

❖裁判用語
ADR：**Alternative Dispute Resolution**，裁判外紛争解決。判決（裁判）による紛争解決以外の紛争解決手段をいい，和解・調停・仲裁などのことをまとめて **ADR** といいます。
Arbitration：仲裁。第三者の仲介のもと当事者同士が話し合う点で調停と類似していますが，仲裁人の決定が法的拘束力を有する点が調停と大きく異なります。
Case：訴訟。訴訟という言葉を表すにはいろいろな英単語がありますが，もっとも簡単で一般的に使用される用語です。
Conciliation, Mediation：和解，調停。いずれも和解あるいは調停という意味で使用され，区別ははっきりしていません。
Defendant：被告
Dispute：紛争。**Dispute resolution** は紛争解決
Lawsuit：民事訴訟
Litigation：訴訟。**lawsuit** が民事訴訟を指す言葉であるのに対して，**litigation** は訴訟一般を指す抽象的な用語です。
　　　　　litigation を使って民事訴訟を表すと，**Civil litigation** となります。
　　　　　刑事訴訟 **Criminal litigation**，行政訴訟 **Administrative litigation**
Plaintiff：原告。ほかに **a complainant** とか **an accuser** ともいわれます。

(18) 損害賠償の制限条項（Limitation of Liability）

　契約違反の場合には損害賠償の問題が発生します。賠償の額や範囲をどう決

定するかについては，いくつかの問題があります。それは，損害賠償制度には，各国の適用法が異なった法制や適用ルールを有しているからです。米国各州のように，実際に被った損害よりはるかに多額の懲罰的損害賠償制度を有している地域もあります。間接的な損害や逸失利益・結果的損害・付随的損害の問題も考慮しなければなりません。

　エージェント契約・ライセンス契約・サービス提供契約等における損害賠償額の上限，結果的損害の排除等もっとも基本的な損害賠償条項は以下の通りです。

> 1. In no event will ABC Co be liable to XYZ Co for cumulative damages greater than the total amount paid by XYZ Co to ABC Co for the performance by ABC Co of this Agreement and invoiced by ABC Co hereunder.
> 2. In no event will either party be liable for incidental, consequential, or special damages, even if the other party is notified of the possibility of such damages.
>
> 1. いかなる場合でも，ABC 社は本契約を履行し本契約に基づき請求書を発行した履行に対してXYZ 社よりABC 社に支払われた総額を超える損害賠償金累計額をXYZ 社に支払う責任はないものとする。
> 2. いかなる場合も，各当事者は，相手方がかかる損害の可能性を知らされていても，付随的，派生的または特別損害に対する責任を負わないものとする。

(19) 税金条項（Tax）

　国境をまたがった国際取引では税金に係る問題をおろそかにできません。契約履行にともなって金額を支払う段階になって，支払う側で源泉徴収の手続をしなければならない場合があります。エージェントフィー，ロイヤリティ，配当，金利等の支払に係る送金などで源泉徴収の手続が頻繁に発生します。

　このような場合に，契約書に税金にかかわる条項がなければ，どちらの負担とするかもめることがあります。

契約書で取引価格を決めても，それに賦課される税金をどちらが負担するかを決めていないことが多いものです。税金が賦課されると想定していないで後であわてる場合もあります。あるいは，後から税法が制定されたり改定されたりして税金が賦課されたり増額されたりすることもあります。

国際取引には対価の支払がつきもので，その対価の支払には税金問題がつきものなのです。

税金の規定は，どれにでも通用する定型フォームはなく，個々の取引ごとに税金の負担者を取り決めることが肝要です。

取引価格をネットベースとし，税金が賦課されたときは支払者が負担し，最終的な受取額がネットベースとなるようグロスアップ (Gross up) することを規定する例に以下のようなものがあります。

---

1. All payments by XYZ under this Agreement shall be made without deduction for or on account of any tax or all tax.
2. All taxes in respect of payments under this Agreement shall be for account of XYZ, and shall be borne and paid by XYZ prior to the date on which penalties apply.
3. If XYZ is compelled by law to make payment subject to any tax and ABC does not actually receive on the due date a net amount equal to the full amount provided for under this Agreement, XYZ shall pay all necessary additional amounts to ensure receipt by ABC of the full amount to provided for.

---

1. 本契約に基づく XYZ によるすべての支払は，いずれかの税金またはすべての税金を理由に控除されることなしに満額の支払がなされるものとする。
2. 本契約上の支払にかかわるすべての税金は XYZ の負担とし，XYZ は罰金が課される日の前に税金を負担し支払うものとする。
3. XYZ が法律によって税金支払を強制され，その結果，ABC が本契約に規定する満額通りのネット金額を支払期日に実際に受領しないときは，XYZ は ABC が契約どおり満額を受領できるようにするために必要なすべての追加金額を支払うものとする。

ライセンス契約等で，ロイヤリティを日本側から外国向けに送金する際に源

泉徴収することを規定する例に以下のようなものがあります（日本が租税条約を締結している米国の企業が相手方の例です）。

> 1. Payment by ABC to XYZ of the royalties set forth in Article __ ("Payment of Royalty") shall be subject to a withholding by ABC for Japanese tax purposes of __ persent of the aggregate royalties actually due and payable to XYZ, but only to the extent of taxes actually paid to a Tax Authority with respect to the royalties paid by ABC to XYZ hereunder.
> 2. ABC shall furnish XYZ within fifty (50) days of the end of each Term of License of this Agreement with all documentation as shall be necessary: (a) to establish the amount of taxes actually paid, and (b) for XYZ to receive the tax credit to which XYZ would be entitled under the tax laws of the United States of America, with respect to the amount withheld in Japan.
>
> 1. 第__条（ロイヤリティ支払）に規定するABCのXYZに対するロイヤリティの支払は，日本で納税するために，実際にXYZに支払われるロイヤリティ総額の__パーセントをABCにより源泉徴収されることがある。ただし，この源泉徴収は本契約に基づきABCがXYZに支払ったロイヤリティについて税務当局に実際に支払う税額を限度とする。
> 2. ABCは，本契約の各ライセンス期間の終了後50日以内に，(a)実際に納付した税額を証明するため，かつ，(b) XYZが源泉徴収された金額についてアメリカ合衆国の税法に従って受けることのできる外国税額控除を受けるために必要なすべての書類をXYZへ送付するものとする。

(20) タイム・オブ・エッセンス条項（Time of Essence）

　国際取引に関する英文契約にしばしば"Time of Essence"という条項があります。

　これは，契約の履行時期が重要な意味をもつ契約では，定められた期限に履行がなされなければ契約違反に該当するとして，直ちに契約解除したり損害賠償の根拠となるとして確実な期限内履行を強制する意義をもつものです。

　たとえば，クリスマス前のクリスマス商品の仕入や博覧会のためのパビリオ

ン建設のように，期限がきわめて重大な意味をもつような契約に見られます。

> Time is of essence under the terms of this Agreement.
>
> 本契約の規定のもとでは，期限は重要な条件である。

債務の支払期限および義務の履行期限が重要な条件であると規定する例に以下のようなものがあります。

> The time stipulated in this Agreement for all payments payable by XYZ to ABC and for the performance of XYZ's other obligations under this Agreement is of the essence.
>
> 本契約に基づき XYZ が ABC に支払うべきすべての支払と XYZ のその他の債務の履行について本契約に定める期限は重要な条件である。

(21) 見出しに関する条項（Headings）

英文契約書では条文ごとに見出しを付したり，いくつかの条文をまとめて章としてタイトルをつけることがあります。これらは，条文の内容を容易に理解できるための便宜として使われるもので，見出しが契約の一部をなすわけではありません。見出しに関する規定は，便宜上のものであって契約の一部をなすものではないことを明記し確認するものです。

> Headings in this Agreement are for convenience only and shall not affect the interpretation hereof.
>
> 本契約の見出し語は単に便宜上のものであって，本契約の解釈に影響を与えないものとする。

上記より少し丁寧な表現に以下のようなものがあります。

> The Section headings set forth in this Agreement are for convenience only and shall not be considered for any purpose in interpreting or construing this Agreement.
>
> 本契約に規定する各条の見出し語はもっぱら便宜のためであり，いかなる目的であれ本契約を解釈する際に考慮されないものとする。

⑵ 副本条項（Counterparts）

　契約書は，契約調印者の数に応じて数通作成されるのが通例です。契約当事者双方が保有するために少なくとも2通は作成します。さもなくば，紛争が発生したとき紛争解決のための証拠書類として使えないからです。
　契約書が数通作成された場合，正当な調印権限をもった代表者により署名されたものである限り，どれも正本として効力があります。この旨を規定するのに以下のようなものがあります。

> For the convenience of the parties, this Agreement may be executed in one or more counterparts, each of which shall be deemed an original, but all of which together shall constitute one and the same documents.
>
> 当事者の便宜のために，本契約は1通または複数の副本により締結することができる。各副本はいずれも正本とみなされるが，全部合わせて唯一の同じ書類を構成するものとする。

⑵ 存続条項（Survival）

　契約が終了しても，秘密保持条項や競合禁止条項などのようにその後数年間有効とすべき条項がある場合があります。それを規定しておくのがSurvival

条項です。

> The provisions of Article __ (Confidentiality) and __ (Arbitration) shall survive the termination of this Agreement.
>
> 第__条（秘密保持）および第__条（仲裁）の規定は，本契約の終了後も存続するものとする。

上記より，少し厳密に規定する方法に以下のようなものがあります。

> The Provisions of Article __ and __ shall survive any termination of this Agreement by whomsoever and due to whatsoever reason.
>
> 第__条と第__条の規定は，本契約がいずれの者により，また，いかなる理由により終了させられても，終了後も存続するものとする。

(24) 相殺条項（Set-Off）

　契約の履行中にクレームや不履行などが発生したときに頻繁に起こる問題の１つが相殺です。

　契約の履行中にクレームが発生したような場合に，商品の売買代金等と相殺されるといった問題が発生することがあります。それを契約上明記しておくのが相殺条項です。

　商品売買取引で，買主側がクレームを申し立て，その損害賠償請求額と商品代金とを相殺する，ライセンス取引で，ロイヤリティ支払時期に次の年のデザインやトレードシークレット書類が期日未着などを理由に相殺通告を行うなどがよく発生します。相手方が不履行に陥ったとき，相手方の他の契約の債務や相手方の子会社・会計会社との契約に基づく相手方債務との相殺をできるとする条項の参考例は以下の通りです。

1. ABC may set off any matured obligation owed by XYZ under this Agreement, at any other agreement with between ABC and XYZ, or its affiliates or subsidiaries, inrespect of which an event of default has occurred and is continuing against any obligation owed by ABC to XYZ regardless of the place of payment or payment of currency.
2. If the obligations are in different currencies, ABC may convert either obligation into another currency available at the market of exchange for the purpose of the set-off.

1. ABC社は，本契約に基づきまたはABC社とXYZ社もしくはその関連会社または子会社間の他の契約に基づきXYZ社により支払われる期日到来債務であって，それについて不履行状態が生じていて継続している債務を，ABC社がXYZ社に支払うべき債務と相殺できるものとする。これは支払場所または支払通貨を問わない。
2. 相殺対象の両債務が異なる通貨建である場合には，ABC社は相殺のために一方の債務を外為市場で入手できる他の通貨に交換できるものとする。

(25) 相殺禁止条項（Prohibition of Set-Off）

相殺条項とは逆に，クレーム等と本来の取引に係る対価とを相殺してはならないと規定することもあります。

クレームは別途解決することとして，売上代金やロイヤリティとの相殺を禁止するために設けるのが相殺禁止条項です。

クレーム請求額で商品代金を相殺してはならないと規定する標準的なものは以下の通りです。

1. In the event of any claim being made by ABC against XYZ, ABC shall not be entitled to withhold any amount due under this Agreement or any individual contract or to set off the amount of such claim against any amount due under this Agreement or any individual contract.
2. All such claims shall be settled separately.

> 1. ABC 社が XYZ 社に対してクレーム請求を申し立てる場合，ABC 社は本契約または個別契約に基づいて支払わなければならない金額の支払を留保する権利はなく，また，本契約または個別契約に基づいて支払わなければならない金額と当該請求金額を相殺する権利はないものとする。
> 2. かかるすべてのクレーム請求は別途に解決されなければならない。

別段の取り決めがない限り相殺できず支払も留保できないとする場合の一般的な規定表現は次の通りです。

> Except as otherwise expressly provided for in this Agreement, ABC shall not be entitled to set off or withhold any amount owing to ABC under this Agreement, against any payment to XYZ for the performance by XYZ of this Agreement.
>
> 本契約で別段に明確に取り決めない限り，ABC 社は，本契約に基づき ABC 社に支払われる金額を XYZ 社による本契約の履行に対する XYZ 社への支払と相殺する権利はなく，また，その支払を留保する権利もない。

(26) 贈賄禁止条項（No Bribery）

　規模の大きな契約やプロジェクト，代理店契約，官公庁との取引契約などで見られる規定です。

　とくに官公庁との取引では公務員に対する賄賂の問題は無視できません。

　OECD が定めた外国公務員への賄賂防止法条約に沿って各国で立法化が進められ，日本でも1999年2月から施行されています。すなわち，海外で行った賄賂工作が国内法によって罰せられることとなったのです。賄賂行為が，契約の相手方，とくに代理店，販売店，パートナー等によって行われると，当方の信用失墜ともなりますので注意が必要です。

　販売先に官公庁がある場合には，贈賄事件に巻き込まれることを防止するために，以下のような贈賄禁止条項を挿入しておきます。

1. Neither of the parties nor its employees, agents, consultants or subcontractors, or their employees, agents or consultants shall make any payment or give anything of value to any governmental official, (including any officer or employees of any governmental department, or agency) to influence his or its decision, or to gain any other advantage for the parties in connection with the performance of this Agreement.
2. The parties shall hold each of them harmless for all losses and expenses arising out of such violation.
3. In the event of any such violation of this Article, the party whose conduct does not violate this Article may, at its sole option, terminate this Agreement.

1. いずれの当事者も，その従業員，代理人，コンサルタント，もしくは下請人も，またはかかる者の従業員，代理人もしくはコンサルタントも，政府の役人（政府部門の役職員もしくは機関を含む）に対して，本契約の履行に関連して当該役人または機関の決定に影響を与えるために，または当事者のために他の利益を得るために，支払をなくしまたは高価な物を贈与しないものとする。
2. 当事者は，かかる違反により相手方に生じるすべての損失および費用を相手方に補償するものとする。
3. 本条の違反が発生した場合，その者の行為が本条に違反していない当事者は，自己の単独の裁量により，本契約を解除することができる。

(27) 完全合意条項（Entire Agreement）

　本邦で日本の企業同士が締結する契約書にはない条項です。
　しかしながら，外国の企業との契約ではそれぞれの国の法律や商慣習が異なることが前提であるため，契約書に書かれたことだけが絶対となる形としておく必要があり，必ず設けておく必要があります。
　この条項があると，これまでに行われたいかなる約束，それが口頭であれ暗黙の了解であれ，契約書に反映されていなければ無効となります。
　本条項は，この契約書が当事者間の合意のすべてを記載したものであり，こ

れまでのすべての合意（口頭であれ書面であれ）に取って代わる（Supersede）ものであり，当事者間の書面による合意がなければ修正ができないことを規定する条項です。

前提は，要求すること，決めておきたいことはすべて契約書に盛り込むことです。

契約の合意はこの契約書が唯一で，その他の合意はすべて反古としておかねば，予想もしない過去の約束をもち出されて困ることになるからです。

> This Agreement and all exhibits hereto constitute the entire agreement and understanding between the parties hereto pertaining to distributorship of Products and supersede any and all written or oral agreements previously existing between the parties. No modification, change or amendment of this Agreement shall be binding upon either party except by the mutual express consent in writing at a subsequent date signed by an authorized officer or representative of each of the parties hereto.
>
> 本契約およびすべての別紙は，本製品の販売に関して，当事者間の完全かつ唯一の合意を構成し，当事者間に存している従前の書面・口頭による一切の合意は効力を失う。各当事者の権限を有する役員または代表者が本契約日以後の日付で署名した書面により相互に明示的に合意した場合を除き，この契約の修正・変更・改訂は両当事者を拘束しないものとする。

❖英米の特殊事情：口頭証拠排除原則

英米法には，**Parol Evidence Rule**（口頭証拠排除の原則）があります。口頭証拠排除の原則とは，書面重視，口頭証拠軽視・排除を意味するルールです。

当事者の契約条件について，合意内容が最終的で完全なものとして契約書が作成され，その旨（完全合意条項）が契約書に記載されている場合には，これと異なる合意内容を口頭の合意として当事者または第三者の証言によって立証することを排除するものです。

英文契約書に「**Entire Agreement**（完全合意）」あるいは「**Parol Evidence Rule**（口頭証拠排除）」の条項が規定されているのはそのためなのです。

(28) 使用言語条項（Language）

　2つ以上の言語を用いて契約書を作成する場合には，その解釈について差異が生じた場合には，いずれの言語により記載された契約書を正本とするか記載すべきです。

> The definitive text of this Agreement shall be in the English language. This Agreement shall be interpreted in accordance with the plain English meaning of its terms
>
> 本契約の最終的な文言は英語とする。本契約はその用語の明白な英語の語彙に従って解釈される。

　2ヶ国語で作成の場合，以下のように記載します。

> This Agreement shall be executed both in English and in Japanese, but in the event of any difference or inconsistency between the version of this Agreement, the Japanese version shall prevail in all respects.
>
> 本契約は英語版と日本語版の双方が作成されるが，本契約の双方の版の間で相違や矛盾が生じた場合には，日本語版がすべての点で優先する。

　簡単な表現では，以下のようなものもあります。

> This Agreement shall be prepared in Japanese and in English. In case of any difference, the Japanese version shall prevail.
>
> 本契約書は，日本語および英語で作成される。相違がある場合には，日本語版が優先する。

※中国ビジネスにおける契約の重要性

　日本では欧米諸国などと違って「契約」があまり重要視されない，といわれています。実際に，そうした傾向の存在は否定できません。ビジネス上の重要な約束についてきちんとした契約書を作成しないということが少なからず生じているのが現状です。中国ビジネスの場面でも，そうした傾向が見られます。口約束に頼り，きちんと書面にしておかない，あるいは書面を取り交わしても簡単なものにとどめ，肝心な事項は「当事者の友好的協議」に委ねるなどあいまいにされていることがあります。

　しかし，中国では法律的にも商習慣的にも書面契約の有無が非常に重要とされています。むしろ，中国は「書面契約の国」というべきです。口約束が反古にされる確率は，むしろ日本よりもかなり高いと認識しておくべきでしょう。訴訟となったときは，契約書等の合意を示す書面がなければ裁判所はまったくとりあってくれないことが多いとされています。

　契約の細かい条項にこだわったりすると，せっかくの「友好」がぶち壊しになるのではと心配されるかもしれません。また，中国で見かける「契約書」には，内容が簡単で短いものが少なくないのも事実です。しかし，その一方で，最近の中国人ビジネスマンは，交渉のときでも表面的な「友好ムード」とは違って言いたいことをはっきり主張し，書面にしておく必要があると判断した事項については，書面化を強く求めてきます。

　中国の公司との取引や中国ビジネスに関する契約を何語で作成するかは原則として自由です。すなわち，必ずしも中国語で作成しなければならないわけではありません。

　ただし，一定の種類の契約については中国語で正文（オリジナル）を作成することが法律で求められているものがあります。（例：中国における合弁契約）

　ある契約について中国語版と日本語版あるいは英語版を作成する場合には，言語間で意味にズレが生じることがあります。そうすると，当事者がそれぞれ自分に都合のいい解釈を主張し収拾がつかないことになりかねません。これを防ぐために，国際契約の実務では，複数の言語の間に優先順位をつけ，解釈にズレが生じてしまったとき最終的に基準とするのはどの言語の版であるかを決めておくべきです。中国ビジネスでは，複数の言語版のいずれも正文で効力も同等としている契約をよく見かけます。一見公平のように見えますが，争いになったときに解釈の基準がないため紛糾する危険性をはらんでいますので，で

きるだけ回避すべきです。

(29) 末尾文言（Closing）

当事者の正当な権限を有する者がこの契約書に署名したということを証明し、当事者がそれぞれ1通ずつもつという決まり文句です。

> IN WITNESS WHEREOF the parties hereto have caused this Agreement to be signed (and sealed) by their duly authorized officer or representative as of the date first written above.
>
> 上記の証拠として、本契約の両当事者は、冒頭記載の日付で、正当に授権された役員または代表者により本契約に署名（および捺印）させた。

契約書を英文で2部作成することも記載した例として以下のようなものもあります。

> IN WITNESS WHEREOF, the parties hereto have caused this Agreement in English and duplicate to be signed by their duly authorized officers or representatives as of the date first above written.
>
> 上記の証拠として、本契約の両当事者は、本契約を英文にて2部作成し、正当に授権された役員または代表者によって、冒頭に記載された日付で署名させた。

(30) 署名欄（Signature）

① 署名欄とは

当事者が署名する箇所です。

個人の場合には、個人名を記載して署名し、法人の場合は法人名と署名する人の氏名と資格を記載して署名を行います。

法人の場合，署名者は代表権のある者が署名しなければ効力をもたないことがありますので，相手方の署名は代表取締役または代表権のある者の署名を求めるべきです。

② 捺印証書とは

東南アジアや中南米の国では捺印証書（Deed）が要求される場合があります。捺印証書の場合には，署名の後に捺印（Seal）として紙片を貼り付けたりすることが行われますが，米国の多くの州では捺印証書と普通の契約書との効力の相違を廃しています。

③ 署名の効力

契約は，原則として，契約書にサインした者に対してだけ拘束力をもちます。契約が法的に有効に成立させるためには，契約相手方の署名者が相手方会社を代表する権限があるか確認することが肝要であり必要です（Company Registration あるいは取締役会議事録（Certificate by Board of Meeting）などの Evidence で確認）。

日本のような商業登記制度がない米国のような国に所在する企業との契約では，署名者が相手方企業を代表する権限があるのかどうか判定するのが困難です。署名者の代表権確認のためには取締役会による証明書等を徴収して確認するのが正式です。

④ 代理人

A の代理人として B が署名する場合には，「on behalf of A」として B が署名します。

立会人（Witness）と記載して署名した人は，別段の合意がない限り契約内容について権利義務を生じることはありません。

⑤ President

日本の会社の代表取締役は，日常的な契約でも重要な契約でも，会社の定款に記載された目的の範囲内であればいかなる契約でも締結の署名ができますが，米国の会社の場合は，社長（President）は日常の業務を執行する権限を有しているにすぎません。

したがって，米国の会社と契約を締結する場合には，その契約が投資（Investment），融資（Finance），借入（Borrowings），保証（Guarantee）等日常業務を超えたものの場合には，たとえその会社のPresidentが署名する場合でも，そのような行為をすることについてその会社の取締役会（Board of directors）の承認が必要であることに注意を要します。

上記のごとき「日常の業務」を超えていると思われる契約の場合には，たとえ署名者がPresidentであっても，取締役会で承認の決議をしてもらい，その会社の秘書役（Secretary）が真正であることを証明した取締役会議事録（Minutes of Board Meeting）を契約書に添付させるべきです。

(31) 印紙

国によっては，その国で作成された契約書について一定の収入印紙（Stamp）を貼付することを義務付けられています。通常はその国で完成された契約証書についてのみ適用され，必要な収入印紙を貼付しなければ脱税になりますが，契約の効力には関係ないのが通例です。

① 印紙税法の適用

日本の印紙税法では，契約の最終の署名が日本で行われる場合には，その契約書は日本で作成されたものとみなされて日本の印紙税法に定めるところに従って印紙税を納付しなければなりません。

一方，契約書にまず日本で署名し，それを外国に送って相手方に署名させて契約書を完成させるような場合には，外国で作成された契約書として日本の印紙税法は適用されず日本の印紙を貼付する必要はありません。

② 印紙税法の適用外

電子商取引にともなう電子文書による契約書については日本では印紙税は賦課されません。国税庁は，「印紙税の課税対象となるのは紙の文書のみ」（納税通信2668号）としています。それは電子メールの添付ファイルなどの形で取り交わされる電子文書については印紙税の課税対象外としているからです。

2 売買契約書に特有な条項

(1) 売買意思表示条項（Meeting of Minds）

売手の「売ります」，買手の「買います」，という意思表示と合意を明確にするため規定するものです。あわせて，契約の目的物や対象物を規定します。

> Seller shall sell the Products to Buyer subject to the terms and conditions hereunder, and Buyer shall buy the Products.
>
> 売主は，本契約の条件に従って，買主に対して本製品を販売し，買主は本製品を購入する。

買主の立場から規定する場合には，以下のような表現があります。義務的表現の「shall」が使用されていません。

> Seller agrees to sell the Products to Buyer and Buyer agrees to purchase the Products, all in accordance with the terms and conditions as set forth in this Agreement and each Individual Contract.
>
> 本契約および個別契約に定められた条件に従って，売主は本製品を買主へ販売し，買主は本製品を購入することに合意する。

(2) 発注手続条項（Ordering）

買主の注文と売主の受諾で商品売買の個別契約が成立する旨を規定します。

Buyer shall submit to Seller a Purchase Order(s) for the Products at least _ days prior to the first day of requested shipping month.
An Individual Contract shall be deemed to have been made when Buyer receives Seller's acceptance of the Purchase Order, such acceptance being indicated by Seller's countersignature on the Purchase Order, Seller's issuance of a Sales Confiamation or similar document, provided that if any terms in such Sales Confirmation or similar document conflict with, or supplement, the terms of this Agreement or the Purchase Order, such conflicting or supplemental terms shall be deemed null and void and the provision of this Agreement and the Purchase Order shall govern.

買主は，要求する船積月の初日の少なくとも＿＿＿日前までに，本商品の注文書を売主に提出しなければならない。
個別契約は，売主による注文書の受諾を買主が受領した時点で成立するものとし，注文書上への売主の署名，売主による注文請書またはそれに類した書類の発行によっても，売主による承諾があったものとみなされる。ただし，注文請書またはそれに類する書類記載の条件が，本契約または注文書記載の条件と異なる場合，または条件を補足するものである場合は，相違する条件や補足は無効とし，本契約および注文書の条件が適用されるものとする。

(3) 取引数量条項 (Volume)

目的物や対象物をどれだけ引き渡すのかという取引の対象となる商品の数量を規定します。

Seller shall sell the Products to Buyer in the following quantity;

売主は，買主に対して以下の数量の本製品を販売しなければならない。

取引対象商品が個数で数えられる場合は容易ですが，量目を数字でいう場合は使用単位を明らかにする必要があります。トンといっても種々のトンがあり，質量としてのトンと容量としてのトンがあるからです。

Metric Ton：1,000kg＝2,204.622ポンド（lb）
Long Ton：2,240ポンド＝1,016.047kg（ヤードポンド法によるもの）
Short Ton：2,000lb＝907.185kg（米国）
Displacement Ton：（排水トン）2,240lb＝35Cu.Ft（船舶の場合）
Dead Weight Ton：（貨物の積載量を表すもの）英トンで表示する
Gross Ton：船舶の体積，100Cu.Ft＝2.833立方メートル総トン
Freight Ton：容積トン，船舶の貨物積載量，40Cu.Ft＝1.133立方メートル

(4) 商品規格条項
（Standard of Goods, Specification of Goods）

取引対象商品の規格について規定します。具体的かつ詳細にしておかないと後日のトラブルのもととなります。

The Specifications of the Products shall be as follows;

本製品の規格は以下の通りとする。
(商品の材質・寸法・機能等の仕様についてできるだけ詳細に記載することが肝要です)

---

(5) 代金条項（Price）

いかなる通貨で支払うか，代金計算の基礎となる単価を規定します。

The Price for the Products to be sold hereunder shall be ＿ Dollars (hereinafter called "Price").

本契約に基づき販売される本製品の価額は＿＿＿ドルとする(以下「価額」という)。

(6)　支払条件条項（Payment）

「支払う」＝原則として，金銭が受取人に到着することを意味します。

① いつ：原則は受け取る側に到着するとき。支払う側は，自分が支払うときを基準としたがるものです。

　　　時差がある場合は，どこの時刻によるかも規定します。

　　　by も before もその日を含まないと解釈されることもあれば，by はその日を含むが before はその日を含まないとする説明もあります。

　　　誤解を招かないためには，「on or before」，「by 10th of April (inclusive)」，「by 10th of April (exclusive)」のように記載すべきです。

② いくらを：支払金額，為替レート，通貨を規定します。

③ どのように：信用状，D/P，D/A，銀行口座への振込み，振込みは電信送金かどうか等を規定します。

④ 代金後払いの場合：売主にとって商品を引き渡したものの代金をきちんと支払ってもらえるか不安です。全額後払いは相手方に十分信用を供与できると判断されない限りお勧めできません。どうしても後払いを受けざるを得ない場合には，リスクをできるだけ小さくするための工夫が必要です。リスクを小さくするための方法として，以下の方法がとられることが一般的です。

　　ⓐ　商品引渡と代金支払までの期間（ユーザンス）をできる限り短くする。

　　ⓑ　代金支払の違反に対する違約金・遅延損害金の規定を定める。

　　ⓒ　銀行保証（担保）をとる。

後払い方式の決済条件とする規定は以下のような文言です。

> Buyer shall pay the Price to Seller within twenty (20) days after the date of the shipment of the Products under Article __ hereof, by way of telegraphic transfer to the following bank account of Seller; Ordinary Deposit Account No. ____ with ____ Bank, ____ Branch
>
> 買主は，売主に対し，本契約第__条に基づく船積日から20日以内に，売主の以下の銀行口座への電信送金により代金を支払わなければならない。

信用状取引

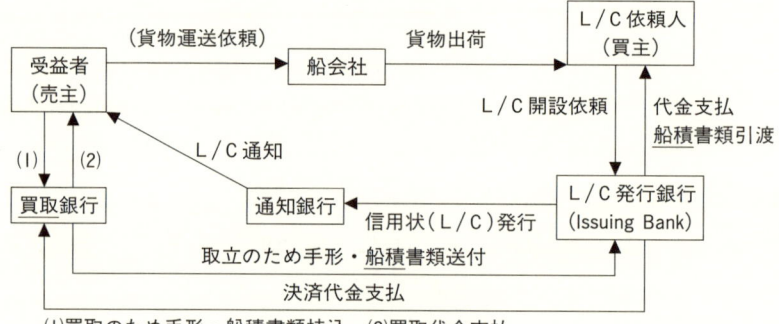

```
                    （貨物運送依頼）          貨物出荷      ┌─────────┐
    ┌───────┐ ─────────────→ ┌──────┐ ──────────→ │ L/C依頼人 │
    │ 受益者 │                  │船会社│              │  (買主)   │
    │ (売主) │                  └──────┘              └─────────┘
    └───────┘                      L/C開設依頼    代金支払
       │ ↑                                         船積書類引渡
     (1)│ │(2)    L/C通知
       ↓ │    ←───────── ┌──────┐                ┌─────────────┐
    ┌───────┐             │通知銀行│ ←信用状(L/C)発行 │ L/C発行銀行 │
    │買取銀行│             └──────┘                │ (Issuing Bank)│
    └───────┘  取立のため手形・船積書類送付         └─────────────┘
        │             決済代金支払
```
(1)買取のため手形・船積書類持込 (2)買取代金支払

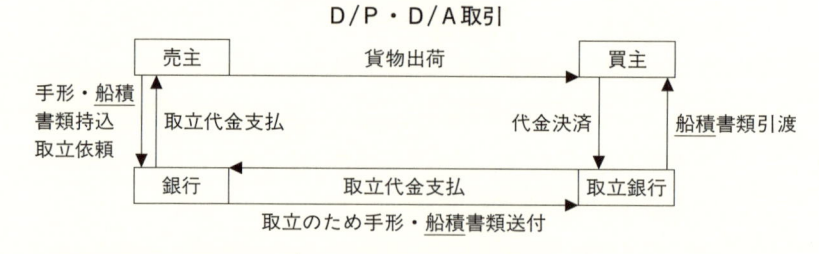

D/P・D/A取引

```
              貨物出荷
┌────┐ ─────────────→ ┌────┐
│売主│                  │買主│
└────┘                  └────┘
 手形・船積   取立代金支払    代金決済   船積書類引渡
 書類持込
 取立依頼
┌────┐    取立代金支払   ┌──────┐
│銀行│ ←──────────── │取立銀行│
└────┘                  └──────┘
       取立のため手形・船積書類送付
```

(7) 商品引渡，所有権および危険負担の移転条項 (Delivery of Goods, Transfer of Proprietorship & Risk)

どの時点をもって所有権や危険負担（Risk）が移転するかを規定します。

所有権の移転時期については，多くの国で日本法と同様に当事者の合意で決めることができます。

FOBやCIFなどの貿易条件を定めたインコタームズ（INCOTERMS）は

売主から買主への危険負担の移転時期を規定していますが，所有権（Ownership, Title）の移転時期については規定していませんので，契約書の中で取り決めておくことが必要です。

INCOTERMSではFOBもCIFも船積港で本船に積み込むことで危険負担が買主に移転することが定められています。

商品によって危険負担の移転時期について慣習上いろいろありますので，契約書上で明確に取り決めておくことが肝要です。

所有権の移転時期については，危険負担の移転時期と同時に移転することが多いのですが，信用状をともなわない決済方法の場合には，代金の支払完了まで所有権が売主に留保されることがあります。

為替手形が引き受けられない（ユーザンス付）または支払われない（一覧払い）限り所有権は移転しません。

危険負担と所有権が船積港で積荷が本線に船積みされたときに売主から買主へ移転するとする一般的なものは以下の通りです。

Delivery
1. Trade terms for each sale under this Agreement shall be in principle, FOB _____ port.
2. Time of shipment shall be, in principle, within __ days after Seller's receipt of the letter of credit stipulated in the preceeding Article, provided however that in case the contracted quantity exceeds __ in one contract, time of shipment may be after __ days from the date of Seller's receipt of the letter of credit.

引渡
1. 本契約に基づく各売買のための貿易条件は，原則としてFOB __ 港渡しとする。
2. 船積時期は，原則として，前条に規定した信用状を売主が受領後 __ 日以内とする。ただし，契約数量が1契約において __ を超える場合には，船積時期は売主の信用状受領日から __ 日後でもよいことを条件とする。

Transfer of Proprietorship & Risk
Title and risks of loss or damage to the Products shall pass from Seller

to Buyer when the Products have passed the ship's tail at the loading port.

所有権および危険負担
本製品の所有権および滅失毀損についての危険負担は，本製品が積出港において船の舷側欄干＊を通過した時点で，売主から買主へ移転する。
　＊　舷側欄干とは，船端の手すりのことをいいます。

危険負担は商品の引渡で移転させ，所有権については代金支払いが完了したときに移転させる形の規定は以下のようなものがあります。

Upon delivery of the Products, all risk of loss shall pass to Buyer, and title to the Products shall pass to Buyer only upon full payment therefore.

製品の引渡をもってすべての危険負担は買主に移転し，製品の所有権は代金の完済によって買主に移転する。

❖ INCOTERMS

ICC（国際商業会議所）が定めた国際取引において一般的に利用される引渡条件別に付保義務・傭船義務・危険負担移転時期等の商品引渡に必要な条件を定型化し略語化されたもの。
　主なものは以下のとおりです。

EXW（工場渡）：運送手配・付保手配・輸出手続・輸入通関手続はいずれも買主が負担し，引渡および危険負担移転時期は売主の施設（工場）または指定された場所で引き渡す条件。

FOB（本船渡）：運送手配・付保手配・輸入通関手続は買主が負担するが，輸出手続は売主が負担，引渡は指定船積港で買主指定船の手すりを貨物が通過した時点で引渡が完了し，危険負担も移転する条件。

FAS（船側渡）：輸出手続は売主負担だが，運送手配・輸入通関手続は買主負担，指定積込場所で買主指定の本船の船側に貨物を置いた時点で引渡が完了し，危険負担も移転する条件。付保負担は買主にあるが，付保するか否かは買主の義務ではない。

CFR（運賃込）：運送および輸出手続は売主負担，付保手配および輸入通関手続は買主負担，船積港で貨物が本船手すりを通過した時点で引渡が完了し，危険負担も移転する条件。

CIF（運賃保険料込）：運送手配・付保手配・輸出手続は売主負担，輸入通関手続は買主負担，船積港にて貨物が本船手すりを通過した時点で引渡が完了し，危険負担も移転する条件。

DDP（関税込持込渡）：運送手配・輸出手続・輸入通関手続は売主負担，指定仕向地で貨物を買主に引き渡した時点で引渡が完了し，危険負担も移転する。付保手配も売主負担であるが，義務ではない。

(8) 所有権留保条項
（Reserve of Proprietorship, Retention of Title）

① 所有権留保とは

代金が後払いされる契約においては，売主は商品を引き渡した後でも，買主から代金を受け取るまで所有権を移転せず留保しておくことが債権保全につながることとなります。

もっとも，国境を越えた売買取引において，商品を引き渡した後に，これがどこまで実務的に実効性があるか，相手国の法制をも検討すべき問題はありますが…。

② 所有権留保の効力

所有権留保の効果として，買主が代金を支払わなかったときには究極的に商品を取り戻すこととなりますが，この権利を確実に行使できるようにしておくために所有権を留保している旨を明記しておきます。

③ 条項の書き方

所有権を留保した場合，その効果として相手が契約違反，すなわち代金を支払わなかったときには商品の取戻しをすることとなりますが，この権利を確実に行使できるようにしておくために所有権を留保している旨を契約書中に明記しておくことが必要であり，さらにそれに加えて次のどれかのように規定しておくべきです。なぜなら，英国法によれば，所有権を留保する旨を明示しない限り，売主は当然には商品の取戻しをすることができないとされているからで

す。
- ⓐ 売主は，Reposess，Recapture，Reclaim する権利がある。
- ⓑ 売主は，買主が支払を怠った場合，契約を Rescind または Terminate して Repossession の権利を行使できる。
- ⓒ 買主の支払義務の不履行は Repudiation であると明記する。

　この場合，売主が買主による Repudiation を受け入れれば占有を回復する権利が発生するので，それに基づいて Repossession の権利を行使することとなります。

④ 担保効果

所有権留保は実質的には担保効果を有するものと考えてよいといえますが，「担保の目的で所有権を留保する」と契約書に書かない限り担保とはみなされないとされています。

英国法では，担保は会社法に基づいて登記しなければ有効とはなりません(Companies Act 1985, ss395, 396)。「担保のために」と契約書に記載しても登記を怠れば逆に担保としての所有権留保が認められないこととなります。英国企業との取引契約書で所有権留保条項を入れる場合には注意する必要があります。

⑤ 転売防止策

買主が代金を完済する前に商品を転売してしまうことを防ぐため，商品そのものに「所有権が売主に留保されている」旨を表示させることも多く行われています。これは，英国法のもとでは，売主の承認のもとに買主が商品を占有している場合にこれを転売してしまうと，転得者が善意でかつ所有権留保を知らなければ完全な所有権を取得するとされているからです（物品売買法［SGA］第25条1項，問屋法［Factors Act］第9条）。所有権留保の表示を貼付することによって，転得者が所有権留保を知らなかったと主張するのを防ぐことができます。

しかしながら，日用雑貨や消費財のような商品に所有権留保の表示を貼付するのは商品の性質上実際にはむずかしいものですから，所有権留保表示ができ

る商品は大型機械等限られることとならざるを得ません。また，売主としては，商品が転売された場合，その販売代金に対しても権利を有するとしておきたいものです。以下は売却代金にも所有権留保の効力が及ぶとしたもののサンプルです。

1. Until the Buyer has paid all sums due to the Seller, whether under this Agreement or under any prior or subsequent agreement, the Products shall remain the property of the Seller and the Buyer shall hold them as the Seller's bailee and fiduciary agent. The Buyer may resell the Products on commercially reasonable terms, but shall keep them for the Seller separate from the Buyer's own goods and property stored, protected and insured. In its relation with the sub-buyer the Buyer may only sell in its own name as principal and without creating any legal relationship between the Seller and the sub-buyer, but in its relation with the Seller the Buyer resells as the Seller's fiduciary agent.
2. In that capacity, the Buyer shall hold all proceeds of sale, tangible or intangible, and other proceeds (including insurance proceeds) on trust for the Seller and separate from the Buyer's own moneys or other assets and shall promptly transfer such proceeds to the Seller.

1. 買主が売主に対して負担している債務の全額を支払うまで，本契約に基づくか他の前後の契約に基づくかにかかわらず，製品は売主の所有物のままであり，買主はそれらを売主の受託者および受託者の代理人として保有しなければならない。買主は，商業上合理的な条件で製品を転売できるが，買主が保管し保護し付保している自己の商品と区別して，売主のためにそれらを保有するものとする。転売先との関係において，買主は自己の名において売主としてかつ売主と転売先との間に何らの法的関係を創出することなく販売することができるが，売主との関係においては買主は売主の受託者として転売できるものとする。
2. その限りにおいて，買主は販売代金，有形無形，およびその他の代り金（保険金を含む）を売主の信託としてかつ買主の自己の金銭またはその他の資産とは区別して保管しなければならず，かかる代り金を速やかに売主へ引き渡さなければならない。

所有権留保の簡単な表現として，以下のようなものもあります。

In the event that the Products are delivered to the Buyer before full payment for the Products, the Seller is entitled to the Products until the Products have been fully paid.

本製品が，本製品代金が全額支払われる前に買主に引き渡される場合は，売主は本製品代金が全額支払われるまで本製品の所有権を留保する。

(9) 船積手配条項（On Board Arrangement）

船積時期等船積に関する事項を規定します。

商品がよほど大量でない限り，FOB でも CFR（＝C & F）でも CIF でも，船積は定期船（Liner Boat）で行われることが多いのです。船を手配する側は適時に適正な船腹を確保し合意された船積期間に当該船へ商品を船積するようにします。

船積手配をどちらが行うか，FOB の場合でシッパーが船積手配を頼まれる場合はどうするか等を規定します。また，梱包方法，荷印等についても規定します。

Seller shall make the arrangements for the shipment of the Products. Seller shall, at its expense, pack all Products in accordance with Seller's standard packing procedure, which shall be suitable to permit shipment of Products to Territory; provided, however, that if Buyer requests a modification of those procedures, Seller shall make the requested modification and Buyer shall bear any reasonable expenses incurred by Seller in complying with such modified procedures which are in excess of the expenses which Seller would have incurred in following its standard procedures.

売主は，本製品の船積を手配しなければならない。売主は，自己の費用で本件販売地域に本製品を発送するのに適切な自己の定める標準梱包手続に従いすべての本製品を梱包しなければならない。ただし，買主が当該梱包手続の変更を要求したときは，売主は，その変更依頼に従わねばならず，買主は，これによって生じる標準梱包手続による場合を超える費用について合理的な費用を負担

しなければならない。

(10) 運送保険条項（Transportation Insurance）

　商品の運送中に生じる滅失・損傷等のリスクに対し実質的に対応するのが運送保険で、リスクを負う者が保険をかけるのが原則です。FOB や CFR 等では買主が、CIF の場合は売主が海上保険を付保しますが、最近は工場出荷から買主の倉庫までの運送保険を付保するケースも見られます。その場合、どこからどこまでを売主が、どこからどこまでを買主が負担するかといった事項も規定しておく必要があります。

　保険は商品価値の100％を付保したのみでは仕入金額を回収できるだけで、販売利益を回収できないこととなりますので、通例は貨物の価値の110～115％を保険価値とするようです。以下は、FOB などの取引条件で買主が付保する場合です。

> Buyer shall, at its own expense, insure the Products for the period of transportation thereof in the amount of the Price plus ten percent (10%) thereof.
>
> 買主は、本製品の輸送の期間中、自己の費用で、本製品に価額の10％増の海上保険を付保しなければならない。

以下は、CIF などの条件で売主が付保する場合です。

> Seller shall provide marine insurance, such insurance shall be provided with first class insurance companies satisfactory to Buyer for an amount equivalent to one hundred and ten percent (110%) of invoice amount, covering Institutr Cargo Clause* "All Risks" and "War and S. R. & C.C. Risks", unless otherwise agreed. Any extra costs of insurance incurred by reason of vessel's age, flag, classification or ownership shall

be for Seller's account.

他に特段の定めのない限り，売主は海上船荷保険を手配しなければならず，当該保険は買主が満足する一流保険会社の提供するもので，インボイス金額の110％の金額とし，ロンドン保険業者協会貨物約款の "All Risks" および "War and Strikes, Riots & Civil Commotion Risks" をカバーするものでなければならない。船齢・船籍・船級あるいは所有者を理由として発生した割増保険料は売主負担とする。

　＊　Institute Cargo Clause とは，ロンドン保険業者協会が定めた貨物約款のことで，国際船舶運送に利用される一般的な約款です。

(11)　検品条項（Inspection）

①　なぜ検品条項が必要か

商品が買主に引き渡された後，受入検査が実施されなければ，瑕疵（商品欠陥）が発見されるのは実際に販売され使用されてからとなります。そのため手遅れとなり，被害が大きくなり，買主から販売商品価格の数十倍という多額の損害賠償額の請求がなされることがあります。

バルキーカーゴや相場商品などの場合には，商品価格が下落してくると，それまで起こらなかった品質クレームが発生しやすくなります。そのためにも検品条項で検査時期，検査程度，検査対象項目，検査方法を定めておくことが肝要です。

②　検品方法・基準の合意

売主側からしても，運送人に引き渡した商品がそのときにどのような状態にあったかを引渡前に確認しておくことは大切なことです。さもなければ，売主は買主から量目不足や品質不良をクレームされたときに抗弁できません。

したがって，船積前のどの時点でいかなる方法でまたいかなる基準で検品するかを合意しておく必要があり，検品に関する事項を契約条項として規定しておくことが肝要です。

許容できる不良の比率や，傾向的不良（Epidemic defect）が発生したらロ

英文契約書の基本的な構成　125

ットアウトするのか修理するのか，修理費用をどちらが負担するのか等，不良品が発見された場合の対処方法についても規定しておく必要があります。

　以下は，売主の立場から規定する例です。

1. Within __ days of receipt of the shipment, Buyer shall notify Seller in writing of any shortages, defects or damage which Buyer claims existed at the time of delivery. Within __ days after the receipt of such notice, Seller shall investigate the claim of shortages, defects or damage, inform Buyer of its findings, and deliver to Buyer the Products to replace any which Seller determines, in its sole discretion, were missing, defective, or damaged at the time of delivery.
2. Unless notice is given as provided in this Article, Buyer shall be deemed to have accepted such Products and to have waived all claims for shortages, defects, or damage.

1. 貨物を受け取ってから__日以内に，買主は，売主に対して書面により引渡時に存在した買主がクレームの対象とする不足・瑕疵または損傷を通知しなければならない。その通知を受け取ってから__日以内に，売主は不足・瑕疵または損傷のクレームを調査し，買主に対して調査結果を報告し，売主が自己の裁量で，引渡時に不足・瑕疵または損傷が存在したと判断したときは，交換のための本製品を引き渡さなければならない。
2. 本条で定めるところにより通知がなされなかったときは，買主は，当該本製品を受け入れたものとみなされ，不足・瑕疵または損傷に係る一切のクレームは放棄したものとする。

　以下は，買主の立場から規定する例です。検査する権利と，検査したからといって検収したことにはならないことや，クレームや権利を放棄するものではない旨も規定しておきます。

Buyer shall have the right to inspect the Products as to quantity and, as far as reasonably possible, inspect the Products to ensure conformity with the Specifications after discharge of the Products at the destination thereof.
Inspection of any Products by Buyer shall not constitute acceptance

thereof nor shall it constitute a waiver of any claim or right which Buyer or its customer may have with respect thereto.

買主は，本製品が仕向地で荷揚げされた後，本製品の数量を検査し，合理的に可能な範囲で本製品が仕様書に合致しているかどうか検査する権利を有する。買主による本製品の検査は，本製品の検収を意味するものではなく，買主が本製品について有するいかなるクレームや権利の放棄を意味するものでもない。

⑿　品質保証条項（Warranty）

①　品質保証とは

　契約書・仕様書で定められた品質を基準とするのが原則です。したがって，商品規格や使用する材料・資材等について詳しく決めておくことが必要です。

　品質保証は WARRANTY といわれます。

　Warranty 条項は「契約条項中で Conditions ではない副次的な条項」とされています。したがって，Warranty 違反の Remedy（救済方法）は損害賠償となります。英国法では明示的に Warranty を規定しなくても，黙示（Implied）の Condition または Warranty であるとされています。

②　製造物責任（Product Liability）

　特別法によって認められた責任。本来，不法行為に由来するものです。その法理については EC，日本，米国でも同じです。対象は，売買目的物である商品に対する損害の問題ではなく，「製造物の欠陥により人の生命・身体または財産に係る被害が生じた」ときに問題となるものです。

　責任の発生は「〜where any damage is caused wholly or partly by defect in a product〜」です。消費者との取引では，売主はその責任を契約によって排除することはできないこととなっています。

③　誰が品質保証するか

　売主が当該商品を製造しているメーカーであれば，直接買主や消費者に対して品質保証をするのが通例ですが，メーカーや供給者から購入した輸出業者が

売主となる場合には，当該輸出業者には当該商品製造の技術的知識がありませんので，品質保証の形態にはいろいろなものがあります。

すなわち，品質保証については売主は責任を負わずメーカーが負うとするもの，契約上品質保証を行うが，売主は別途メーカーと品質保証契約を締結し自己の責任をカバーするもの，等があります。

以下は，売主の立場から品質保証をするケースです。

Seller agrees to deliver the Products of a high quality meeting the requirements in accordance with the specifications defined in Exhibit X. In case the quality of the Products delivered to Buyer turns out not to meet the above quality requirements, Buyer can claim a replacement against those inferior Products or cancellation of the individual contract and accordingly Seller shall accept this claim or cancellation from Buyer and shall be responsible for all damages which Buyer has incurred or will incur.

売主は，別紙Xで定められる規格に従った条件に合致する高品質の本製品を引き渡すことに同意する。買主へ引き渡された本製品の品質が上記品質条件に合致しないことが判明した場合，買主はそれら品質の劣る本製品の交換または個別契約の解除を要求することができ，売主は買主からの当該解除を受諾し，買主が被ったまたは将来被るべきすべての損害を負担する義務を負う。

買主の立場からすれば，売主が製造者であろうとなかろうと商品の品質を保証してもらいたいものです。当方が買主の立場に立った場合にはその主旨を規定する以下のような保証規定文言を挿入したいものです。

1. The Seller warrants that whether or not the Products have been manufactured by the Seller, the Products are free from all defects in title, design, material and workmanship.
2. The Seller warrants that the Products shall conform to all descriptions, specifications or samples set forth in this Agreement.
3. The Seller warrants that the Products are of merchantable quality,

and fir for the Purposes for which they are being bought or which are indicated expressly or impliedly by the Purchaser to the Seller or known to the Seller.

1. 売主は，本製品を売主が製造したか否かを問わず，本製品が所有権，設計，原料，仕上の面でまったく瑕疵のないことを保証する。
2. 売主は，本製品が本契約に定める細目，仕様または見本に合致することを保証する。
3. 売主は，本製品に商品性があること，また，買主の購入目的または買主により明示的もしくは目次的に売主に伝えられたか売主が知らされた目的に適していることを保証する。

仕様や図面・サンプル等に合致するほか，販売国の法例や安全基準を充足する旨を保証させる表現に以下のようなものもあります。自社が買主の立場の場合には挿入したい条項です。

Seller hereby warrants to Buyer and to its customers that the Products shall (a) strictly conform to the Specifications, drawings, data and samples thereof, and to all governmental regulations and safety standards in the country where the Products are sold, (b) be free from defects in design, material, workmanship, instruction manuals, labeling, warning instruction or the like, and (c) be of merchantable quality and fit for the ordinary purposes for which the Products are used and Buyer's and customer's intended uses thereof and (d) shall be packed properly and delivered timely. This warranty shall survive any inspection, delivery, acceptance or payments by Buyer.

売主は，買主およびその顧客に対して，(a)本製品が仕様・図面・データおよびサンプルに合致しており，本製品が販売される国におけるすべての法例および安全基準を満たすものであること，(b)本製品のデザイン・原材料・できばえ・指示書・ラベル・警告その他に瑕疵がないこと，(c)本製品が市場価値を有していること，および本製品が使用される通常の目的ならびに買主および買主の顧客が意図した使用に耐えるものであること，および(d)本製品が適切に梱包され適時に引き渡されることを保証する。この保証は，いかなる検査・引渡・検収または買主による支払があっても存続する。

当方が売主の場合，販売する製品が自社製品でないときは当該製品の製品保証をするのは困難です。そのようなケースでは，原則として保証せず，サプライヤー（メーカー）の保証が得られればそれを提供すると規定します。

---

1. The Seller shall not be liable in respect of any warranty or condition as to quality or fitness which would arise by implication of law.
2. The Seller shall nevertheless provide with the Purchaser the benefit obtained by the Seller under the guarantee (if any) which the Seller may have received from the supplier of such Products in respect thereof.

1. 売主は，法律の適用により生じる品質または適合性に関する保証または条件について責任を負わないものとする。
2. 前項規定にかかわらず，売主は売主が本製品の供給者から品質または適合性について保証を受けているときは，その保証により売主が得た利益を買主に提供するものとする。

メーカーあるいは供給者から受けた保証のみを提供すると規定するものに以下のようなものもあります。

In respect of any products not manufactured by the Seller, only the warranty, if any, furnished by the manufacturer or supplier of such Products shall apply.

売主が製造したのではない製品については，当該製品の製造者または供給者により与えられた保証があれば，その保証のみが適用される。

品質保証に関連して，商品のクレームや回収を要することとなった場合に備えて，以下のような条項を入れておくこともあります。

食品や医療機器等特殊な商品を取引するケースなどでは，仕入先メーカーと契約する場合に，後日の原因究明や是正措置，あるいは再発防止をスムーズに解決するためにも挿入しておくのが望ましいでしょう。

> The Manufacturer shall analyze the cause of the problem arisen in the market and implement the corrective action and preventive action immediately upon the request of the Buyer, in case that the market claim or the return of the concerned Products were received by the Buyer.
>
> 買主が当該商品の苦情や返品を受けた場合，買主より要請があれば，製造業者は市場で発生したそれら問題の原因を迅速に分析し是正措置や再発防止の対策を講じなければならない。

⒀ 知的財産権侵害条項（Intellectual Property Rights）

① 知的財産権侵害とは

売主の立場からいえば，売った商品がどこかの国の知的財産権を侵害することがあるかどうかなどわかりませんので，知的財産権に関する保証はしたくないのが人情です。

米国や英国では，売主は買主に対して単に完全な所有権を移転する義務を負うのみならず，第三者の知的財産権を侵害することなく販売する権利を与える義務があるとの判決があります。

新商品を扱う際にはとくに気をつけなければなりません。

② 侵害の責任をとる方法

ⓐ 仕様変更
ⓑ 侵害するとされる知的財産権の所有者から使用許可を取り付ける
ⓒ 商品を買い戻す
ⓓ 損害賠償に応じる

ただし，売主が買主から支給された仕様・明細に基づいて製造したときは売主に何の責任もない旨および売主が損害を被った場合は補償されるべき旨を規定します。

売主の知的財産権が外国市場で第三者に侵害されるケースについては，買主

がその事実に気づいたらすぐに売主に連絡する義務を負わせる旨を規定します。

知的財産権の侵害に関して係争が起こった場合に，誰が誰の費用で解決するかについても規定しておきます。

> Seller shall be responsible for any claim of infringement or alleged infringement of patents, designs, trademarks, copyrights or other rights brought by a third party in relation to Products, and Seller shall pay all damages and costs awarded therein against Buyer or its customers. In the event of any claim of infringement of any of Products, Buyer, at its option, may cancel this Agreement and may return to Seller for full credit and unused portion of Products delivered pursuant to it.
>
> 売主は，本製品に関連して第三者が提起する特許・意匠・商標・著作権またはその他の権利の侵害または申し立てられた侵害の請求について責任を負うものとし，売主は，買主またはその顧客に対し，それらについて裁定される損害額および費用の全額を支払わなければならない。本製品による権利侵害のクレームがあった場合，買主は自己の選択で本契約を解除し，契約に従って引渡を受けた契約品の未使用部分を売主へ返還することができ，売主はこれを受け入れ買主が支払った代金を返還しなければならない。

売主は売主の国内での知的財産権の侵害についてのみ責任を負担し，仕向地（買主側の国）での知的財産権侵害については免責されると規定した例に以下があります。

> 1. The Seller shall not be responsible for any infringement with regard to patents, utility models, designs, trademarks, copyrights, trade secrets or any other intellectual property rights in any country, except for the Seller's country, in connection with the sales, use or delivery of the Products.
> 2. The Seller shall be responsible to the Purchaser for such infringement in the Seller's country, if the patent, utility model, design, trademark, copyright, trade secret or any other intellectual property right is not designated, selected or provided by the Purchaser.
> 3. In case any dispute arises in connection with the above right, the

> Seller reserves the right to terminate unconditionally this Agreement or any further performance of this Agreement at the Seller's discretion.
>
> 1. 売主は，本製品の販売，使用または引渡に関連して，売主の国を除くいずれの国でも特許，実用新案，意匠，商標，著作権，トレードシークレットまたは他の知的財産権の侵害に対し責任を負わないものとする。
> 2. 売主は，売主の国におけるかかる侵害については，その特許，実用新案，意匠，商標，著作権，トレードシークレットまたは他の知的財産権が買主により指定され，選定されまたは提供された場合を除き，買主に対して責任を負うものとする。
> 3. 前2項の権利に関して紛争が生じた場合，売主は自己の裁量により，本契約または本契約のその後の履行を無条件で終了させる権利を留保する。

⒁ 発効条件条項（Condition）

　輸出許可・輸入許可・輸入割当枠認可・電気用品安全法*に基づく規格認可等輸出国や輸入国の許認可がなければ取引を履行できない契約については，その許認可の取得を契約の発効条件とすべきです。

　また，L／CあるいはL／Gが必要な場合は，合意された内容のL／CやL／Gが交付された日を契約の発効日とするのが一般的です。契約の発効にそのような条件がついていれば，契約の当事者は契約の発効前において当該条件を充足するために誠実に努力すべき義務を負うのであって，条件充足を履行させるためにも一定の期間内に当該条件が整わなければ契約は効力を失う旨を規定しておく必要があります。

---

*　昭和36年制定された電気用品取締法（電取法）は改正され，平成13年4月から電気用品安全法として施行されました。

英文契約書の基本的な構成　　*133*

> The obligations of the Parties hereto under this Agreement are subject to obtaining of any and all required approvals, validations and licenses of the Government of Japan.
>
> 本契約のもとにおける両当事者の義務の発生は，要求される日本政府のすべての許可・認可およびライセンスの取得を条件とする。

(15) 期限の利益喪失条項（Acceleration）

　ユーザンス供与等信用を供与する場合，債務者の破産（Bankruptcy）あるいは契約違反（Default）などの一定の事実が発生したら，債権者は債務者に通知することにより債務全額の返済時期が到来したものとみなし，ただちに返済するよう請求できる旨を規定するものです。

　貸付契約や売買契約等では，債務者側に支払遅延や不払い等契約違反の事由が発生したとき，貸主や売主を救済するためには，単に契約の解除権だけでは十分ではありません。貸主や売主に必要な救済は，それまでに貸し付けた元本や未回収の売掛金をただちに返済させたり支払わせたりすることと経過利息の支払請求権の確保です。そのために備えておくのが期限の利益喪失条項です。

> If any of the following events shall occur; ABC may in its discretion at any time afetr the occurrence of such event by notice in writing to XYZ, (i) declare the entire unpaid principal amount of Sales, accrued interest thereon and all other sums paybale under this Agreement to be immediately due and payable, and (ii) declare its commitment and its obligation to be null and void.
> (a) XYZ shall fail to pay when due the principal of Sales proceeds or interest thereon, or any other amount payable under this Agreement;
> (b) XYZ shall default in the performance of any other term or agreement contained in this Agreement;
> (c) XYZ shall fail to pay any debt for borrowed money or other similar obligation of XYZ, or interest thereon, when due, and such failure continues after the applicable grace period specified in the agree-

ment relating to such indebtedness;
　(d) XYZ shall admit in writing its inability to pay its debt when due;
　(e) any material representations made by XYZ contained in this Agreement shall prove to have been false.

万一，下記の事態のいずれかが発生した場合，ABC は，かかる事態の発生後いつでも，XYZ に対して書面で通知を行い，その裁量によって，(i)販売代金全額，発生利息および本契約に基づいて支払うべき他のすべての金員はただちに支払われなければならないと宣言することができ，また，(ii) ABC の約束および義務は無効であると宣言することができる。
　a) XYZ が本契約に基づく販売代金元本の返済，利息の支払，または他の金員の支払を期日に行わないとき，
　b) XYZ が本契約の他の条件，合意を履行しないとき，
　c) XYZ が，XYZ の借入債務もしくは他の同様な債務またはその利息を支払期日に支払うことを怠り，かかる不履行が当該債務に関する契約に明記された適用猶予期間後も継続するとき，
　d) XYZ がその負債を期日に支払えないことを書面で認めたとき，
　e) XYZ によってなされ，本契約に含まれた重大な表明が虚偽であったことが判明したとき。

　期限の利益喪失事由には，上記のほかに，破産，更生法申立，債務超過，手形・小切手の不渡等といった破産類似の状態等もあります。取引のケースによっては，それらをも規定しておくべきでしょう。

3 ライセンス契約に特有な条項

(1) ライセンス許諾条項（Grant of License）

　特許やノウハウなどの使用あるいはライセンスに基づいた製造などを許諾する規定です。ライセンシーは許諾されたライセンスを使用して製品を生産したり販売したりすることとなりますが，その許諾を明示的に規定しておくことが肝要です。

　ライセンス許諾条項は，付与されるライセンスの種類や内容によって規定すべき条項文言を個別に検討する必要があります。自社の工場などで製造するのみならず，下請など第三者に専有情報を開示して製造させることができるとの内容を規定したものをハブ・メイド条項（Have Made Clause）といいますが，その例として以下のようなものがあります。

> Licensor grants to ABC an exclusive license and right to use the Proprietary Information to manufacture, design, ＿＿, ＿＿, have manufactured, designed, ＿＿ as well as use, sell or lease the Products in the Territory.
>
> ライセンサーはABCに対し，許諾地域で本製品を使用し販売またはリースするほか，本製品を製造し設計し，＿＿し，製造させ設計させ＿＿させるために専有情報を使用する独占的ライセンスと権利を許諾する。

　上記は独占的にライセンスと使用権を与えるケースですが，非独占的ライセンスを規定するものに以下のような例があります。

> Licensor hereby grants to ABC a non-exclusive, transferable, right and license, without the right to grant a sublicense, to manufacture and use at ABC's plant located at ＿＿＿＿ and to sell, distribute and / or lease

the Licensed Products in the Territory under the Proprietary Information during the term of this Agreement.

ライセンサーはABCに対し，本契約の有効期間中，＿＿＿＿所在のABCの工場で本専有情報に基づいて許諾製品を製造し使用し，許諾地域で本許諾製品を販売し供給しおよびまたはリースする非独占的で譲渡可能な権利とライセンスを許諾する。ただし，本使用許諾は再許諾権を含まない。

(2) 技術情報・知的財産権の開示条項
　　(Disclosure of Technical Information)

　ライセンスの許諾を受けたライセンシーは，その使用やそれに基づいて製造するために必要な情報をライセンサーから入手する必要がありますので，それを契約書中に規定しておく必要があります。

　技術情報を書面にして開示すること，当該情報の使用言語，開示時期等を規定する必要がありますが，その例に以下のようなものがあります。

1. Within sixty (60) days after the effective date of this Agreement, Licensor shall furnish ABC with all the materials of the Technical Information described in Exhibit A and Proprietary Rights described in Exhibit B, all of which shall be written in English and sent by registered airmail.
2. During the term of this Agreement, Licensor shall, at the request of ABC, furnish ABC with additional data, information or improvements relating to the Licensed Products, Technical Information or Proprietary Rights.

1. 本契約発効日から60日以内に，ライセンサーはABCに対して添付別紙A記載の技術情報並びに添付別紙B記載の知的財産権のすべての資料を提供するものとする。それらのすべては英語で書かれ書留航空郵便で送付されなければならない。
2. 本契約の有効期間中，ライセンサーはABCの要請があるときは，ABCに対して許諾製品，技術情報，または知的財産権にかかる追加的データ，情報または改良版を提供するものとする。

簡単な表現に以下のようなものもあります。

> Within sixty (60) days after the date of this Agreement, the Licensor shall disclose and provide to ABC the Proprietary Information in the manner set forth in Exhibit A attached hereto.
>
> ライセンサーは，本契約の調印日から60日以内に，ABCに対して添付別紙Aに記載する方法で，本件財産的情報の内容を開示し提供しなければならない。

(3) 技術指導条項（Technical Assistance）

　特許ライセンス，ブランド・ライセンス契約，フランチャイズ契約等では，その契約内容によっては，ライセンスの供与を受けたライセンシーが，製造や生産管理等の技術移転や技術指導を受ける必要が生じる場合があります。それに備えるのが技術指導条項です。

　ライセンサーの技術者を派遣してもらい技術指導をしてもらうこと，技術者の派遣先はライセンシーであるが，ライセンシーが指定したサブライセンシーへの派遣も認めると規定する例に以下のようなものがあります。派遣される技術指導員の宿泊費や渡航費用をどちらがどう負担するかを取り決めておく必要もあります。

> 1. Upon request of ABC, Licensor shall provide to ABC and / or to a sub-licensee designated by ABC ("Sublicensee"), qualified personnel of Licensor to render technical assistance and services to employees of ABC and / or Sublicensee, in connection with the engineering, design or manufacture of the Licensed Products for a reasonable period to be mutually agreed upon between the parties, provided that the total period of such assistance and services shall not exceed ninety (90) man-days[*1].
> 2. Traveling expenses to and from the country of Licensor's personnel, and living and other expenses of Licensor's personnel for the period

of services, shall be borne and paid by ABC.

ABC further agrees to pay Licensor a daily absence fee[*2] in the amount of ____ United States Dollars per person, or such other amount as may be mutually agreed upon between the parties.

3. The period, method and number of Licensor's personnel and other conditions of providing such services shall be mutually agreed upon by the parties hereto.

---

1. ABCの依頼に基づき，ライセンサーはABCおよびまたはその指定する下請業者(「サブライセンシー」)に対して許諾製品のエンジニアリング，設計，製造に関して，ABCおよびまたはサブライセンシーの従業員への技術指導，サービスを提供するために，指導を担当するにふさわしいライセンサーの人員を派遣するものとする。指導のための派遣期間については，当事者間で取り決める合理的な期間とするが，述べ日数は90人／日を超えないものとする。
2. ライセンサーの派遣指導員の，ライセンサーの国からの往復旅費並びにサービス提供期間中の宿泊費その他の費用はABCが負担し支払うものとする。ABCはさらにライセンサーに対して，1人当たり1日____米ドル，または両者間で別途合意する金額のアブセンスフィーを支払うことに同意する。
3. かかるサービス提供のための期間，方法並びにライセンサーの派遣人数およびその他の条件については両者間で別途合意されるものとする。

   * 1 「90 man-days」とは、期間の量的な把握の仕方の1つで、"Man (人員)" と "Days (日数)" を掛け合わせて計算するものです。たとえば、派遣された技術指導員が3人として各人20日派遣されたとすれば、3人×20日＝60人／日となります。
   * 2 Absence Feeとは、技術指導員の派遣中、ライセンサー側では技術者が不在 (Absence) となり、もし技術者が勤務していたら通常稼ぐことができるはずの所得相当額の一部をライセンシーが負担するよう求められることがありますが、その費用をアブセンスフィーといいます。通常は技術指導料の中に各構成要素の1項目として含まれていますが、まれに別立てで要求されることがあります。

(4) ライセンス許諾表示条項 (Use of Legend)

ライセンスの許諾を受けたライセンシーは製造した製品のライセンス許諾を受けている旨や許諾された商標を表示して販売の促進をねらいたいものです。したがって、ライセンシーは許諾されたライセンスに基づいて製造された製品であること、許諾された商標であること等を製品等に表示することも許諾を得たいと考えます。

かかる旨を規定する条項の例に以下のようなものがあります。

> 1. In connection with the Licensed Products, ABC may use the expression "designed and manufactured under the license from Licensor ___", or words similar thereto.
> 2. ABC shall have the right to use its own trademark as well as the trademark "___" owned by Licensor in connection with the Licensed Products.
>
> 1. 許諾製品に関連して，ABC は「___のライセンスのもとでデザインし製造された」という表示または類似の表示を使用することができる。
> 2. ABC は，許諾製品について，自社商標とライセンサーが保有する「___」商標を使用する権利を有する。

(5) 改良情報相互交換使用条項（Improvements Grant-back）

許諾されたライセンスや技術情報等の内容を，その目的に沿ってライセンサーまたはライセンシーが改良したときに，その扱いをどうするかが問題となります。実務上，この問題を解決するために設けられる解決策の1つがグラントバック条項（Grant-back Clause）です。すなわち，改良についてお互いに連絡しあうとするものです。

> Each party agrees to inform each other of any development or improvement made in connection with the Proprietary Information relating to the Licensed Products, and disclose, at the other party's request, details of such development or improvements.
>
> 両当事者は，許諾製品に関する本専有情報に関連する開発，改良について，互いに連絡し，相手方の要求があるときは，その開発，改良についての詳細を開示することに同意する。

ライセンサーが開発しライセンシーへ提供された改良情報をライセンシーが自由に使える旨を規定する例に以下のようなものがあります。

> ABC shall have a right to use such development or improvement of the Proprietary Information made and disclosed by Licensor without payment of any additional royalty.
>
> ABCは，ライセンサーにより開発され開示された本船油情報の開発または改良版の改良情報について，何ら追加のロイヤリティを支払うことなく使用する権利を有するものとする。

(6) 著作権・所有権の帰属条項 (Copyright and Ownership)

ライセンスを与えたライセンサーにしてみれば，ライセンスを付与されたライセンシーにあたかも当該ライセンスが自己のものであるように扱われると困ります。そこで，契約書の中で，当該ライセンスの著作権や所有権がライセンサーであることを明記しておくこととなります。ライセンス供与を受けた背品の著作権の帰属先がライセンサーであることを宣言する簡潔な表現の例に以下のようなものがあります。

> ABC acknowledges and agrees that the exclusive rights to all copyrights and trademark used on or in connection with the Licensed Products shall remain in the property of Licensor.
>
> ABCは，許諾製品上にまたは許諾製品に関連して使用されるすべての著作権と商標に対する独占的な権利がライセンサーの単独財産としてとどまることを認め，かつ同意する。

簡単な表現のものに以下のようなものもあります。

> Copyright and full ownership of the Licensed Products and all materials relating to thereto shall at all times remain in Licensor.
>
> 許諾製品の著作権およびすべての所有権並びにそれに関する一切の資料は、つねにライセンサーの所有にとどまるものとする。

(7) 品質コントロール条項（Control of Quality）

ライセンサーとしては、与えたライセンスに基づいて製造される製品の品質が粗悪であれば、せっかく築きあげてきたブランド・イメージが根本から覆りかねず、ライセンサーの名声や信用に傷がつくので、ライセンス許諾製品が高品質を維持することに重大な関心をもちます。

ライセンサーは、高品質と名声を維持するために契約書中にそれをライセンシーへ義務づける規定を設けるのが通例です。

> ABC agrees that the Licensed Products manufactured and sold under this Agreement shall be of high standard and such quality as to enhance the reputation and prestige of ＿＿ Trademarks.
> ABC undertakes to manufacture and distribute all of the Licensed Products strictly in accordance with samples, models approved by Licensor and instructions as to shape, color and materials.
> ABC shall submit to Licensor for its approval before starting the production of the Licensed Products for sale, samples or models which ABC plans to sell or offer for sale under ＿＿ Trademarks.
>
> ABCは、本契約のもとで製造・販売される許諾製品が高い水準のものであり、＿＿商標の評判と威信を高める品質であることに同意する。
> ABCは、すべての許諾製品をライセンサーが承認した見本、モデル並びに型、色、材料についての指示に厳密に従って製造販売することを確約する。
> ABCは、販売用の許諾製品の製造を開始する前に、ABCが＿＿商標により販売するか販売に供することを計画する見本またはモデルをライセンサーに提出し、その承認を得なければならない。

(8) ライセンシーによる広告宣伝・販売促進努力条項
    (Efforts for Promotion & Advertising)

　ライセンス契約を締結するライセンシーの中には，ライセンス使用権を取得するのみが目的で，ほとんど販売促進活動をせず，販売実績ゼロでも平然としているケースがあります。ライセンサーとしては，そのような悪質ともいえる販売意欲のないライセンシーと締結したのでは浮かばれません。当該ライセンスの独占的使用権を付与した場合はなおさらで，その地域での販売機会すら失うこととなりかねません。したがって，ライセンサーは契約書の中でライセンシーに販売努力とそのための広告宣伝を義務づける条項を挿入しようとします。

---

1. ABC shall exercise throughout the term of this Agreement all reasonable efforts to promote and advertise the Licensed Products in the Territory.
2. At least ABC shall in each year spend on advertising and promoting the Licensed Products as amount equal to __ % (__ percent) of the total Net Sales Amount of the Licensed Products invoiced in the previous year or ____ US Dollars, whichever is greater, in accordance with the advertisement plan to approved by Licensor.

1. ABCは，本契約有効期間中，許諾地域で許諾製品の販売促進と宣伝を行うために合理的なあらゆる努力を尽くすものとする。
2. ABCは，最低限，毎年，前年度の許諾製品の純売上額の__％に相当する金額または____米ドルのいずれか多い方の金額を，ライセンサーが承認した宣伝計画に従って，宣伝・販売促進のために使用しなければならない。

---

(9) ライセンシーの記録保管・報告義務条項
    (Accounting Records & Reports)

　ライセンサーは，ライセンシーから受領するロイヤリティが正しく算出された金額かを検証したいものです。しかしながら，特許，商標，デザイン，キャラクター等のライセンスでは，ライセンサーが判断するデータでライセンシー

の協力なしに入手できるものはほとんどありません。

　そこで，ランニングロイヤリティの計算の基礎となるデータをライセンシーに整備・保管させ，必要に応じていつでもそれをチェックできるようにしておくために，契約書中でそれを規定することとなります。

1. ABC shall keep, or cause to be kept, complete and accurate records and books in English language sufficiently separate and detailed to show the amount of the Licensed Products manufactured and sold, used and the running royalty due and payable to Licensor.
2. ABC shall, at the request and at the expense of Licensor, permit its personnel and / or an independent accountant designated by Licensor to have access to, examine and copy during ordinary business hours such records as may be necessary to verify or determine any royalties, paid or payable, under this Agreement.
3. During the term of this Agreement and as soon as practicable after the end of each fiscal year and in any event within thirty (30) calendar days thereafter, ABC shall submit to Licensor the report, in English showing the Net Selling Price as mentioned in Article ___ (Running Royalty), the amount of royalties to be payable, and other data for calculation thereof with respect to the Licensed Products manufactured and sold, used or leased during each such accounting period.

1. ABCは，許諾製品の製造・販売・使用の数量とライセンサーに対して支払わなければならないランニングロイヤリティを証明するために，十分に区分され，詳細な英語で記載された完全で正確な記録と帳簿を自ら作成し保管するか，または作成・保管せしめなければならない。
2. ABCは，ライセンサーの要求があれば，ライセンサーの費用負担で，ライセンサーの人員およびまたはライセンサーが指定する独立した会計士が，ABCの通常の営業時間中に，本契約のもとで支払ったまたは支払うべきロイヤリティ額を確認しまたは決定するために必要な記録を閲覧し，吟味し，コピーをとることを許容する。
3. 本契約期間中，各会計年度の終了後できるだけ速やかに，いくら遅くても会計年度終了の日から30暦日以内に，ABCは，この会計期間中に製造・販売・使用・リースされた許諾製品に関する第___条（ランニングロイヤリティ）に規定する純販売額，支払うべきロイヤリティ額およびその算出のため

に必要な他のデータを示す英語による報告書をライセンサーに提出しなければならない。

(10) 契約解除条項 (Termination)

　ライセンス契約における契約解除条項は，契約違反行為や債務不履行が主体となります。ライセンシーから契約を解除するメリットはほとんどありませんから，ライセンサーからの解除権を規定すればよいようにも思え，実際にライセンシーからの解除権を規定しないケースも散見されます。

　しかしながら，ライセンシーとしても，ライセンシーが倒産したり契約違反行為を行った場合には，契約を解除できるようにしておくことが必要です。

　ライセンサー・ライセンシー双方に比較的公平に規定した例に以下のようなものがあります。

Either party shall have the right to terminate this Agreement on the occurrence of any of the following events by giving a written notice to the other party of such breach and intention of termination. unless other party cures such breach within thirty (30) days after the receipt of such written notice of breach and intention of termination, this Agreement shall be automatically terminated on the elapse of such thirty-day period.
(a) In the event that any royalty or other payments due unde this Agreement are not paid by Licensee on or before the due date,
(b) In the event that the control of Licensee is acquired by any third party,
(c) In the event that either party fails to perform any of its obligations under this Agreement, or
(d) In the event that either party files a petition in bankruptcy or a petition in bankruptcy is filed against it, or either party becomes insolvent or bankrupt, or goes into liquidation or receivership.

契約当事者は，相手方が下記事由のいずれかに該当するときは，相手方に対してその違反事由と契約解除の意思を書面で通知することにより契約を解除する

権利を有する。契約違反事由と契約解除の意思の通知が相手方によって受領された日から30日以内にその違反事由が解消されないときは，本契約は30日間の経過により自動的に解除されるものとする。
(a) ライセンシーが本契約により支払うべきロイヤリティまたはその他の支払を支払期日までに支払わないとき，
(b) ライセンシーの支配が第三者によって取得されたとき，
(c) いずれかの当事者が契約による義務を履行しないとき，または，
(d) いずれかの当事者が破産申立を行うか，または第三者により破産申立を提出されたとき，またはいずれかの当事者が支払不能もしくは破産状態になったとき，またはいずれかの当事者が清算手続に入るか，または財産管理人が指定されたとき。

　契約を解除しなければならないような状況に至るときには，相手方が倒産して連絡がとれなくなっているとか，催告しても是正されるような状況にないのみならず代金等が回収できないような状態となっていることが多いものです。契約相手方が，遠距離で離れている場合には気がつくまでに時間が経っていることが少なくなく，手遅れとなるケースが多いので注意を要します。
　契約解除についての規定には完全なものはないのです。取引の実情に沿って，想定される契約解除事由をできるだけ盛り込んでおくことが肝要です。

(11) 秘密保持条項（Confidentiality）

　技術情報とか秘密情報とかが相手方に開示される契約では，守秘義務条項が不可欠であり重要です。それらの秘密保持条項では，秘密保持の対象となる情報とそうでないものとの区分および秘密保持期間等が重要な要素となります。
　秘密保持期間については，秘密保持の対象となる情報の種類や内容によって適切な期間を検討して設定するべきですが，契約終了後一定期間までの守秘義務を課すことが通例です。秘密保持の対象となる情報と対象外情報との区分および秘密保持期間を規定した条文例に以下のようなものがあります。

1. Licensee acknowledges that the Technical Information, know-how, trade secrets, and other information, disclosed by Licensor ("Confidential Information") is valuable, confidential and proprietary in nature and that the disclosure of the Confidential Information would result in immediate and irreparable harm to Licensor, and agrees that, at all times during the term of this Agreement and for five (5) years thereafter, it shall hold in confidential all of the Confidential Information, and that it shall not disclose the Confidential Information to any third party, except to its authorized employees, without the prior written consent of Licensor.
2. Licensee's obligation under this Article with respect to the Confidential Information shall not apply to information which ⅰ) is already in the possession of Licensee prior to the disclosure by Licensor and was not acquired by Licensee directly or indirectly from Licensor; ⅱ) is part of the public domain at the time of disclosure by Licensor; or thereafter becomes part of the public domain without fault on the aprt of Licensee; or ⅲ) may be acquired hereafter by Licensee from any third party without any obligation of secrecy.

1. ライセンシーは，ライセンサーにより開示される技術情報，ノウハウ，トレードシークレットおよび他の情報（"秘密情報"）が価値があり機密であり財産的価値があること，並びに秘密情報を開示するとライセンサーに回復不能な即時の損害を生じ得ることを認め，また，本契約の有効期間中とその後の5年間，つねにライセンシーが秘密情報のすべてを機密に保持すること並びにライセンサーの書面による事前の相違なくして，ライセンシーの権限ある従業員に開示する場合を除き，いかなる第三者にも秘密情報を開示しないことに同意する。
2. 本条に基づくライセンシーの秘密保持義務は，下記の情報には適用されないものとする。ⅰ）ライセンサーによる開示前にライセンシーの保有下にありライセンシーがライセンサーから直接または間接的に取得したのではない情報，ⅱ）ライセンサーによる開示時点で公知であるかライセンシーの過失なしにその後に公知となる情報，または，ⅲ）秘密保持義務なしにライセンシーが第三者から今後取得する情報。

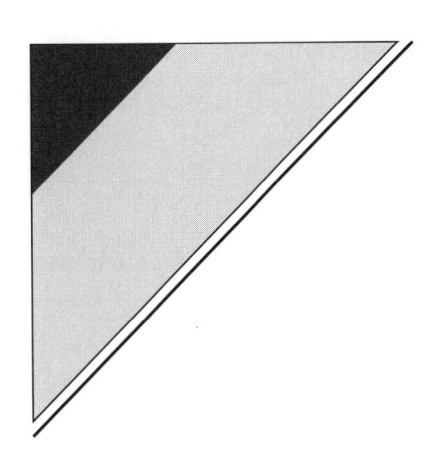

契約書サンプル

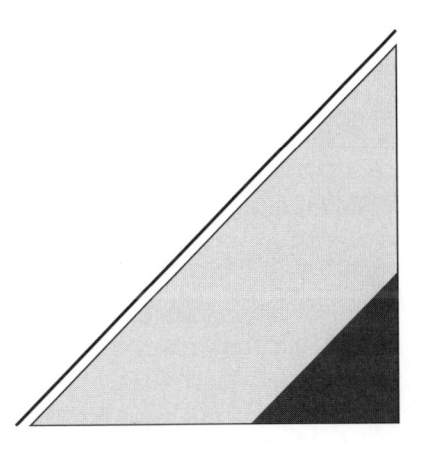

ここに掲載した契約書サンプルは，あくまでも参考例です。
　契約書の内容については，具体的な取引の内容や契約当事者の事情や置かれている状況によって，必要に応じて規定内容を修正したり新たに必要な条項を加筆したりして条文内容を工夫する必要があります。
　実際の契約書作成に際しては，盛り込む内容を個別に検討したうえで，実情に則してできるだけ自己に有利な内容の条文に加除修正して作成してください。また，顧問弁護士等法律の専門家に相談しながら作成することをお勧めします。

① 売買契約書

本件契約書は，売主の立場から作成したサンプルです。

SALES AGREEMENT

THIS AGREEMENT entered into this ___ day of _____, ___ by _____, a corporation organized and existing under the laws of the State of New York, having its principal place of business at _____ (hereinafter called the "**Seller**") and _____, a corporation organized and existing under the laws of Japan, having its principal place of business at _____ Tokyo, Japan (hereinafter called the "**Buyer**"),

━━━━━━━━━●━━━━━●━━━━━━━━━

売買契約書

本契約は，___年_月_日に，ニューヨーク州の法律に基づき設立され存続し，_____に本店をもつ_____（以下，「売主」という）と，日本の法律に基づき設立され存続し，東京都_____に本店をもつ_____（以下，「買主」という）との間で締結された。

> 注） ここは「頭書」と呼ばれる部分。契約の日付・当事者名・設立準拠法・当事者所在地などを明らかにする部分です。
> 　　　日付は「～entered into～」とされていることから，当事者が契約書をこの日付で調印したことにしようと決めた日付を示しています。契約相手方が欧米企業の場合，当事者については，名称のほか，会社か個人か，国籍，本店所在地などを明らかにするのが通例です。さらに，契約が調印された場所を記載することもあります。それは，調印された場所の法律がその契約に適用されたり，署名された場所の裁判所がその契約をめぐる紛争についての管轄権をもったり，署名された場所により印紙税が賦課されるかどうかが決まったりすることがあるからです。本件頭書部分は古い様式で記載されています。一文で書かれているような体裁をとっているため，冒頭の「This Agreement」の後には「is」が省かれています。また，この前文の次に「WITNESSETH:」が記載されていますので，頭書部分の文末はピリオドではなくコンマが使われます。

最近では，冒頭の「This Agreement」の後に「is」が記載されているものも増えています。
契約当事者の一方が外国にある企業との契約書では，当事者名のみでなく設立の準拠法と本店所在地等も記載しておくべきです。

WITNESSETH:

WHEREAS, the Buyer desires to purchase, from time to time, electric appliances herein after particularly specified, and WHEREAS, the Seller desires to sell such electric appliances to the Buyer.
NOW, THEREFORE, in consideration of the foregoing and the obligations hereunder, the parties hereto agree as follows.

───────●　●───────

以下を証する

買主は，本契約中で後に特定される電気製品を随時購入することを希望しており，売主は，買主に対し，そのような電気製品を販売することを望んでいる。そこで，上記および本契約に基づく義務を約因として，両当事者は以下のとおり合意する。

注）　WITNESSETH は WITNESS の Old English です。
　　また，「WITNESSETH」ではなく「RECITAL」の語が使用されているものも増えています。その場合には，頭書部分の文末は，コンマではなくピリオドが使用されています。
　　「NOW, THEREFORE,～」は当事者による契約締結の合意の宣言文言です。

Article 1. DEFINITIONS

In this Agreement, the following terms shall have the following meanings;
(1) "Dollars" shall mean the lawful currency of the United States of America.

(2) "Products" shall mean electric appliances to be produced and supplied by the Seller in accordance with the Specifications.
(3) "Specifications" shall mean the specifications of the Products set forth in Article 4 hereof.
(4) "Agreement" shall mean this agreement, the exhibits attached hereto and any amendments thereof.
(5) "Individual Contract" shall mean individual contract(s) of sale and purchase of the Products to be made under this Agreement.

――――――●　●――――――

第1条　定義

本契約中，以下の用語は以下の意味をもつ。
(1) 「ドル」とは，アメリカ合衆国の適法な通貨を意味する。
(2) 「本製品」とは，売主が規格に従って製造し供給する電気製品を意味する。
(3) 「規格」とは，本契約の第4条に定められる本製品の規格を意味する。
(4) 「本契約」とは，本契約，本契約の添付別紙および本契約の修正を意味する。
(5) 「個別契約」とは，本契約に基づき締結される本製品の売買に関する個別契約を意味する。
　注)　本条は契約書の中で用いられる用語を定義する条文です。

Article 2. SALE AND PURCHASE

1. The Seller agrees to sell the Products to the Buyer and the Buyer agrees to purchase the Products subject to the terms and conditions in this Agreement and each Individual Contract.
2. This Agreement shall apply to and shall be deemed incorporated in, all Individual Contracts between the parties for the sale by Seller of any

and all Products after the date hereof.
3. The relationship of the parties in this Agreement shall be the seller and the buyer. Nothing herein shall be deemed to create the relationship of partnership, employment, joint venture, legal representative or agent of any nature. Neither party shall have the right, power or authority to assume or create any obligation, express or implied, for which the other party may become liable.

───────●　　●───────

第2条　売買

1. 売主は，本契約および各個別契約の条件に従って，買主に対して本製品を販売することに合意し，買主は本製品を購入することに合意する。
2. 本契約は，本契約締結日以降に，売主から買主への本製品の販売について，両当事者間で締結されるすべての個別契約に適用され，その一部を構成する。
3. 当事者間の関係は，売主と買主である。本契約のいかなる条項もいかなる性質のパートナーシップ，雇用関係，ジョイントベンチャー，法律上の代理人の関係を創出しない。いずれの当事者も，明示または黙示にかかわらず，他方当事者が責任を負担することとなる義務を引き受けたり創出する権利や権限を有しない。

Article 3. ORDER PROCEDURE

1. At least _____ months prior to the first day of requested shipping month, the Buyer shall submit to the Seller a Purchase Order(s) for the Products. Within _____ business days after the Seller's receipt of such order, the Seller shall notify to the Buyer whether the Seller accepts such order or, at its sole discretion, rejects such order. An Individual

Contract shall be deemed to have been made only when the Seller issues a written acceptance to the Buyer.
2. If any discrepancy should occur between the terms and conditions of this Agreement and the written part of any Individual Contract, those of the Individual Contract shall prevail. If any discrepancy should occur between this Agreement and the printed part of any Individual Contract, those of this Agreement shall prevail.

―――――●　●―――――

第3条　注文手続

1. 買主は，要求する船積月の初日の少なくとも＿ヶ月前に，売主に対して本製品の注文書を発行しなければならない。売主は注文書を受領してから＿＿営業日以内に，その判断により，当該注文を受諾するか拒絶するかを買主に通知しなければならない。個別契約は，売主が買主に対して注文請書を交付したときに成立したものとみなされる。
2. 本契約規定の条件と個別契約の記載部分との間に相違がある場合は，個別契約の記載部分が適用されるものとする。本契約と個別契約の印刷部分との間に相違がある場合には本契約が適用されるものとする。

Article 4. QUANTITY

The Seller shall sell the Products defined below to the Buyer in the following quantity;

―――――●　●―――――

第4条　数量

売主は，買主に対して下記記載の本製品を以下数量販売する。

　注）　具体的商品名と数量を列記記載します。

Article 5. SPECIFICATIONS

The Specifications of the Products shall be as follows;

―――――――●   ●―――――――

第5条　仕様

本製品の仕様は以下のとおりとする。

　注）　商品の材質・寸法・機能等できるだけ詳細に記載します。

Article 6. TITLE AND RISK

1. The Seller shall deliver the Products to the Buyer on a FOB basis.
2. The Products shall be packaged for shipment and delivery to the Buyer in accordance with the customery practice of the Seller. The Buyer shall be responsible for arranging all transportation of the Products, but if requested by the Buyer, the Seller shall, at the Buyer's expense, assist the Buyer in making such arrangements. Other conditions relating to delivery and discharge of the Products shall be provided in each Individual Contract.
3. In the event that the Seller is requested to assist the Buyer in arranging for transportation, the Buyer shall reimburse the Selle for all costs relating to such arrangements, including, without limitation, insurance, transportation, loading and unloading, handling and storage following their delivery to the Buyer.
4. Title and all risk of loss or damage to the Products shall pass from the Seller to the Buyer when the Products have passed the ship's tail at the loading port.

―――――――●   ●―――――――

第6条　所有権および危険負担

1. 売主は買主に対しFOB条件にて引き渡すものとする。
2. 本製品は売主の慣行に従って船積用に梱包され買主に引き渡されなければならない。買主は，本製品の一切の運送を手配する義務を負うが，売主は，買主から要請があれば，買主の費用において，買主がかかる手配を行うことを援助する。本製品の引渡および荷降ろしに関するその他の条件は個々の個別契約で定める。
3. 売主が運送手配について買主を援助する要請を受けたときは，買主は，売主に対して，買主への引渡後の保険，運送，荷積みおよび荷降ろし，手数料並びに倉庫料を含み，これらに限定されない一切の費用を償還しなければならない。
4. 本製品の所有権および滅失毀損についてのすべての危険負担は，本製品が積出港において船の舷側欄干を通過した時点で，売主から買主へ移転する。

　注）　所有権移転を買主の代金支払時としたい場合は，上記第4項を以下のように記載するとよいでしょう。
　　　All risk of loss or damage shall pass to the Buyer, and title to the Products shall pass to the Buyer only upon full payment therefore.

Article 7. PRICE

The Price and terms of sale of the Products to be sold hereunder shall be mutually agreed upon in writing by the parties. The Seller agrees to extend to the Buyer the lowest price on the Products given to any buyer or purchaser for resale, notwithstanding the provisions of this Agreement or the agreement of the parties.

第7条　価格

本契約に基づき販売される本製品の販売価格および条件は，当事者が書面により合意する。売主は，本契約および当事者間の合意にかかわらず，再販売目的で他の販売業者または購入者に提供する本製品価格のもっとも低い価格を買主に与えることを同意する。

Article 8. PAYMENT

1. Unless otherwise specifically agreed in the Individual Contract, all payments shall be made in United States Dollars.
2. The Buyer shall pay the Price to the Seller within twenty (20) days after the date of the shipment of the Products, by way of telegraphic transfer to the following bank account of the Seller;
Ordinary Deposit Account No. ＿＿ with ＿＿ Bank, ＿＿ Branch

第8条　支払

1. 個別契約で特段の合意がない限り，すべての支払いは米ドルで支払われなければならない。
2. 買主は，売主に対し，船積日から20日以内に，売主の以下の銀行口座へ電信送金により代金を支払う。
　　　＿＿＿銀行＿＿＿支店　普通預金口座番号＿＿＿＿

注）支払条件の規定では「いつ」「いくらを」「どのように」支払うかを定めることが肝要です。

Article 9. SHIPMENT

1. The Seller shall ship the Products from Los Angeles, California, USA to Tokyo, Japan according to the shipping date defined in each Individual Contract.
2. Conditions relating to packing, delivery and discharge of the Products shall be defined in each Individual Contract.

───────────●　　●───────────

第9条　船積

1. 売主は，各個別契約記載の船積日に従って，アメリカ合衆国カリフォルニア州ロサンゼルスから日本国東京に向けて，本製品を船積みする。
2. 本製品の梱包，引渡および荷揚げに関する条件は各個別契約で定められねばならない。

Article 10. MARINE INSURANCE

The Buyer shall, at its own expense, insure the Products for the period of the transportation thereof in the amount of the Price plus ten percent (10%) thereof. Ten (10) days prior to the date of shipment, the Buyer shall provide the Seller with insurer's certificate evidencing the existence of such insurance, together with satisfactory evidence that all insurance premium have been paid.

───────────●　　●───────────

第10条　海上保険

買主は，本製品の輸送期間中，自己の費用で，本製品に価額の10％増の海上保険を付保しなければならない。船積日の10日前までに，買主は売主に対し当該

保険の存在を証明する保険証明書を，すべての保険料が支払われた旨を証明する書類とともに提出しなければならない。

Article 11. INSPECTION

1. All Products ordered are subject to inspection by the Buyer. The Buyer shall inspect the Products as to quantity and, as far as reasonably possible, inspect the Products to ensure conformity with the specifications promptly after discharge of the Products at the destination thereof.
2. The Seller shall follow the Buyer's instructions with respect to disposal of non-conforming Products or parts or components thereof.
   In case of replacement or replenishment, delivery shall be made to the Buyer in the same manner as stipulated herein.

第11条　検査

1. 発注されたすべての本製品は，買主の検査に服するものとする。買主は，本製品が仕向地で荷揚げされてからただちに本製品の数量を検査し，また可能な範囲で本製品が仕様内容に合致しているかどうかを検査しなければならない。
2. 売主は，仕様に合致しなかった本製品や部品の処理について買主の指示に従わなければならない。交換または補塡の場合は，買主に対する引渡は本契約に定められた条件と同一の条件で行われなければならない。

Article 12. WARRANTY

1. The Seller hereby warrants to the Buyer and to its customers that the

Products shall conform to the Specifications, drawings and samples. The warranry by the Seller shall continue for a period of six (6) months from the date of each applicable bill of lading. The Seller makes no other warranties including without limitation warranties of merchantability or fitness for any particular purpose.
2. In no event shall the Seller be liable for any indirect or consequential damage including but not limited to damage to the Buyer's property resulting from the use, transportation, sale or storage of the Products.
3. In no event shall the Seller be liable for any loss of anticipated profit or revenue, loss of use, down-time cost, cost of substitute products, facilities, services or replacement power occured on the Buyer side.
4. The foregoing obligation for warranty shall survive the expiration or termination of this Agreement.

―――――●　●―――――

第12条　保証

1. 売主は，買主およびその顧客に対し，本製品が規格，図面およびサンプルに合致していることを保証する。売主による当該保証は，本製品の各船荷証券の日付より6ヶ月継続する。売主は，商業性，特定の目的への適合性などの，他のいかなる保証もしない。
2. 売主は，本製品の使用，輸送，販売，保管から発生した買主の財産に対する損害などの，間接的または派生的な損害について責任を負わない。
3. 売主はいかなる場合においても，買主側に生じた得べかりし利益，使用損失，休業費用，代替品・サービスまたは交換に要した労働コストに対して責任を負わない。
4. 上記の保証義務は，本契約の期限満了または契約解除後も存続する。

Article 13. INFRINGEMENT

1. The Seller warrants to the Buyer that the Products are free from infringement or violation of any patent, copyright, trademark or other intellectual property of any third party, and if any claim by a third party against the Buyer that the Products infringe upon any such intellectual property, the Seller shall at its own expense defend any such claim and settle it. The Buyer shall notify the Seller in writing of any such claim, and the Seller shall indemnify and hold the Buyer harmless from any liability for infringement of patent, trademark, design, copyright or any other intellectual property rights by the Products; provided however, that the Buyer shall be liable for any such infringement if the Buyer knew or should have known of the possibility of such infringement.
2. The Buyer acknowledges that intellectual property rights and all rights arising therefrom shall remain the sole property of the Seller or the supplier or the manufacturer of the Products as appropriate. The Buyer shall not obtain or attempt to obtain, in any country, any right, title or interest in or to any of the intellectual property rights. Nothing in this Agreement shall be construed as granting to or conferring to the Buyer any right, license or otherwise, expressly, impliedly or otherwise, with respect to any of the intellectual property rights, other than as expressly specified in this Agreement.
3. Notwithstanding anything herein to be contrary, the Seller assumes no liability whatsoever if an infringement claim arises out of compliance with the Buyer's design or specification, and the Buyer shall indemnify and hold the Seller and the supplier and the manufacturer of the Products harmless from and against all claims, losses, liabilities or

obligations arising as a result of such infringement or alleged infringement.

———●————●———

第13条　侵害

1. 売主は本製品が第三者のいかなる特許権，著作権その他の知的財産権を侵害していないことを保証する。本製品がそれら知的財産権を侵害していると第三者からクレームを提起されたときは，売主は，自己の費用で当該クレームを防御し解決する。買主はかかるクレームを書面にて売主に通知しなければならず，売主は本製品による特許権，商標権，意匠権，著作権などのいかなる知的財産権の侵害から生じる責任について，買主を補償しなければならず，買主に損害を被らせてはならない。ただし，買主は，そのような侵害を知っていた場合，または侵害の可能性を知り得るべきだった場合は，責任を負う。
2. 買主は知的財産権およびそれより派生する権利が売主もしくは本製品の供給者または製造業者に帰属することを了解する。買主はいかなる国においても知的財産権に対する権利，所有権，権益を取得したり取得することを企図してはならない。本契約のいかなる条項も，とくに明示されたものを除いて，買主に対して知的財産権に関する権利，ライセンスを明示または黙示的に付与するものではない。
3. 本契約のいかなる条項にかかわらず，侵害クレームが買主のデザインまたは仕様により生じた場合，売主はいかなる責任も負わないものとし，買主はかかる侵害または侵害の申立により生じた一切のクレーム，損失，責任，義務から売主および本製品の供給者と製造業者を保護し，補償しなければならない。

Article 14. TERM

This Agreement shall remain in full force and effect for an initial term for three (3) years after the execution hereof, unless earlier terminated as provided in this Agreement. This Agreement shall be automatically renewed for additional periods of one (1) year, unless either party hereto gives a notice to terminate this Agreement to the other party three (3) months prior to the expiration of the initial term or any subsequent term.

―――――●   ●―――――

第14条　契約期間

本契約は，本契約の規定によって早期に終了しない限り，当初は締結日より3年間とする。本契約の一方の当事者が，当初期間または更新された期間が満了する3ヶ月前までに，他方当事者に対し，本契約を解除する旨を通知しなかった場合には，本契約は自動的にさらに1年間更新される。

> 注）　契約期間ははっきり決めておいたほうが安心です。期間を定めない契約は一応永久に有効ですが，いつどのような場合に解除できるのかを決めておかなければ紛争のもととなりかねません。

Article 15. TERMINATION

1. Either party may terminate this Agreement by notifying the other party in writing;
   (1) if the other party winds up or goes into liquidation, dissolution, bankruptcy, insolvency, or
   (2) if the other party breaches any provision hereof.
2. Termination of this Agreement shall not relieve either party of any liability arising prior thereto or any liability which by its terms is to

take effect upon termination.

———————●　　●———————

第15条　解除

1. 以下の場合，いずれの当事者も，相手方に書面で通知して，本契約を解除できる。
   (1) 相手方が清算，解散，破産，支払不能となる場合，または
   (2) 相手方が本契約の規定に違反した場合。
2. 本契約が解除されても，解除前に生じていた義務や解除によって生じる各当事者の責任を免除するものではない。

   注）　どういう場合に解除できるかをはっきりさせておくことが肝要です。契約がいつ終了するかをはっきりさせておかないと紛争のもとになります。契約の終了は期間満了の場合だけでなく，解除による場合もあります。したがって，どのような場合に解除できるかを明確に定めておく必要があります。契約を解除できる理由の主なものは，「相手方の信用の悪化」「相手方の契約違反」「不可抗力」および「一定の猶予期間をおいた通知」です。

Article 16. FORCE MAJEURE

1. The Seller shall not be liable for any delay, non-performance or any other default in performance of the obligations hereunder due to the occurrence of any event of force majeure, which includes prohibition of exportation, operation of laws, regulations and orders, war, riot, strike, fire, explosion, flood, typhoon, hurricane, tidal wave, earthquake, act of God, and any other causes beyond the reasonable control of the parties.
2. On the occurrence of any event of force majeure, the Seller shall have the option either;
   (a) to extend the time of performing affected obligations during such period as the event of force majeure continues, or

(b) to terminate this Agreement.

If the Seller exercises such option, the Buyer shall accept such extension of time or termination, as the case may be, without any claim against the Seller.

──────●──────●──────

第16条　不可抗力

1. 売主は，不可抗力により生じた，本契約に基づく義務の履行の遅滞，不能，その他の不履行について，責任を負わない。不可抗力とは，輸出禁止，法律，規則，命令の施行，戦争，内乱，ストライキ，火災，爆発，洪水，台風，ハリケーン，高潮，地震，天災，その他両当事者が合理的に支配できない事由を含む。

   注）何が不可抗力にあたるかをはっきりさせておくことが肝要です。

2. 不可抗力が生じた場合，売主は，
   (a) 不可抗力が継続する間，影響を受けた義務の履行の期限を延長するか，または
   (b) 本契約を解除できる。

   売主がそのような選択をした場合，買主は，売主に対していかなる請求もせずに，そのような延長または解除に応じなければならない。

Article 17. TAXES AND CHARGES

The Buyer shall bear all taxes, import duties and any other charges in connection with the performance hereof.

──────●──────●──────

第17条　税金・諸費用

買主は，本契約の履行に関するあらゆる税金，関税，その他の公課を負担しな

ければならない。

 注） 税金や諸費用の負担を明確にしておくことは，予想外の出費を防止するためにも必要です。

Article 18. ASSIGNMENT

Neither party hereto may assign to any third party this Agreement or any right or obligation under this Agreement, without prior written approval from the other party.

―――――●――――●―――――

第18条　譲渡

いずれの当事者も，相手方の事前の書面による承諾を得ずに，第三者に対し，本契約または本契約に基づく権利もしくは義務を譲渡してはならない。

 注） 知らないうちに契約や契約上の権利義務の地位が第三者へ譲渡されることを許すと，譲り受けた相手が競争相手であったりする不都合が生じたりするため，同意なしでは勝手に譲渡できないようにしておくことが肝要です。

Article 19. WAIVER

No waiver of any right hereunder shall be deemed to be a waiver of the same right on any other occasion.

―――――●――――●―――――

第19条　権利放棄

本契約に基づく権利を一旦放棄しても，それは他の機会における同じ権利の放棄とはみなされない。

Article 20. SEVERABILITY

If any provision of this Agreement is later held invalid, the remaining provisions shall continue to be valid.

───●────●───

第20条　分離可能性

本契約書中の一部の条文が後に無効と判断されても、残りの条文は引き続き有効であるものとする。

Article 21. NOTICE

All notices hereunder shall be written in the English language and be delivered by hand or sent by registered airmail or cable to the following address;

To the Seller: _____
To the Buyer: _____

───●────●───

第21条　通知

本契約に基づくあらゆる通知は、英語で書かれ、直接手渡しされるか、または以下の住所に宛てて書留航空郵便または電報で送付されなければならない。
売主宛（宛先の氏名、住所等を具体的に記載）
買主宛 _____

Article 22. CONFIDENTIALITY

Neither party hereto shall, without prior written consent from the other party, disclose to any third party the Confidential Information received from the other party in the course of performance of this Agreement.

―――――――――●――――●―――――――――

第22条　守秘義務

いずれの当事者も，相手方の書面による事前の同意なしに，第三者に対し，本契約の履行の過程で相手方から取得した秘密情報を開示してはならない。

注1）　契約当事者が守秘義務を負うのは当然ですが，契約当事者以外にも秘密情報に接する者はいます。当事者会社の役職員や下請業者などです。そのような者から秘密情報が漏れるのを防ぐために，以下のような条項が挿入されることがあります。

The recipient party may disclose the Confidential Information only to such party's employees who have a need to know such Confidential Information and only to the extent necessary. (開示を受けた当事者は，その当事者の従業員で秘密情報を知る必要がある者に対してのみ，かつ必要な範囲においてのみ，秘密情報を開示できる。)

2）　従業員に対して秘密情報を開示する場合には，当該従業員との間で「秘密遵守契約」を結ばなければならないとする以下のような文言を挿入することもあります。

The recipient party shall enter into a confidentiality agreement with the employee to whom the Confidential Information is to be disclosed in accordance with the preceding paragraph. (開示を受けた当事者は，前項に従い秘密情報を開示しようとする場合には，開示を受けようとする従業員との間で秘密遵守契約を締結しなければならない。)

3）　契約の有効期間内に守秘義務が有効なことは当然ですが，契約の終了後をどうするかについても定めておくことが肝要です。なぜなら，契約が終了すれば自由にもらしていいということでは困るからです。通例は，守秘義務は契約終了後も存続する（あるいは，契約終了後〇年間存続する）と定めておきます。

Article 23. ENTIRE AGREEMENT

This Agreement constitutes the entire agreement between the parties hereto with respect to the subject matter hereof and supersedes all prior communications and agreements with regard to the same.

―――――――――●――――●―――――――――

第23条　完全合意

本契約は，本件についての両当事者の合意のすべてであり，本件についてのすべての従前の通信および合意に取って代わるものである。

> 注)　契約書が調印されるまでには当事者間で契約書案を交換したり，契約の諸条件について議論したり，さまざまなやりとりが交わされます。英米においては，契約書が当事者の合意をすべてもれなく記載した唯一の証拠とされ，それ以外の合意の効力を認めないとする原則があります。それを明示したのが完全合意の規定です。契約書は，この条文の有無にかかわらず，必要なことはもれなく規定しておくことが大切なのです。

Article 24. GOVERNING LAW

This Agreement shall be governed by and construed in accordance with the laws of Japan.

―――●　　●―――

第24条　準拠法

本契約は日本法に準拠し，それに従って解釈されるものとする。

> 注)　"be governed by" と "be construed in accordance with" とは同じ意味です。当事者がどの法律を適用するかについて何も合意しない場合，裁判を行う場所の国際私法 (Private International Law) または抵触法 (Conflict of Laws) と呼ばれる原則によって，どの法律を適用するかが決まります。日本では「法例」という法律がこれにあたります。しかし，どの国の法律が適用されるかを予測することは困難です。そこで，あらかじめどこの国の法律を適用するかを合意しておく必要があるのです。自分の所在国の法律を準拠法とできれば望ましいのです。
> 　中南米に所在する企業と契約する場合には，その国以外の法律を準拠法として契約書で定めていてもそれを無効として，その国の法律を強制的に適用されることがありますので要注意です。

Article 25. ARBITRATION

All disputes, controversies or differences which may arise between the parties hereto, out of or in relation to or in connection with this Agreement or the breach hereof, shall be finally settled by arbitration pursuant to the Japan-American Trade Arbitration Agreement of September 16, 1952, by which each party hereto is bound.

───────● ●───────

第25条　仲裁

本契約からもしくは本契約に関連して当事者の間に生じることがあるすべての紛争，論争もしくは意見の相違，または本契約の違反は，1952年9月16日付日米商事仲裁協定に従い，仲裁によって最終的に解決するものとし，本契約の当事者はこれに拘束される。

> 注）　日米商事仲裁協定では，仲裁人の選任の定めがなく，仲裁を行う場所（国）の仲裁協会が仲裁人を選任することとなっています。また，協定では，両当事者の合意がない限り，各仲裁協会が1名ずつの仲裁委員を選任し，その2名の仲裁委員が3人目の仲裁委員を選任し，その3名が協議して仲裁手続を行う場所を決めることとなっています。さらに，協定によれば，仲裁を日本で行う場合には日本商事仲裁協会の規則に従い，米国で行う場合は米国仲裁協定の規則に従うことになっています。仲裁条項を規定する場合には，上記の「誰が」「どこで」「どのような手続で」を明記しておくことが肝要です。仲裁ではなく裁判で白黒をつけたい場合には，裁判管轄の規定を定めておくことが必要でしょう。

IN WITNESS WHEREOF, the parties hereto have caused this Agreement to be executed by their duly authorized representatives in duplicate as of the day and year first above written, each party retaining one original.

───────● ●───────

上記を証するため，両当事者は表記の日付において，その代表者により本契約書2通に署名させ，その原本1通ずつをもつ。

> 注）　末尾文言（Execution Clause）といい，たしかに合意し両当事者の権限ある代表によって署名する旨を宣言したものです。

The Seller: 売主

_____   _____
Name & Title   氏名及び肩書

The Buyer: 買主

_____   _____
Name & Title   氏名及び肩書

注) 署名する人が契約書に書かれた本人であることを確認することに加え，その署名者が本当に会社を代表する権限があるのかを確認する必要があります。契約の当事者が外国の会社の場合，日本の登記簿のような便利な制度がないことが多く，署名する人が本当に会社を代表する権限をもっているのかどうかを確認する方法を検討しなければならないこともあります。そのためによく用いられるのは，相手方の取締役会決議書謄本や公証人の証明書とか弁護士の意見書などがあります。

② 独占的販売店契約

EXCLUSIVE DISTRIBUTORSHIP AGREEMENT

THIS AGREEMENT is made and entered into this ___day of ___, ___, by and between (Supplier's Name), a corporation organized and existing under the laws of Japan, with its principal place of business at _____, Tokyo, Japan (hereinafter called "Supplier") and (Distributor's Name), a corporation organized and existing under the laws of the State of New Jersey, with its principal place of business at _____, New Jersey, USA (hereinafter called "Distributor").

――――● ●――――

独占的販売店契約

本契約は，__年__月__日，日本法により設立され存続しており日本国東京都__ _____に主たる事業所を有する法人である株式会社_____（以下，「供給者」という）とニュージャージー州法により設立され存続しておりアメリカ合衆国ニュージャージー州_____に主たる事業所を有する法人である_____（以下，「販売店」という）との間で締結された。

RECITALS

WHEREAS, the Supplier has been engaged in the manufacture and marketing of certain electric products (hereinafter called "Products") as listed in Exhibit A hereto and desires to expand the sale the Products.

WHEREAS, the Distributor is engaged in distributing various products and desires to act as an independent distributor of the Products under the terms and conditions set forth herein.

WHEREAS, the Supplier and the Distributor recognize that in order to market and sell the Products effectively in the territory described in Exhibit B (hereinafter called "Territory"), it is necessary that they shall be marketed and sold through the Distributor.

NOW, THEREFORE, in consideration of the mutual agreements hereinafter set forth, the parties agree as follows.

―――――● ●―――――

前文

供給者は，本契約書添付の別紙Aに記載された電気製品（以下，「本製品」という）を製造し販売しており，本製品の拡販を希望している。

販売店は，種々の製品を販売しており，本契約書記載の条項に従い本製品の独立した販売店として活動することを希望している。

供給者と販売店は，別紙B記載の地域（以下，「本件販売地域」という）内で本製品を効果的に販路を広げ販売を行うためには，販売店を通じて行うことが必要であることを認識している。

したがって，以下の合意を約因として，両当事者は次のとおり合意する。

注） RECITALS の代わりに WITNESSETH と記載されることもあります。
　　 RECITALS の語が使用される場合，頭書部分の文末はコンマではなく，ピリオドとなります。

Article 1. APPOINTMENT

The Supplier hereby appoints the Distributor as its sole and exclusive distributor to sell the Products in the Territory subject to the terms and conditions set fort herein and the Distributor hereby accepts such appointment.

第1条　指名

供給者は，本契約に定める条項に従い，販売店を本件販売地域において本製品を販売する独占的な販売店に指名し，販売店はこの指名を受諾する。

　注）　販売店の指名及びその受諾は販売店契約の基本です。

Article 2. RELATIONSHIP

The relationship between the Supplier and the Distributor in this Agreement shall be solely that of seller and buyer. The Distributor is an independent contractor and is not the relationship of employment, joint venture, partnership, legal representative or agent of the Supplier for any purpose. The Supplier's appointment to the Distributor as its distributor does not transfer any right, title or interest in the Products to the Distributor.

第2条　当事者の関係

本契約における供給者および販売店の関係は，売主および買主の関係のみとする。販売店は，独立した当事者であり，いかなる目的においても，雇用，合弁，パートナーシップ，供給者の法律上の代理人の関係ではない。供給者による販売店指名は，本製品に内在するいかなる権利または利益をも販売店に移転するものではない。

　注）　この条項は，両者の取引関係が売買関係であること，すなわち，委託販売や代理店関係ではないことを示すものです。

Article 3. EXCLUSIVITY

1. The Distributor shall sell the Products only in the Territory and shall not directly or indirectly sell or export the Products to any party outside the Territory.
2. The Supplier shall not directly or indirectly offer, sell or export the Products to the Territory through any other channel than the Distributor. The Supplier shall promptly refer to the Distributor any and all inquiries or orders for the Products which the Supplier may receive from any party in the Territory.

———————●   ●———————

第3条　独占性

1. 販売店は，本製品を本件販売地域においてのみ販売するものとし，本件販売地域外のいかなる者に対しても本製品を直接または間接に販売または輸出してはならない。
2. 供給者は，販売店以外の経路を通じて，本製品を本件販売地域に，直接または間接に，販売申込，販売または輸出しないものとする。供給者は本件販売地域内のいかなる者から受けた本商品についてのすべての引合いまたは注文を販売店に取り次ぐものとする。

Article 4. COMPETING PRODUCTS

The Distributor shall not distribute any products in the Territory competing with the Products during the term of this Agreement or any extensions thereof. However, any product which is currently handled by the Distributor is excluded from this restriction.

第4条　競合品

販売店は，本契約期間中またはその延長期間中，本件販売地域内において，本製品と競合するいかなる製品も販売しないものとする。ただし，現在販売店が取り扱っている製品については除外する。

Article 5. ORDER

1. Each order for the Products issued by the Distributor to the Supplier under this Agreement shall be in writing and identified as an order and shall further set forth the description and quantity of the Products.
2. Each individual contract for the sale of the Products formed by the Distributor's submission of acceptances to the Supplier shall be subject to this Agreement. Unless otherwise agreed, relevant provisions in this Agreement shall be applicable to each individual contract to be made hereunder between the parties.

第5条　注文

1. 本契約に基づき販売店から供給者になされる本製品の個別注文は，書面によりそれが注文であるということと本製品の表示および数量を特定しなければならない。
2. 供給者から販売店に注文請書が交付されることによって成立する個別契約は本契約に従うものとする。別段の合意がない限り，本契約中の関連する規定は，本契約に基づき当事者間に作成される個別契約に適用される。

Article 6. DELIVERY

1. All deliveries of the Products sold by the Supplier to the Distributor pursuant to this Agreement shall be made FOB Tokyo, Japan, and title to and risk of loss of the Products shall pass from the Supplier to the Distributor at Tokyo, Japan.
2. The Distributor shall be responsible for arranging all transportation of the Products, but if requested by the Distributor, the Supplier shall, at the Distributor's expense, assist the Distributor in making such arrangements.
3. In the event that the Supplier is requested to assist the Distributor in arranging for transportation, the Distributor shall reimburse the Supplier for all costs relating to such arrangements, including, without limitation, insurance, transportation, loading and unloading, handling and storage following their delivery to the Distributor.

──────●　　●──────

第6条　引渡

1. 本契約に基づき供給者が販売店に売り渡した本製品は、すべてFOB条件により日本国東京港にて引き渡し、本製品の所有権および危険負担は日本国東京港において供給者から販売店に移転する。
2. 販売店は、本製品の一切の運送を手配する義務を負うが、供給者は、販売店から要請があれば、販売店の費用において、販売店がかかる手配を行うことを援助する。
3. 供給者が販売店に対して運送手配を援助する要請を受けたときは、販売店は、供給者に対して、販売店への引渡後の保険、運送、荷積み荷下ろし、手数料および保険料を含み、これらに限られない一切の費用を償還する。

Article 7. PRICE AND TERMS OF SALE

The price and terms of sale of the Products shall be mutually agreed upon in writing by the parties. The Supplier agrees to extend to the Distributor the lowest price on the Products given to any distributor or purchaser for resale, notwithstanding the provisions of this Agreement or the agreement of the parties. In addition, the Supplier agrees to grant to the Distributor the most favorable purchase terms and conditions given to any distributor or purchaser for resale of the Products or similar products or equipment.

―――――● ●―――――

第7条 価格および販売条件

本製品販売の価格および条件は，当事者が書面により相互に合意する。供給者は，本契約および当事者相互の合意にかかわらず，再販売目的で他の販売業者または買主に提供する本製品価格の最低の価格を販売店にも与えることに同意する。さらに，供給者は，本製品または類似の製品もしくは装置の再販売目的で他の販売業者または買主に付与されるもっとも有利な諸条件を販売店にも付与することに同意する。

> 注) この条項は売買価格が決まっていない場合のものです。価格があらかじめ別紙によって定められているときには次のような条項が使用されます。
>
> The prices for the Products are set forth in Exhibit X. All prices are FOB Tokyo, Japan. If the price for any Product is not set forth in Exhibit X and the Distributor nevertheless orders such a Product from the Supplier, the parties shall determine the price by negotiation in good faith. (本件製品の価格は別紙 X 記載の通りである。すべての価格は日本国東京港における FOB による。本件製品中のある製品の価格が別紙 X に記載されておらずかつ販売店がその製品を注文した場合には，両当事者がお互いに誠実に話し合って価格を決定する。)

Article 8. PAYMENT TERMS

All payments shall be made in United States Dollars unless otherwise agreed in Individual Contract. Payment for the Products shall be made by the Distributor by telegraphic transfer to the bank account designated by the Supplier within ___ days after the receipt by the Distributor of the Supplier's invoice.

——————●　　●——————

第8条　支払条件

個別契約で特段の合意がない限り，すべての支払は米ドルで行われなければならない。本製品代金の支払は供給者のインボイスを販売店が受領してから＿日以内に，供給者が指定した銀行口座に電信送金でなされなければならない。

　注）　どこの国の通貨で支払いがなされるかは重要な支払条件の1つで，その旨を挿入しておきます。支払条件に信用状が要求されることもあります。
　　　Each payment shall be by Distributor by an irrevocable letter of credit with 60 days' sight to be opened in Supplier's favor.（販売店による各支払は，供給者を受取人として開設される一覧後60日払取消不能信用状によりなされるものとする。）

Article 9. PURCHASE EFFORTS

The Distributor shall use its best efforts to distribute the Products and fully to develop the market within the Territory.

The parties agree that if the Distributor's best efforts are made as provided for in this Section, a minimum of one million Products (hereinafter called "Annual Market Potential") will be purchased and distributed in the Territory during the first year of this Agreement.

At the beginning of each subsequent year hereunder the parties will consult each other in good faith and agree on the Annual Market Potential applicable to that year; provided, however, that if they cannot agree, the Annual Market Potential for the immediately preceding year will apply to the current year.

第9条　購入努力

販売店は，本件販売地域内において，本製品を販売し，十分に市場を開拓するのに最大限の努力をする義務を負う。

両当事者は，販売店が本条項に定める最大限の努力をした場合には，本契約の最初の年に本件販売地域において最低限100万セットの本製品（以下，「年間市場潜在性」という）が購入され販売されることに合意する。

次年以降の各年の年頭に，両当事者は誠実に協議しその年における年間市場潜在性について合意する。ただし，両当事者がこれを合意できなかった場合には，次年に適用される年間市場潜在性は，当年のものを適用する。

　注）　自社が売り手の場合には，受注の安定化・製造予測を容易にすることの一助となる本条はぜひとも挿入しておくべきです。逆に，自社が買い手の場合には，本条は極力削除しておくのが望ましいこととなります。

Article 10. PACKING

The Supplier shall, at its expense, pack all the Products in accordance with the Supplier's standard packing procedure, which shall be suitable to permit shipment of the Products to the Territory; provided, however, that if the Distributor requests a modification of those procedures, the Supplier shall make the requested modification and the Distributor shall bear any reasonable expense incurred by the Supplier in complying with such modified procedures which are in excess of the expenses which the Supplier would have incurred in following its standard procedures.

第10条　梱包

供給者は，自己の費用で本件販売地域に本製品を発送するのに適切な自己の定める標準梱包手続に従って，すべての本製品を梱包しなければならない。ただし，販売店が当該梱包手続の変更を求めたときには，供給者はその変更依頼に従うものとし，販売店はこれによって供給者に生じる標準梱包手続に要する費用を超える費用につき合理的な費用を負担しなければならない。

Article 11. INSPECTION

1. Within ____ days of receipt of the shipment, the Distributor shall notify the Supplier in writing of any shortages, defects or damage which the Distributor claims existed at the time of delivery.

   Within ____ days after the receipt of such notice, the Supplier shall investigate the claim of shortages, defects or damage, inform the Distributor of its findings, and deliver to the Distributor the Products to replace any which the Supplier determines, in its sole discretion, were missing, defective, or damaged at the time of delivery.
2. Unless notice is given as provided in this Article, the Distributor shall be deemed to have accepted such Products and to have waived all claims for shortages, defects, or damage.

―――――●　●―――――

第11条　検査

1. 販売店は，荷物を受領後__日以内に，供給者に対して書面により引渡時に存在した，販売店がクレームの対象とする不足，瑕疵，または損傷を通知しなければならない。

   供給者は，その通知を受領後__日以内に，不足，瑕疵，または損傷のクレ

ームを調査し，販売店に対して調査結果を報告し，供給者が自分の裁量で，引渡時に不足，瑕疵，または損傷が存在したと判断したときは，交換のための本製品を引き渡さなければならない。
2. 本条に定めるところにより通知がなされなかったときには，販売店は当該本製品を受け入れたものとみなされ，不足，瑕疵，または損傷に係る一切のクレームを放棄したものとみなされる。

注）日本の商法では，商人間の売買では買主は目的物を受け取って遅滞なく検査しなければならず，瑕疵や数量不足を発見したときはただちに売主に通知しなければならないこととなっています。

Article 12. QUALITY

The Supplier agrees to export Products of a high quality meeting the requirements in accordance with the specifications defined in Exhibit 1.
In case the quality of the Products shipped to the Distributor turns out not to meet the above quality requirements, the Distributor can claim a replacement against those inferior Products or cancellation of the individual contract and accordingly the Supplier shall accept this claim or cancellation from the Distributor and shall be responsible for all damages which the Distributor has incurred or will incur.

―――――●　●―――――

第12条　品質

供給者は，別紙1で定められた仕様に従った条件に合致する高品質の本製品を輸出することに同意する。
販売店へ発送される本製品の品質が上記品質条件に合致しないことが判明した場合，販売店は，それら品質の劣る本製品の交換または個々の個別契約の解除を要求することができ，供給者は販売店からの当該要求または解除を受諾しな

ければならず，販売店が被った，または将来被るべきすべての損害を負担する責任を負う。

注）　商品によっては，商品の欠陥により重大な事故を引き起こす場合もあります。損害額をその製品の価格に限定する等の責任の限定が合意されることがありますが，ケースによっては公序良俗に反して無効とされることもありますので要注意です。この条項との関連で製造物責任があります。海外に輸出する場合には，相手国の法制で判断されます。海外の製品が日本に輸入される場合は，輸入業者が製造物責任を負います。

Article 13. INFRINGEMENT

The Supplier shall be responsible for any claim of infringement or alleged infringement of patents, designs, trademarks, copyrights or other rights brought by a third party in relation to the Products, and the Supplier shall pay all damages and costs awarded therein against the Distributor or its customers.

In the event of any claim of infringement of any of the Products, the Distributor, at its option, may cancel this Agreement and may return to the Supplier for full credit the unused portion of the Products delivered pursuant to it.

第13条　侵害

供給者は，本製品に関連して第三者が提起する特許，意匠，商標，著作権またはその他の権利の侵害または申し立てられた侵害の請求について責任を負うものとし，供給者は，販売店またはその顧客に対し，それらについて裁定される損害額および費用の全額を支払わなければならない。

本製品による権利侵害のクレームがあった場合，販売店は自己の選択で本契約を解除し，契約に従って引渡を受けた契約品の未使用部分を供給者へ返還することができ，供給者はこれを受け入れ，販売店が支払った代金を返還しなけれ

ばならない。

Article 14. TRADEMARK

1. During the term of this Agreement, the Distributor is authorized by the Supplier to use and agrees to use the Supplier's trademarks and the Supplier's logos in connection with the Distributor's advertisement, promotion and distribution of the Products in the Territory.
2. The Distributor will submit each draft material for advertisements, promotion and any other proposed use by the Distributor of the Supplier's trademarks or logos to the Supplier for review and approval prior to initial release, which approval will not be unreasonably withheld.
3. The Distributor's use of the Supplier's trademarks and logos will be in accordance with the Supplier's then current policies, including but not limited to, trademark usage and cooperative advertising policies.
4. Upon expiration or termination of this Agreement, the Distributor shall immediately cease all display, advertising and use of all of the Supplier's names, trademarks and logos and shall not thereafter use, advertise or display any name, trademark or logo which is, or any part of which is, similar to, or may be confused with any such Supplier's names, trademarks and logos, or the Product.
5. The Distributor agrees to notify the Supplier of any known or suspected infringement of the Supplier's intellectual property rights that comes to the Distributor's attention.

第14条　商標

1. 本契約期間中，販売店は本件販売地域内での本製品の広告，販売促進および販売に関して，販売店が供給者の商標およびロゴを使用することを供給者に承諾されており，またそれらを使用することに同意する。
2. 販売店は，当初出荷の前に供給者が目を通し供給者の承諾を得るため，供給者に対して販売店による供給者の商標またはロゴの各宣伝，販売促進その他の申し出による仕様にかかる資料を申請しなければならない。供給者は，その承認を不合理に差し控えてはならない。
3. 販売店による供給者の商標およびロゴの使用は，商標の使用・協力宣伝方針を含み，これらに限らない供給者のその時点での方針に従うものとする。
4. 本契約が終了した際は，販売店はただちにすべての供給者の名称，商標およびロゴの一切の陳列，宣伝および使用を停止し，以後供給者の名称，商標，ロゴおよび本件商品と一部または全部に類似または誤認を生じる名称，商標およびロゴの一切の陳列，宣伝および使用をしてはならない。
5. 販売店は，販売店の目にとまった供給者の知的所有権に対する侵害を知り，またはそのおそれが疑われるときは，供給者へ通知することに合意する。

Article 15. ADVERTISING

The Distributor shall be entitled, during the term of the distributorship created by this Agreement and any extension thereof, to advertise and hold itself out as an authorized Distributor of the Products.

第15条　広告宣伝

販売店は，本契約により販売店である期間中およびその更新期間中，自分が本製品の正規販売店であることを宣伝広告することができる。

Article 16. CONFIDENTIALITY

The Distributor acknowledges that in the course of performing its obligation hereunder it will receive information which is confidential and proprietary to the Supplier.

The Distributor agrees not to use such information except in performing of this Agreement and not to disclose such information to third parties.

Such confidential and proprietary information of the Supplier consists of the terms of this Agreement, the Supplier's current and future business plans, and other information which is stamped or marked as confidential by the Supplier and any other information disclosed by the Supplier if, within three weeks of disclosure, whether orally or by way of written documents, the Supplier identifies by written notice to the Distributor the confidentiality of such information.

The foregoing restrictions will not apply to information that (a) has been independently developed by the Distributor other than pursuant to this Agreement, (b) has become publicly known through no wrongful act of the Distributor, (c) has been rightfully received from a third party, (d) has been approved for release by the Supplier in writing, or (e) is required to be disclosed by law.

―――――●　　●―――――

第16条　守秘義務

販売店は，本契約の義務を履行する過程において，供給者にとって秘密であり財産的価値を有する情報を受け取ることがあることを認識している。

販売店は，本契約の履行の場合を除き，かかる情報を使用し，または第三者にこれを開示しないことに合意する。

かかる供給者の秘密かつ財産的価値を有する情報は，本契約条項，供給者の現

在・将来のビジネスプラン，供給者が秘密と押印またはマークをしたその他の情報，および口頭または書面を問わず供給者が秘密として開示し，開示のときから3週間以内に供給者が販売店に対しその情報が秘密であることを書面により通知したその他の情報を含む。

上記制限は，(a)本契約によることなく販売店により独自に開発され，(b)販売店の違法行為によらずに公知になり，(c)第三者から正当に受け取り，(d)開示につき供給者による書面の同意があり，または(e)法律により開示が求められる情報には適用されない。

> 注) 日本の不正競争防止法では，「営業秘密」という用語を「秘密として管理されている生産方法，販売方法その他の事業活動に有用な技術上又は営業上の情報であって，公然と知られていないものをいう」(同法第2条4項) と定義しています。

Article 17. TRAINING

As promptly as practicable after execution of this Agreement, the Supplier shall provide the Distributor with information, materials manuals and other technical documents necessary to enable the Distributor in perform its obligation under this Agreement. Throughout the term of this Agreement and any extension thereof, the Supplier shall continue to give the Distributor such technical assistance as the Distributor may reasonably request.

The Distributor shall reimburse the Supplier for all reasonable out of pocket expenses incurred by the Supplier in providing such technical assistance.

第17条　訓練

本契約締結後，供給者は可及的速やかに販売店に対して販売店が本契約を履行するのに必要な情報・資料・マニュアル・その他の技術文書を提供しなければ

ならない。本契約期間およびその更新された期間を通じて，供給者は販売店に対し販売店が合理的に要求する技術援助を継続的に与えるものとする。

販売店は，供給者に対し当該技術援助の供与につき供給者に生じた合理的な実費をすべて償還しなければならない。

Article 18. TERM

This Agreement shall come into force on the date first above written, and unless earlier terminated, shall remain in force for a period of three (3) years and shall be automatically renewed and continued on a year to year basis unless either party expresses its intention not to renew or continue this Agreement by written notice to the other party at least three (3) months before the expiration of the original term or any such extended term of this Agreement.

第18条 契約期間

本契約は，冒頭記載日に効力を生じ，それ以前に終了されない限り3年間有効であるものとし，当事者のいずれかが当初期間または更新期間の満了の3ヶ月前までに相手方に対して本契約を更新しない旨の書面による意思表示をしない限り，1年ごとに自動的に更新され継続されるものとする。

Article 19. TERMINATION

1. In the event that either party fails to perform any obligation hereunder or otherwise commits any breach of this Agreement, the other party may terminate this Agreement by giving to the party in default a written notice, which shall become effective ten (10) days after the said

notice has duly been delivered to the party in default, unless the failure or breach is corrected within said ten (10) days period.
2. In the event that any proceeding for insolvency or bankruptcy is instituted by or against either party or a receiver is appointed for such party, or that the Distributor is merged, consolidated, sells all or substantially all of its assets, or implements or undergoes any substantial change in management or control, the other party may forthwith terminate this Agreement.

──────────●──●──────────

第19条　契約解除

1. 当事者のいずれかが，本契約に基づく義務の履行を怠り，またはその他本契約違反を犯した場合，相手方当事者は適法に交付されてから10日後に効力を生じる書面の通知を不履行当事者に対して行うことにより本契約を解除することができる。ただし，その不履行または違反がその10日の期間内に是正されたときは解除の効力は生じない。
2. 支払不能もしくは破産手続が当事者のいずれかによりもしくはこれに対して開始されるか，または財産管理人がその当事者のために選任され，もしくは販売店が吸収，合併され，実質的にすべての財産を譲渡し，または経営もしくは会社支配に重大な変更がなされた場合，相手方当事者はただちに本契約を解除できる。

注）　催告による解除と無催告解除の場合を分けています。

Article 20. EFFECT OF TERMINATION

Upon termination or expiration of this Agreement;
(1) The due date of all outstanding invoices to the Distributor for the Products will be automatically accelerated so they become due and

payable by immediate wire transfer on the effective date of termination or expiration, even if longer terms had been provided previously.
(2) All orders thereof remaining unshipped as of the effective date of termination or expiration shall automatically be cancelled.

第20条　契約終了の効果

本契約が終了したとき，
(1) 本製品に係る販売店に対する支払請求書の支払期日は，長い支払期限が以前から付与されていたとしても，解除または終了の効力発生日に自動的に期限が到来し，ただちに電信送金にて支払われなければならない。
(2) 解除または終了の効力発生日に船積みされていない注文は自動的に取り消されたものとする。

 注) 継続的契約の終了については，各国で自国民保護の法制をとっているところもあるようですから，相手国の法制の調査が必要です。

Article 21. WAIVER

Failure of either party hereto to enforce any provisions of this Agreement or any right in respect thereof or to exercise any election provided for herein shall in no manner be deemed to be a waiver of such provisions, rights, or elections or in any way affect the validity of this Agreement.

Failure of either party to exercise any of said provisions, rights, or elections shall not preduduce such party from later enforcing or exercising the same or any other provisions, rights, or elections which it may have under this Agreement.

第21条　権利放棄

いずれかの当事者が本契約の条項のいずれかまたはこれに関する権利のいずれかの強制を行わずまたは本契約上の選択権の行使を行わない場合であっても、かかる条項・権利・選択権を放棄したものとみなされることはないし、いかなる意味でも本契約の有効性に影響を与えない。

いずれかの当事者がかかる条項・権利または選択権の行使を怠った場合であっても、後に同一または他の条項・権利または本契約上の選択権を強制しまたは行使することを妨げない。

Article 22. NOTICE

All price increase, notices, and demands hereunder shall be given by certified airmail or facsimile and confirmed by international airmail mailed on the same date, and will be deemed given upon the earlier of actual receipt or one day after sending of the facsimile to the addresses for the respective parties set forth below, as they may be changed by proper notice from time to time.

―――――●　●―――――

第22条　通知

本契約におけるすべての値上げ、通知および要求は、各当事者の随時適正な通知により変更可能な下記住所に対して配達証明付航空郵便またはファクシミリにて行われ、同日郵送される国際郵便により確認されるものとし、現実の受領時かファクシミリ送信の翌日のいずれか早い日に到達したものとみなす。

注）　国際間では通知の方法が重要です。また、「送った」「着かない」の紛争を避けるために到達したものとみなす規定が設けられます。ただし、契約解除などの重要な法律行為については現実に到達していないと効力が認められない場合もありますので、相手方に確実に到達するように複数の方法で意思表示をしておくことが肝要です。

Article 23. FORCE MAJEURE

Neither party shall be responsible fro any failure or delay in the performance of any obligation imposed upon it hereunder (except for the payment of monies due), nor shall such failure or delay be deemed to be a breach of this Agreement if such failure or delay is due to circumstances of any nature whatsoever which are not within its control and are not preventable by reasonable diligence on its part.

―――――●　　●―――――

第23条　不可抗力

いずれの当事者も，本契約に基づく義務の不履行または履行遅滞（支払期限にある金銭債務は除く）が当事者の直接の制御可能下になく，当事者側の相当の注意によって回避できない何らかの性質の事情による場合，当該不履行または遅延の責任を負わないものとし，当該不履行または遅延は本契約の違反とはみなされない。

注）不可抗力についても，天変地異による場合（Act of God）と供給者側の事情による工場の火災，ストライキなどがあります。後者も含める場合には，どのような事由が不可抗力に該当するのか列記しておくのが望ましく紛争の予防となります。列記する場合は，上記条文の「…due to」の後に不可抗力事項を列記することとなります。

Article 24. ASSIGNABILITY

This Agreement, including all rights and obligations in whole or in part, shall not be assigned by either party to any third party without the prior written consent of the other party.

―――――●　　●―――――

第24条　譲渡可能性

本契約は，一切の権利および義務を含め，全部または一部を問わず，相手方の書面による事前の同意なくしては，いかなる第三者にも譲渡されないものとする。

> 注）　継続的な契約では相手方が誰であるかは契約の重要な要素です。一方が相手方の承諾もなく勝手に契約上の地位を譲渡すれば致命的なことになりかねないので，事前の同意を要求する条項を設けておくべきです。

Article 25. TRADE TERMS AND GOVERNING LAW

The trade terms under this Agreement shall be governed and interpreted by the provisions of International Commercial Terms (INCOTERMS), 2000, ICC.

This Agreement shall be governed by, and construed in accordance with, the laws of Japan as to all matters, including validity, construction and performance.

―――――●　　●―――――

第25条　貿易条件および準拠法

本契約における貿易条件は，ICC（国際商業会議所）の2000年版国際貿易条件基準（インコタームズ）の規定によって支配され，解釈されるものとする。

本契約は，効力，解釈および履行を含むすべての事項について，日本法に準拠し，それに従って，解釈されるものとする。

Article 26. ARBITRATION

All disputes, controversies or differences which may arise between the parties hereto, out of or in relation to this Agreement, shall be finally settled by arbitration in Tokyo, Japan in accordance with the Commercial Arbitration Rules of The Japan Commercial Arbitration Association.

The award rendered by arbitrator(s) shall be final and binding upon both parties.

———●———●———

第26条　仲裁

本契約から，またはこれに関して，もしくは関連して生じる一切の紛争，論争または意見の相違は，日本国東京において㈳日本商事仲裁協会の商事仲裁規則に従い，仲裁により最終的に解決される。

仲裁人による仲裁判断は最終的であり，両当事者を拘束するものとする。

　　注）　本条項は，日本の社団法人日本商事仲裁協会が定めた標準条項例（Standard arbitration clause）を採用したものです。

Article 27. SEVERABILITY

If any provision of this Agreement is held by a court of competent jurisdiction to be illegal or invalid, the remainder of the provisions shall remain effect.

———●———●———

第27条　分離可能性

本契約の条項のいずれかが，管轄権を有する裁判所によって違法または無効と判断された場合であっても，本契約中の残りの条項はなお有効であるものとする。

Article 28. ENTIRE AGREEMENT

This Agreement and all exhibits hereto constitute the entire agreement between the parties hereto pertaining to distributorship of Products and supersede any and all written or oral agreements previously existing between the parties.

No modification, change, or amendment of this Agreement shall be binding upon either party except by the mutual express consent in writing at a subsequent date signed by an authorized officer or representative of each of the parties hereto.

第28条　完全合意

本契約および本契約添付のすべての別紙は，本製品の販売権に関する当事者間の完全な合意を構成し，当事者間における従前の書面または口頭による一切の合意は効力を失う。

各当事者の権限を有する役員または代表者が本契約締結日以後の日付で署名した書面により相互に明示的に合意した場合を除き，この契約の修正・変更・改訂は両当事者を拘束しないものとする。

Article 29. HEADINGS

The headings to the Articles contained herein are for reference only and will not be considered substantive parts of this Agreement.

第29条　見出し

本契約条項の見出しは，参照の便宜のみの目的のものであり，本契約の一部を

構成するものではない。

注) 次のような表現もあります。
The headings to the Articles of this Agreement are to facilitate reference only, do not form a part of this Agreeemnt and shall not in any way affect the interpretation of this Agreement. (本契約条項の見出しは, 参照の便宜のみの目的のものであり, 本契約の一部を構成するものではなく, いかなる場合でも本契約の解釈に影響を与えない。)

IN WITNESS WHEREOF, the parties hereto have executed this Agreement as of the date first above written.

以上の合意の証として, 両当事者は頭書日付にてここに本契約を締結した。

(Supplier)　　　　　　　　（供給者）

(Signature)_____　　　（署名）_____
Printed Name, Title　　　　　　氏名, 肩書

(Distributor)　　　　　　　（販売店）

(Signature)_____　　　（署名）_____
Printed Name, Title　　　　　　氏名, 肩書

③ 個別契約申込書（発注書）記載の裏面約款

　注文書（個別契約の申込）の裏面には，商品売買取引基本契約書記載の契約条項のうち，重要な部分を記載しておくことが大半ですが，当該個別取引に適用したい特別な条件が記載されることもあります。基本契約と個別契約記載の条件が異なる場合には個別契約の条件が優先されることになりかねませんので，相手から入手した注文書の裏面に約款が記載されている場合には，基本契約で定めた取引条件と異なるものがないか，慎重に点検することが肝要で，相違していれば反論するか注文請書上で「注文書裏面記載のこの点とこの点には承服できず，以下条件とする。Since we cannot accept ＿ and ＿ in the terms and conditions indicated at the back of your order sheet, we supply the Products on conditions below;」のごとく注文を受諾するための条件を記載しておくべきです。

　裏面約款は，「Article 1.」のごとく記載されることもありますが，単に「1．，2．…」のごとく記載されることが多いようです。

GENERAL TERMS AND CONDITIONS　一般条件

Article 1. NO ADJUSTMENT

The price specified on the face of this Contract shall be firm and final, and not be subject to any adjustment as a result of a change in Seller's cost which may occur due to change in material or labour costs or freight rates or insurance premiums, or any increase in taxes or duties or imposition of any new taxes or duties.

―――――●　　●―――――

第1条　調整禁止

本契約書の表面に記載された価格は確定かつ最終であり，材料費，労務費，運賃，保険料，諸税・公課の増加，または新規課税に起因する売主の費用の変更による価格調整はなされないものとする。

Article 2. CHARGES

All taxes, export duties, fees, banking charges and/or any other charges incurred on the Goods, containers and/or documents arising in the country of shipment and/or origin shall be borne by Seller.

第2条 諸費用

貨物，コンテナおよびまたは船積書類に関して，船積国およびまたは原産地国において発生したすべての租税，輸出関税，公課，銀行手数料およびまたはその他のいかなる費用も売主負担とする。

Article 3. SHIPMENT

Seller agrees to ship the Goods within the period stipulated on the face of this Contract. In the event Seller fails to make timely shipment of the Goods, Buyer may, upon written notice to Seller, immediately terminate this Contract or extend the period for shipment, in either event without prejudice to any of the rights and remedies available to Buyer.

Seller shall notify immediately to Buyer upon completion of loading on the vessel(s) or aircraft(s) stipulated on the face of this Contract the particulars of shipment including this Contract number, vessel's name or flight number, sailing date, loading port, description of the Goods and package, quantity loaded, invoice amount and any other particulars essential to this Contract.

第3条　船積

売主は，本契約書の表面記載の期間内に貨物を船積することに合意する。売主が貨物を適時に船積みできない場合は，買主は，売主に書面で通知することにより，本契約を即時に解除するか，または船積期限を延長できるが，いずれの場合でも，買主の権利や買主に対する救済措置を阻害するものではない。

売主は本契約書の表面に記載されている船舶または航空機へ積込を完了次第速やかに，契約番号，船舶名またはフライト・ナンバー，出帆日，積込港，貨物と包装の明細，積込数量，インボイス金額，その他の契約に必須の詳細を含む船積明細を買主に対して通知しなければならない。

Article 4. WARRANTY

Seller warrants that;

1) the Goods shall fully conform to the description of the Goods on the face hereof, any and all data and materials shown as the basis of this Contract, such as specification, sample, pattern, and drawing, etc..
2) if the Goods are found not conformed as above and proved so, if necessary, by the independent inspection authority in Japan, Seller shall refund satisfactorily to Buyer through consultation with Buyer.
3) the Goods shall be marketable and free of defects and fit for the purpose(s) of Buyer or Buyer's customer(s).
4) such warranty as above 1), 2) and 3) shall not be deemed to have been waived by reason of inspection and/or acceptance of the Goods or by the payment therefor by Buyer.

第4条　保証

売主は，以下を保証する。
1) 貨物は，本契約書の表面記載の貨物の明細，並びに契約の基礎として示された仕様，サンプル，ひな型，図面等のすべての資料や材料に合致したものであること。
2) 貨物が上記に合致したものでなく，必要であれば，日本の独立した検査機関により，その旨証明された場合は，売主は買主と協議のうえ，買主が満足できるよう返金すること。
3) 貨物は市場性があり欠陥がなく，買主または買主の顧客の目的に適うものであること。
4) 上記1), 2)および3)の保証は，買主による貨物の検査およびまたは受入れを理由として，もしくは，貨物代金支払により，放棄されたものとはみなされないこと。

Article 5. INSPECTION AND CLAIM

Upon arrival of the Goods at the premises of Buyer, Buyer shall immediately inspect the Goods at its own cost. If Buyer finds that the Goods do not conform to the terms and conditions of this Contract, Buyer shall, within __ days after the date of such arrival, give to Seller a written notice of any claim specifically setting forth its details. Buyer reserves a right of reimbursement by Seller for compensation for such non-conformity.

———————●　●———————

第5条　検査およびクレーム

買主の施設に貨物が到着次第，買主は自己の費用でただちに貨物を検査しなければならない。買主は，貨物が本契約条件に合致していないことを発見した場

合は，当該貨物到着後__日以内に，売主に対してその詳細を明らかにしたクレーム通知書を提出しなければならない。買主はかかる契約違反に対して，売主による損害賠償金支払いを請求する権利を留保する。

Article 6. FORCE MAJEURE

Buyer shall not be liable for any delay or failure in taking delivery of all or any part of the Goods, or for any other default in performance of this Contract due to the occurrence of force majeure, such as Acts of God, war or armed conflict, or any other similar causes which affect Buyer and/or Buyer's customer(s), directly or indirectly.

第6条　不可抗力

買主は，買主およびまたは買主の顧客に，直接または間接に影響を与える天災，戦争または武力衝突，もしくはその他の類似の原因による不可抗力の発生に起因する貨物のすべてまたは一部の引取遅延もしくは不能，または本契約の遂行における他のいかなる不履行に対しても，その責任を負うものではない。

Article 7. DEFAULT

If Seller fails to perform any provision of this Contract, or is in breach of any terms hereof, or becomes insolvent, Buyer may, by giving a written notice to Seller;

1) stop or suspend the performance of this Contract or any other contract(s) with Seller,
2) reject the shipment or taking delivery of the Goods,
3) cancel the whole or any part of this Contract or any other contract(s)

with Seller,

4) dispose of the Goods, if delivery has been taken, in such manner as Buyer deems appropriate and allocate the proceeds thereof to the satisfaction of any or all of the losses and damages caused by Seller's defaults.

In any such event, Buyer may recover all losses and damages caused by Seller's default, including but not limited to, loss of profit which would have been obtained by Buyer from resale of the Goods and damages caused to any customer purchasing the Goods from Buyer.

―――――――●　●―――――――

第7条　債務不履行

売主が本契約のいずれかの条項を履行できなくなったり，契約違反を行ったり，もしくは破産状態に陥ったときは，買主は売主に対する書面による通知により，

1) 本契約もしくは売主との他のいかなる契約の履行を停止もしくは一時中止することができ，
2) 貨物の船積もしくは引取を拒否することができ，
3) 本契約のすべてあるいは一部，または，売主との他のいかなる契約も解約することができ，
4) 貨物引取が行われた場合には，買主が妥当と考える方法で，貨物を処分し，その代金を充当して，売主の債務不履行によってもたらされた損害の一部もしくは全部を弁済へ充当することができる。

いずれの場合においても，貨物の転売により得るべき利益の喪失分および買主から貨物を購入した顧客への損害を含むがそれに限ることなく，買主は売主の債務不履行によって生じたすべての損害を補填できるものとする。

Article 8. TRADE TERMS

The trade terms herein used, such as CIF, CFR and FOB shall be interpreted in accordance with Incoterms 2000 Edition, ICC Publication No.560, unless otherwise specifically provided in this Contract.

第8条　貿易条件

本契約で使用されているCIF，CFRおよびFOBのような貿易条件は，本契約に他に特別に規定されていない限り，国際商業会議所出版番号560の2000年版インコタームズに従って，解釈されるものとする。

Article 9. NO ASSIGNMENT

Seller shall not transfer or assign all or any parts of this Contract, or any of Seller's rights or obligation accruing hereunder without Buyer's prior written consent.

第9条　譲渡禁止

売主は，本契約のすべてまたは一部，もしくは，本契約により生じる売主の権利または義務のいずれについても，買主の書面による事前の承諾なしに，移転または譲渡してはならない。

Article 10. ARBITRATION

All disputes, controversies or differences arising out of or in relation to this Contract or the breach hereof shall be settled, unless amicably settled without undue delay, by arbitration in Tokyo, Japan in accordance with the rules of procedure of The Japan Commercial Arbitration Association. The award of arbitration shall be final and binding upon both parties.

第10条　仲裁

本契約から，または本契約に関して，生じたいかなる紛争，論争，または意見の相違または契約違反について，著しく遅延せずに友好裡に解決できない限り，日本国東京において，日本商事仲裁協会の手続規則に従った仲裁によって解決されるものとする。仲裁裁定は最終であって，両当事者を拘束する。

Article 11. PRODUCT LIABILITY

Seller shall, at its own expense, indemnify and hold harmless Buyer and/or Buyer's customer(s) from any and all losses, damages (actual, consequential or indirect) and related costs and expenses in connection with any defects or alleged defects of the Goods.

第11条　製造物責任

売主は，貨物の欠陥あるいは欠陥があると主張されたことから生じるすべての損失および（実際の，結果として生じる，または間接的な）損害，および関連諸費用について，買主およびまたは買主の顧客に対して，自己の費用で補償し保護するものとする。

Article 12. LANGUAGE

This Contract is prepared in English which shall control. Any translation in any other language shall be for reference only and shall not bind the parties hereto.

第12条　使用言語

本契約書は英語で作成され，英語によるものとする。他のいかなる言語による翻訳は，単なる参考にすぎず，両当事者を拘束するものではない。

Article 13. ENTIRE AGREEMENT

This Contract shall constitute the entire agreement and understanding between the parties with respect to the subject matter hereof and supersede and annul all prior understandings and agreements.

第13条　完全合意

本契約書は本契約に規定されている事項に関して，両当事者間の完全な合意および理解を構成し，すべての従前の理解および合意にとってかわり，それを無効とする。

Article 14. GOVERNING LAW

This Contract shall be governed by and construed in accordance with the laws of Japan.

第14条　準拠法

本契約は，日本法に準拠し，かつそれに従って解釈されるものとする。

④ 製造委託契約書

本件は、自社がメーカーへ製品製造を委託する場合を想定した供給・購買契約書のサンプルです。

SUPPLY & PURCHASE AGREEMENT

This Agreement, made and entered into this __ day of ____, ____ by and between (Buyer's Name), a corporation duly organized and existing under the laws of Japan and having its principal place of business at _____ _____ (hereinafter referred to as "BUYER"), and (Seller's Name), a corporation duly organized and existing under the laws of _____ and having its principal place of business at _____ (hereinafter referred to as "SELLER"),

―――――――●――――●―――――――

供給および購買契約書

本契約書は___年_月_日に日本法により設立され存在し本社所在地を_____ _____におく_____（以下、買主と略）と、_____法により設立され存在し本社所在地を_____におく_____（以下、売主と略）との間で締結された。

注1) Manufacturing & Supply Agreement としているものもあります。
2) 頭書文は、契約締結の年月日・当事者名称・設立準拠法および主たる営業所所在地を記載します。当事者名称および主たる営業所（本社）所在地は登記簿の記載通りに表示する。設立住居法は、連邦制をとるアメリカ合衆国等、国によって州法等が準拠法になっていることもありますので注意を要します。また、契約締結地は準拠法判断の一助となることもありますので、記載しておくことが望ましいのです。
3) 本件頭書部分は古い様式で記載されています。一文で書かれているような体裁をとっているため、冒頭の「This Agreement」の後には「is」が省かれています。また、この頭書部分の次に「WITNESSETH:」が記載されていますので、頭書部分の文末はピリオドではなくコンマが使われます。
4) 契約当事者の一方が外国にある企業との契約書では、当事者名のみでなく設立の

準拠法と本店所在地等も記載しておくべきです。

WITNESSETH:

WHEREAS, BUYER is engaged in the business of, among other things, manufacture and sale of various kinds of _____ worldwide and desirous of having SELLER supply BUYER with the Products as hereinafter defined;
WHEREAS, SELLER is engaged in the business of, among other things, manufacturing the Products, and
WHEREAS, SELLER is desirous of manufacturing and selling the Products for BUYER in the Territory.
NOW THEREFORE, it is agreed between the parties as follow.

―――――●　●―――――

以下を証する

買主は，種々の_____を製造し世界中に販売する業務を行っており，以下に記載の本製品を売主から供給を受けることを希望しており，
売主は，本製品を製造する業務を行っており，当該地域で買主のために本製品を製造し販売することを希望している。
そこで，両当事者間で以下のとおり合意された。

注1）　前文は，契約締結に至った敬意・理由・当事者の事情・その他契約の前提となっている事項について表示します。前文は，法的拘束力はないので必ずしも記載する必要性はなく，省略することも可能です。しかしながら，前文を記載することは契約の全体像を把握するのに役立ち，また契約締結時点における当事者の立場および意思を明示しておくことは，事後に事情が変更した場合のそなえにもなります。
　　2）　前文末尾の「NOW THEREFORE，～」は，当事者による契約締結の合意の宣言です。

Article 1. DEFINITIONS

1. "Products" as used in this Agreement shall mean ＿＿＿＿ as described in EXHIBIT I attached hereto.
2. "Territory" as used in this Agreement shall mean ＿＿＿＿ as agreed in writing between the parties.
3. "Trademark" as used in this Agreement shall mean such trademark owned by BUYER as described in EXHIBIT II attached hereto.
4. "Person" as used in this Agreement shall mean individual, partnership, firm, corporation, association, government and any other organization.

―――――●　●―――――

第1条　定義

1. 本契約書中で使用される『本製品』とは，添付書類Ⅰ記載の＿＿＿＿を意味する。
2. 本契約書で使用される『地域』とは，両者間で書面にて合意した＿＿＿＿の地域を意味する。
3. 本契約書で使用される『商標』とは，添付書類Ⅱ記載の買主所有の商標を意味する。
4. 本契約書で私用される『人物』とは，個人，パートナーシップ，会社，法人，協会，政府およびその他の組織を意味する。

　注）　契約書中で意味が限定または特定される用語や語句，繰り返し使用される用語や語句あるいは省略された表現で用いられる用語や語句等は，定義条項でその意味を明確にしておくことが適切です。用語や語句の定義化は，契約の文言の解釈について争いが生じるのを未然に防止する点に大きな意義があり，また契約書における表現の統一にも資することとなります。

Article 2. APPOINTMENT

1. SELLER hereby agrees to manufacture and grant to BUYER the right to purchase the Products and BUYER hereby accepts it under the terms and conditions set forth herein.
2. SELLER shall not, during the term of this Agreement, sell or supply the Products in any of their versions or derivatives and / or their relative spare parts to any person other than BUYER in the Territory either directly or indirectly.

———————● ●———————

第2条　指名

1. 本契約書で定められた条件のもと，売主は買主に対して本製品を生産し，買主に本製品を購入する権利を与えることに合意し，買主はそれを受諾した。
2. 本契約期間中，売主は本製品，その派生物およびまたは関連補修用部品を，直接または間接にその地域において，買主以外のいかなる人物にも販売してはならない。

Article 3. INDIVIDUAL CONTRACT

1. Unless otherwise agreed, relevant provisions in this Agreement shall be applicable to each supply and purchase contract to be made thereunder between the parties.
2. Each supply and purchase contract shall be binding when accepted by SELLER by means of issuing an acceptance letter to be sent by facsimile to BUYER in reply to an order of BUYER to be sent to SELLER in the same way.

3. SELLER shall reply to BUYER on whether SELLER accepts BUYER's order or not within _____ ( ) days after receiving such order.
4. Each supply and purchase contract shall be deemed accepted by SELLER if SELLER fails to make the reply to BUYER in accordance with Article 3.3 hereof.
5. SELLER shall use its best efforts to accept any reasonable orders for the Products placed by BUYER.

――――――● ●――――――

第3条　個別契約

1. 別に定める場合を除き，本契約中の関連規定は両者間で取り交わされる個別の供給・購入契約に適用される。
2. 個別の供給・購入契約は，ファクシミリにて送信される買主から売主への注文書への返答として，買主へ同様の方法で送付される注文請書の発行により売主に受諾されるときに成立したものとみなされる。
3. 売主は注文書受領後____日以内に，注文を受諾するか否かを買主に返答しなければならない。
4. 個別の供給・購入契約は，万一売主が第3条3項に従って買主に対し返答を行わなくても，売主により受諾されたものとする。
5. 売主は買主が発行した本製品に対する合理的な注文を受諾するために最善の努力を払うものとする。

Article 4. MINIMUM PURCHASE TARGET

1. BUYER shall exert its best efforts to purchase at least _____ ( ) units of the Products per year.
2. BUYER shall exert its reasonable efforts to order the Products in accordance with such container quantity as _____ ( ) units per order.

第4条　最低購入目標

1. 買主は本製品を年間最低＿＿台購入するよう，最善の努力を払わなければならない。
2. 買主はコンテナ積み台数＿＿台に合致した数量で本製品を発注するよう適切な努力を払わなければならない。

　注）　買主の仕様やデザインした製品の製造委託をする場合には，売主たる製造業者から最低購入数量を要求されることが多い。当方が買主の場合には極力かかる条項の挿入を回避したいもの。逆に当方が売主である場合には，金型等の投資を回収するためにも最低購入数量を確約させることが肝要です。

Article 5. PRICE

The price at which the Products are sold to BUYER shall be as set forth in the price list agreed between the parties effective at the time of receipt of the order by SELLER. The price list applicable to the orders received by SELLER in the first year of this Agreement is attached hereto as EXHIBIT. Three (3) months prior to every anniversary of the date of this Agreement the parties hereto shall discuss and agree to the price list applicable to the orders received by SELLER in the following year, taking account of changes in the production cost, freight, rate of exchange between US Dollars and the Japanese yen, market conditions and other factors that may affect the price of the Products.

第5条　価格

本製品が買主に販売される際の価格は，売主による注文引受時に両当事者間で合意した価格表に基づくものとする。本契約の初年度に売主が受ける注文に適

用される価格表は添付書類とする。本契約日付の毎年応答日の3ヶ月前に，両当事者は生産コスト，運賃，米ドルと日本円との為替レート，市場状況および本製品価格に影響を与えるその他要因を考慮して，翌年度に売主が受ける注文に適用される価格表を協議のうえ合意するものとする。

Article 6. PAYMENT

1. Unless otherwise agreed BUYER shall pay for the Products on D/P basis.
2. Payments for the Products shall be made in the currency of ＿＿＿＿．

第6条　支払条件

1. 別途合意する場合を除き，買主はD/Pにて本製品代を支払うものとする。
2. 商品代の支払は，＿＿＿＿（通貨名）で行うものとする。

Article 7. PRIVITY

The relations between SELLER and BUYER thereunder are those between a seller and a buyer and SELLER shall in no way be a representative or agent of BUYER and have no authority to act or assume any obligation on behalf of BUYER.

第7条　契約関係

本契約のもとでの売主と買主との関係は売主と買主との関係であり，売主は買主の代表者あるいは代理人ではなく，買主に代わって実行する権限はなく，また，義務を負う者でもない。

Article 8. SHIPMENT

1. Unless otherwise agreed in writing, SELLER shall effect shipment at __ ____ port in accordance with the applicable delivery schedule separately agreed between SELLER and BUYER at each individual supply and purchase agreement. The delivery terms for all shipments between SELLER and BUYER shall be FOB ____, as defined in the latest Incoterms of the International Chamber of Commerce. However, SELLER shall agree to accept orders on other delivery conditions specified by BUYER.

2. SELLER shall send to BUYER by express airmail immediately after shipping the Products non-negotiable sets of the shipping documents which shall be an "Invoice", a "Packing List (Measurement List)" and a "Bill of Lading".

3. In the event that SELLER defaults in delivering the Products to BUYER more than thirty (30) days after the applicable delivery date, then BUYER shall be entitled to have a discount at the rate of ten percent (10%) of the relevant Products' price as liquidated damages. If BUYER proves that its loss and damage incurred by SELLER's default in timely delivery exceeds the amount of the above ten percent (10%), SELLER shall also compensate for such loss and damage upon request by BUYER.

4. Notwithstanding anything herein contained to the contrary, if BUYER expressly designates in an individual supply and purchase agreement that BUYER may forthwith cancel such agreement in the event of SELLER's default in delivering the Products to BUYER more than two (2) weeks after the applicable delivery date for any reason, then BUYER shall be entitled to forthwith cancel such individual agreement

in case of the above-mentioned default by SELLER and to claim compensation for any loss and damage BUYER may suffer from as a result of or arising from such default.

———●　●———

第8条　船積

1. 書面にて別途合意する場合を除き，売主は個別の供給・購入契約で別途売主と買主間で合意した引渡予定に従い，＿＿＿港から船積するものとする。売主と買主間のすべての船積についての引渡条件は，国際商工会議所の最新インコタームズで定義されたFOB(積出港名を入れる)とする。しかし，売主は買主により特定された他の引渡条件での注文も引き受けることに合意する。
2. 売主は本製品出荷後ただちに速達郵便にて，インボイス，パッキングリスト，B/Lの譲渡不能の書類1セットを買主に送付しなければならない。
3. 売主が買主への引渡指定日より30日以上納期を遅延させた場合，買主は予定損害賠償額として本製品価格の10%の値引を得る権利を取得するものとする。もし売主の引渡遅延により買主が被った損失および損害が上記10%を超えたことを買主が証明することができる場合には，売主は買主の要求によりその損失および損害も補償しなければならない。

   注)　Liquidated damages：「清算される損害」ではなく「確定損害賠償額」とか「予定損害賠償額」と訳します。
   判決によって金額の確定した損害賠償額，または当事者間の明示的合意により契約違反の場合に支払うべき損害賠償額が決定しているときの損害賠償額のことをいう場合には確定損害賠償額と訳し，請負業者が発注者との間で約定された完工遅延・性能不発揮にかかわる違約金の支払いを余儀なくされた場合に，その損害をカバーする場合に使用するときは予定損害賠償額あるいは違約金と訳します。

4. 本契約の内容とは反するが，万一買主が，個別の供給・購入契約において，いかなる理由であれ売主の過失により予定引渡日より2週間以上引渡が遅延した場合には，その個別契約を解約できる旨を明示した際には，引渡遅延が売主の上述過失に帰する場合，買主はただちにその個別契約を解約する権利を取得

し，さらにこの結果買主が被る損失・損害に対する補償を請求する権利を取得するものとする。

Article 9. PACKING

SELLER shall deliver the Products duly packed for transportation.
SELLER shall be responsible for any damage or loss of the Products that may be caused due to any faulty packing notwithstanding any delivery conditions set forth herein or in each supply and purchase agreement.

———————●——●———————

第9条　梱包

売主は輸送に耐えうる適切に梱包された本製品を引渡すものとする。
売主は本契約または個別の供給・購入契約に定められた引渡条件のいかんにかかわらず，不適切な梱包に起因する損害に対し責任を負わなければならない。

Article 10. INSPECTION

Inspection and testing of the Products before shipment shall be conducted by SELLER in accordance with SELLER's best technical standard currently used in products similar to the Products, at SELLER's premises in ＿＿＿＿.
Notwithstanding any such inspection by SELLER, all Products are subject to final inspection by BUYER at BUYER's office of business and shall not be deemed accepted by BUYER until so inspected whether or not payment therefore has been made.

———————●——●———————

第10条　検査

売主は出荷前に＿＿＿＿に所在する売主の社屋において本製品と類似の品物に現在使用されている最善の技術水準に従って本製品の検査およびテストを行うものとする。売主によるこのような検査にかかわらず，すべての本製品は買主の営業所にて買主により最終検査を受けるものとし，支払済か否かを問わず，そのように検査されるまで買主により引取承認されたとはみなされない。

Article 11. TITLE AND RISK

Both title and risk of loss for the Products shall pass from SELLER to BUYER at such time as the Products have been delivered in accordance with the provisions of Article 8.1 hereof.

─────●──●─────

第11条　所有権および危険負担

本製品の所有権および損失危険はともに第8条1項の規定に従い，本製品が引き渡された時点で売主から買主へ移るものとする。

Article 12. INSURANCE

The marine insurance contract, in case SELLER undertakes to effect such insurance, shall include all risks and insure 110% of the cargo price.
In the event an insurance accident should occur under this Agreement, SELLER shall extend all possible assistance to BUYER in obtaining the insurance money.

─────●──●─────

第12条　保険

売主が保険を付保する場合，全危険担保条件の海上保険契約を締結するものとし，積荷価格の110%を付保しなければならない。

保険事故が本契約のもとで発生した場合，売主は保険金取得に可能な限りの援助を買主に与えなければならない。

Article 13. WARRANTY

1. SELLER warrants that the Products are free from faults and defects and have the specified qualities according to the respective specifications.
2. SELLER hereby agrees to discount the invoice price of the Products by __ percent (__%) for previously settling claim of the Products' minor defects which will be found within twelve (12) months after the Products' sale to end users, provided, however, that the above price discount shall not be without prejudice to the BUYER's right to claim damages against SELLER incurred by any serious defects of the Products which may not be covered by such price discount.

第13条　保証

1. 売主は本製品に不具合や欠陥がなく，各々の仕様に従って定められた品質を有することを保証するものとする。
2. 売主は本製品が最終消費者に販売されてから12ヶ月以内に起こりうる小さな不具合のクレームを前もって解決するために，商品価格から___%の値引をすることに合意するものとする。ただし，上記値引はその値引だけでは吸収できない重大な本製品の不具合に起因する買主の損害賠償の権利を

損うものではない．

Article 14. CLAIMS

1. BUYER may give SELLER a written notice of any claim regarding quantity, model numbers and outer packing of the Products within thirty (30) days from the arrival date of the Products at the final place of destination. BUYER may make other claim on the Products to SELLER than those herein above referred to even after the said period.
2. BUYER shall be entitled to return at SELLER's cost any Product which is found defective. SELLER shall promptly replace the defective Products with good ones and pay damages incurred by BUYER for the defects, including, but not imited to, inspection charges, labor service costs, replacement costs and returning expenses.

―――――● ●―――――

第14条　請求

1. 買主は本製品が最終目的地に到着してから30日以内に，本製品の数量，モデル番号および外側梱包に関するクレームを書面にて売主に連絡することができる．買主は，上記期間以後であっても，上記事項以外の件に関しては，売主に対して本製品についてのその他クレームを行うことができる．
2. 買主は欠陥が発見された本製品を売主の費用で返送する権利を有する．売主は速やかに欠陥商品を良品と交換し，買主側にて発生した損害および検査費用，作業労賃，交換費用，返送費用（ただし，これらのみに限定されない）を支払わなければならない．

Article 15. INDUSTRIAL PROPERTY RIGHT

Notwithstanding herein contained shall be construed as granting a license for or implying the transfer of any patent, trademark, copyright, design, pattern, construction, etc. of the Products; the owner for any such right shall under all circumstances remain with the true and lawful owners thereof, provided, however, that SELLER shall indemnify and keep BUYER harmless from and against any liability, damage and loss, including attorneys' fees and court costs, which may be incurred by, or arise from, any infringement or alleged infringement upon any third party's industrial property right except for the Trademark.

第15条　工業所有権

本契約に含まれる条項は，本製品の特許，商標，著作権，意匠，ひな型，組立方法等のライセンスを許諾するまたは譲渡するものとして解釈されてはならない。

それら権利の所有権はいかなる状況下でも正規の所有者のもとに残るものとするが，商標を除く第三者の工業所有権の侵害または侵害申立てに起因する弁護士費用，法廷費用を含む賠償，損害，損失から売主は買主を補償し免責するものとする。

Article 16. TRADEMARK

1. SELLER shall mark the Products with the Trademark in accordance with BUYER's instructions.
2. The Trademark and any goodwill created with respect thereto shall be sole properties of BUYER, and SELLER shall not acquire by execution

of this Agreement or performance thereunder or otherwise any right with respect to such Trademark or goodwill or manufacture and sale of the Products, otherwise than to sell the Products to SELLER under the terms and conditions of this Agreement during the term thereof. SELLER shall discontinue the use of the Trademark free of compensation upon termination of this Agreement for expiration of the term or any other reason whatsoever and thereafter shall not use or permit to be used the Trademark or any similar trademark.

3. During the term of this Agreement and thereafter SELLER shall not apply for or acquire the registration of the Trademark, nor shall SELLER contest BUYER's right in or disturb BUYER's use of the Trademark. Should SELLER have the Trademark registered in its name or any other person, BUYER shall have right to have the registration cancelled or transferred to it. SELLER shall not use or register the Trademark as its corporate name or a part thereof and BUYER shall have right to require SELLER to discontinue such use or to cancel such registration of the Trademark.

――――――●　●――――――

第16条　商標

1. 売主は買主の指示に従って商標を本製品に表示するものとする。
2. 創出された商標と営業権は買主の固有の財産であり、本契約の履行や実施により売主がそれら商標、営業権、本製品の製造・販売に関する権利を取得するものではない。売主は本契約の期間終了やその他理由による契約終了にともない補償なしで商標の使用を中止するものとし、その後は商標あるいはそれに類するものの使用は許可されないものとする。
3. 本契約期間中およびそれ以後、売主は商標登録の出願または取得をしてはならず、また、売主は買主の権利を争ってはならず、買主の商標使用も妨

げてはならない。売主が自らの名前，あるいはその他の人物の名前にて商標を登録したとしても，買主はその登録を抹消または譲渡させる権利を有するものとする。売主は商標を企業名またはその一部として使用または登録してはならず，買主は売主に対して当該商標の使用中止または登録抹消を要求する権利を有するものとする。

Article 17. SECRECY

Neither party hereto shall divulge to a third party any secret matters that may have become known during the term of this Agreement, including the conclusion and contents of this Agreement.

The secret matters referred to in this Agreement are all the terms and conditions of this Agreement and those matters made known by either party to the other party concerning the Products manufactured and shall include the Product specifications and drawings, the manufacturing processes, as well as the sales period, quantity, price and other marketing information of the Products.

第17条　守秘義務

いずれの当事者も，本契約期間中，本契約の締結および内容を含め明らかとなった秘密事項を第三者にもらしてはならないものとする。

本契約における秘密事項とは，すべての契約条件および本製品仕様，図面，製造工程，販売期間，数量，価格，その他のマーケティング情報を含む本製品に関して他方が知り得た事項である。

Article 18. TERM OF AGREEMENT

Unless earlier terminated as provided in this Agreement, this Agreement shall remain in full force and effect for an initial term ending three (3) years after the date first written above, and will be automatically renewed for additional one (1) year unless either party gives to the other party with a notice in writing not to renew this Agreement at least three (3) months before the end of the term then in effect.

第18条　契約期間

本契約の規定により早期に解除されない限り，本契約は本文の最初に記された日付より有効となり，当初は3年間有効であり，期間終了日の少なくとも3ヶ月前までにいずれの当事者からも他方当事者に対して更新しない旨を書面にて通知しない限り1年間ごとに自動的に更新されるものとする。

Article 19. TERMINATION

1. Either party may forthwith terminate this Agreement without payment of any compensation by giving a written notice of termination to the other party;
    a) if the other party becomes insolvent or petition in bankruptcy or for corporate reorganization or for any similar relief is filed by or against the other party, or receiver is appointed with respect to any of the assets of the other party, or liquidation proceeding is commenced by or against the other party, or
    b) if the whole or an important part of business of the other party is transferred to a third party by agreement, order of court or

otherwise, or

c) if the other party defaults in payment for the Products or otherwise defaults in any of the provisions of this Agreement and does not make the payment or remedy the default within sixty (60) days after a written notice is given requesting to make the payment or remedy the default.

2. Termination of this Agreement under the preceding paragraph shall not relieve either party of any liability arising prior thereto or of any liability which by its terms is to take effect upon termination.

──────●　　●──────

第19条　契約終了

1. 以下の場合は，いずれの当事者も他方当事者に対し，書面による終了通知を発行することにより何ら補償を支払うことなくただちに本契約を解除できる。

    a) 他方当事者が支払不能となったり破産申請をした場合，企業再編成あるいは同様の救済が行われた場合，他方当事者の資産に関して管財人が任命された場合，他方当事者の清算手続が開始された場合。

    b) 契約，裁判所命令，その他により他方当事者の事業主体の全部または主要部分が第三者に譲渡された場合。

    c) 他方当事者が本製品代金の支払を履行せず，あるいは本契約のいずれかの条項に違反しその履行を要求する旨の書面の発行後60日以内に何らの是正も行わない場合。

2. 前項規定により本契約が解除されても，解除の前に生じていた義務や解除によって生じる各当事者の責任を免除するものではない。

Article 20. OBLIGATION AFTER TERMINATION

The provision of this Agreement shall, in the event of expiration or termination thereof, continue to apply to the rights and duties of the parties existing under this Agreement or sales contracts thereunder, at the time of termination or expiration of this Agreement, provided, however, that BUYER shall have an option to cancel without any liability the order accepted but not performed before such termination or expiration. The provisions of Articles 13, 14, 15, 16 and 17 of this Agreement regarding Warranty, Claims, Industrial Property Right, Trademark and Secrecy respectively shall survive such termination or expiration.

────────●　　●────────

第20条　契約終了後の義務

本契約の条項は，契約満了や契約終了の場合にも本契約あるいは売買契約のもとで現存する両当事者の権利および義務に引続き適用される。ただし，本契約終了または満了以前に実行されていない引受済注文については，買主は責任なしにその注文をキャンセルする選択権を有するものとする。保証，請求，工業所有権，商標，守秘に関する本契約の第13，14，15，16および17条は契約解除あるいは終了後も有効とする。

Article 21. NOTICE

Any notice made in connection with this Agreement or performance thereunder shall be sent to the addresses first written above, or such other addresses as the parties may notify each other from time to time, by a registered air mail or telegram, including Telefax, followed immediately by a confirmation letter by a registered air mail. When the letter or telegram is dispatched as provided for above, the notice shall be deemed to be made when the letter or telegram arrives at the addressee, or if it fails or delays to arrive, when it should usually arrive in the ordinary course. The confirmation of a telegram notice need not be made within the time required for notice under this Agreement.

―――――●――●―――――

第21条 通知

本契約もしくはその履行に関するすべての通知は本文中の最初に記載の住所または随時互いに通知するその他の住所に，書留郵便または電報，もしくはテレファックスにて送付されねばならず，直後に書留郵便にて確認状として送付されなければならない。手紙や電報が上述のごとく発信された際には，手紙や電報がその名宛人住所に到着した時点で通知がなされたとみなされ，万一到着が遅れたり到着しなかった場合には通常どおりに到着したものとみなされる。電報通知の確認状は本契約のもとでは通知確認時間以内には必要とされない。

Article 22. NON-WAIVER OF RIGHTS

Except as specifically provided for herein, no failure or delay by any party in exercising any right, power or priviledge in this Agreement shall operate as a waiver thereof and any waiver of any breach of the provisions of this Agreement shall be without prejudice to any rights with respect to any other or further breach of the provisions of this Agreement.

―――――●――●―――――

第22条 権利の非放棄

本契約中に別途規定がなされている場合を除き，いずれかの当事者が本契約に基づく権利の行使を怠るか遅滞したとしても，かかる権利を放棄したことには

ならず，本契約のいずれかの条項違反に対する権利を放棄したとしても，他の条項違反や将来の違反に対しての権利を放棄したことにはならない。

Article 23. GOVERNING LAW

This Agreement shall be governed by, and construed in accordance with the laws of Japan.

———●———●———

第23条　準拠法

本契約は日本法に準拠し，それに従って解釈されるものとする。

　注）　何が何でも日本法をという場合に，末尾に"without regard to conflicts of law rules thereof"（準拠法適用ルールにかかわらず）の文言をつけることもあります。

Article 24. FORCE MAJEURE

Except otherwise specifically provided for herein, neither party hereto shall be liable for its failure in performing whole or part of this Agreement and / or any individual contract when such failure is due to fire, flood, earthquake, strikes, labor trouble or other industrial disturbances, moratorium, inevitable accidents, war (declared or undeclared), embargoes, blockades, legal restrictions, act of central or local government, riots, insurrections or any other causes beyond the control of the parties hereto.

———●———●———

第24条　不可抗力

本契約中に別途規定がなされている場合を除き，いずれの当事者も本契約または個別契約のいずれかのすべてまたは一部の不履行が，火災，洪水，地震，ス

トライキ，労働紛争またはその他の産業上の混乱，支払猶予令，不可避な事件，戦争（宣戦布告されたか否かは問わない），禁輸措置，経済封鎖，法的制限，中央政府もしくは地方政府の行為，暴動，反乱またはその他の当事者の制御不能な事由を原因とする場合には責任を負わないものとする。

Article 25. ARBITRATION

Any and all disputes arising from or in connection with this Agreement or transaction conducted under this Agreement shall be settled by mutual consultation between parties in good faith as promptly as possible.

In case of failing an amicable settlement, any controversy, claim or dispute relating to or arising under, out of or in connection with this Agreement shall be settled by arbitration in Tokyo, Japan in accordance with the Commercial Arbitration Rules of The Japan Commercial Arbitration Association. The award of the arbitration shall be final and binding upon the parties.

第25条　仲裁

本契約，あるいは本契約のもとで実行される取引から発生するすべての紛争は，できる限り迅速に，両当事者間の誠実な協議により解決されなければならない。円満に解決できない場合には，本契約に関する論争，クレームまたは紛争は，㈳日本商事仲裁協会の商事調停規則に従い，日本国東京において調停にて解決されるものとする。調停裁定は最終であり両当事者を拘束するものである。

Article 26. ASSIGNMENT OF AGREEMENT

Neither party shall assign, pledge or otherwise dispose of its right or delegate its duty under this Agreement without a prior written consent of the other party. This shall no, however, prohibit the merger or consolidation of either party into or with a third party if the survivor of or the new company formed by the merger or consolidation shall expressly assume the obligations of the party hereto merged or consolidated.

第26条　契約の譲渡

いずれの当事者も他方当事者の事前の書面による同意なしに本契約のもとで権利を譲渡し，担保に入れ，またはその他の処分をしてはならず，義務を委譲してはならないものとする。しかしながら，もしいずれかの当事者が合併または統合によって組成された新会社が合併・統合された一方の責務を明白に引き受けるのであれば，他方当事者の第三者との合併または統合を禁止するものではない。

Article 27. AMENDMENT

This Agreement may be amended only by a written instrument signed by duly authorized representatives of both parties and expressly stating that it is an amendment to this Agreement.

第27条　契約の修正

本契約は，両当事者より正規に権限を付与された代表者により署名され，本契約の修正である旨明白に記載された証書によってのみ修正できる。

Article 28. ENTIRE AGREEMENT

This Agreement supersedes and cancels any and all previous agreements, contracts or understandings between the parties relating to the Products and expresses the complete and final agreement of the parties in respect thereof.

──────●────●──────

第28条 完全合意

本契約は本製品に関して両当事者間で従来取り交わしたすべての合意, 契約, 理解にとって代わり, それらを無効とし, 両当事者間の完全な最終合意とする。

Article 29. SEVERABILITY

In the event that any provision of this Agreement or the application thereof to any person, property or circumstances shall be invalid or unforceable, such invalidity or unforceability shall not invalidate or render unforceable the entire Agreement, and rest provision of this Agreement and the application of such provision to persons, properties or circumstances other than those as to which it has been held invalid and unenforceable, shall not be affected thereby, and each provision of this Agreement shall be valid and enforced to the fullest extent permitted by law.

──────●────●──────

第29条 分離可能性

本契約のいずれかの条項または人物, 財産もしくは状況への適用が無効となったかまたは履行不能となっても, かかる無効や履行不能は本契約全体を無効にしたり履行不能にするものではなく, 本契約の残りの部分またはそれら規定の

人物，財産もしくは状況への適用は，無効となり履行不能となった部分を除いて，影響を受けることはなく，本契約の各条項は有効であり，法により許された範囲内で効力を有する。

IN WITNESS WHEREOF, the parties hereto have caused their duly authorized representatives to execute this Agreement the day and year first written above.

———————————●　　●———————————

上記を証するため，両当事者は冒頭記載日付にて，正当な権限を有する代表者に本契約に署名させた。

 注）　契約書末尾の「IN WITNESS WHEREOF, 〜」は Execution Clause といい，両当事者が確かに合意し，権限ある代表者によって署名される旨の宣言です。

BUYER　　　　　　　　　買主

_____

Name, Title　　　　　　　氏名，肩書　　（署名欄は氏名と肩書を記載する。）

SELLER　　　　　　　　　売主

_____

Name, Title　　　　　　　氏名，肩書

Exhibit　添付書類

添付書類があれば，Exhibit として記載する。複数あれば，Exhibit I, Exhibit II のごとく付してわかりやすくする。

⑤　ノウハウ・ライセンス契約

　ノウハウについて権利を有する者（権利者，ライセンサー）が，第三者に対しノウハウの実施を許容する契約がノウハウ・ライセンス契約です。
　ノウハウは，不正競争防止法が規定する「営業秘密」に該当します。契約当事者の一方が本邦企業の場合，「営業秘密」として保護をはかる場合には，同法の営業秘密に関する規定に合致した契約を作成しなければなりません。
　また，公正取引委員会は，「特許・ノウハウ・ライセンス契約における不公正な取引方法の規制に関する運用基準」（ガイドライン）を発表していますので，独占禁止法の視点からの検討も必要不可欠です。「ノウハウ」は，正確に定義された法律用語ではありません。経験から積み上げられた技術上の秘密や操作上のコツなどを含めた技術情報を意味する場合が多いのですが，営業の秘訣などの営業上の情報も含む場合もあります。
　公正取引委員会が定義するノウハウ・ライセンス契約では，ノウハウを「産業上の技術に係るものをいい，秘密性のないものは除く」としています。
　「営業秘密」は，英米法の「Trade Secret」に由来する概念です。不正競争防止法の平成2年改正において，営業秘密について，次の3要件を満たす場合に保護されるとしています。
　①秘密として管理されていること（管理性），②事業活動に有用な技術上・営業上の情報であること（有用性），③公然として知られていないこと（非公然性）。

KNOW-HOW LICENSE AGREEMENT

This Agreement made and entered into, this ＿＿＿ day of ＿＿＿, ＿＿＿, between (Licensor's Name), a corporation duly organized and existing under the laws of New Jersey, USA and having its principal office of business at ＿＿＿, New Jersey, USA (hereinafter called "Licensor") and (Licensee's Name), a corporation duly organized and existing under the laws of Japan and having its principal office of business at ＿＿＿, Tokyo, Japan (hereinafter called "Licensee"),

ノウハウ・ライセンス契約

本契約は，__年__月__日付にて，米国ニュージャージー州法に準拠して設立され現存し，米国ニュージャージー州_____に本社を有する_____（以下，"ライセンサー"と称す）と，日本法に準拠して設立され現存し，日本国東京都_____に本社を有する_____（以下，"ライセンシー"と称す）との間で締結された。

> 注） 本件前文は古い様式で記載されています。一文で書かれているような体裁をとっているため，冒頭の「This Agreement」の後には「is」が省かれています。また，この前文の次に「WITNESSETH:」が記載されていますので，前文の最後はピリオドではなくコンマが使われます。
> 　最近では，冒頭の「This Agreement」の後に「is」が記載されているものも増えています。
> 　契約当事者の一方が外国にある企業との契約書では，当事者名のみでなく設立の準拠法と本店所在地等も記載しておくべきです。

WITNESSETH:

WHEREAS, Licensor is engaged in the business of manufacturing and selling certain products and has developed and possesses certain know-how and other technical information relating to the manufacture, assembly and / or sale of said products,

WHEREAS, Licensee is engaged in the business of manufacturing and selling certain products and desires to acquire the right to use such know-how and other technical information to manufacture, assemble and sell said products in the Territory as hereinafter defined,

WHEREAS, Licensee recognizes that Licensor's know-how and other technical information are valuable properties of Licensor not obtainable without the consent of Licensor, and that Licensee would have make substantial expenditures of time and money to independently acquire the know-how

presently possessed by Licensor, and
WHEREAS, subject to all terms and conditions of this Agreement, Licensor is willing to disclose to and give Licensee the right to use such know-how and other technical information enable Licensee to manufacture, assemble, and sell the products.

NOW, RHEREFORE, IT IS AGREED as follows.

―――――●―――――●―――――

以下を証する

ライセンサーは，ある種の製品の製造および販売の事業に従事し，当該契約品の製造・組立およびまたは販売に関する一定のノウハウおよびその他の技術的情報を開発し所有しており，

ライセンシーは，ある種の製品の製造と販売の事業に従事し，本契約中に定める地域において前記製品を製造・組立および販売するための前記ノウハウ並びにその他の技術情報を使用する権利を取得することを希望しており，

ライセンシーは，ライセンサーのノウハウおよびその他の技術情報がライセンサーの貴重な財産で，ライセンサーの同意なしでは得難いものであること，並びにライセンシーが現在ライセンサーの保有するノウハウを独自に修得するには多大の時間および金銭の出費を強いられることを認識しており，並びに

本契約のすべての諸条件に従い，ライセンサーは，ライセンシーに対して製品の製造・組立および販売を可能とする前記ノウハウ並びにその他の技術情報を開示する意思を有する．

そこで，以下のとおり合意する．

注） 「WITNESSETH」ではなく「RECITAL」の語が使用されているものも増えています．その場合には，頭書部分の文末は，コンマではなくピリオドが使用されています．

Article 1. DEFINITIONS

Unless the context requires otherwise, the following words shall have the following meanings in this Agreement;

a) "Products" shall mean the products listed in Exhibit A that Licensor is currently producing, and the products which have already been designed but have not yet been produced by Licensor and will hereafter be added to this Agreement upon the mutual agreement between the parties hereto.

b) "Territory" shall mean the United States of America and Canada.

c) "Know-How" shall mean technical information and data useful for manufacturing Products, which are utilized and commercially applied by Licensor for manufacturing Products. Such Know-How shall consist of;

   i) Designs, specifications and drawings of Products,
   ii) Assembling drawings, and
   iii) Other information and data agreed between the parties in writing.

d) "Net Selling Price" shall mean the Licensee's invoice price of Products without any deduction, except for the following items;

   i) The CIF value of the component parts, parts and materials imported from Licensor,
   ii) Import duties, and any other fees for the parts, component parts, and materials purchased from or through Licensor,
   iii) Indirect taxes on sales,
   iv) Transportation charges, insurance and packing charges, and sales expenses,
   v) Sales returns,
   vi) Any sales discount and rebates, and

vii) Other expenses agreed to by Licensor in writing.

───────●　　●───────

第1条　定義

条文中で別途要求されない限り，下記用語は，本契約において下記の意味を有するものとする。

a) 「本製品」とは，ライセンサーが現在生産中の別紙A記載の製品または現在設計済であるが生産に至っていない製品および両当事者の合意により以後本契約に加えられる製品を意味する。

b) 「契約地域」とは，アメリカ合衆国およびカナダを意味する。

c) 「ノウハウ」とは，本製品製造のため有用な技術情報および技術データで，本製品製造のためにライセンサーで利用され，商業的にも応用されるものを意味する。当該ノウハウは，下記のものからなるものとする。

　　ⅰ) 本製品の設計図，仕様書および図面，

　　ⅱ) 組立図面，並びに

　　ⅲ) 当事者が書面で合意するその他の情報およびデータ。

　注) ノウハウ・ライセンス契約では，ライセンスの対象となるノウハウを明確に特定することが必要であり肝要です。

d) 「正味販売価格」とは，下記の項目を除きいかなる控除もしない本製品のライセンシーのインボイス価格を意味する。

　　ⅰ) ライセンサーから輸入された構成部品，部品および材料のCIF価格，

　　ⅱ) ライセンサーまたはライセンサーを通じて輸入された構成部品，部品および材料

　　ⅲ) 輸入税並びにその他の賦課金，

　　ⅳ) 運送費用，保険料および梱包費用並びに販売経費

　　ⅴ) 売上戻し，

　　ⅵ) 販売割引およびリベート，並びに

　　ⅶ) 書面によりライセンサーが同意するその他経費。

注) ライセンス料算定をめぐる紛争の発生を予防するには,「正味販売価格」を正確に定義する必要があります。この条項は,ライセンス料算定の基礎となる正味販売価格に含まれないものを列挙する形としています。

Article 2. GRANT

Licensor hereby grants to Licensee, and Licensee accepts, on the terms and conditions set forth herein on the date of this Agreement:

(1) The rights and licenses, which shall be exclusive in Territory, but non-assignable and non-transferable;
  a) to use Know-How and other technical information to be disclosed and furnished by Licensor hereunder, and
  b) to manufacture, assemble, use, and sell Products in Territory.
(2) Authority to identity itself as an exclusive licensee of Licensor within the limit and to the extent licensed hereunder for Products.

――――――●　　●――――――

第2条　付与

ライセンサーは,本契約により本契約に規定する諸条件で本契約締結の日に下記のものをライセンシーに付与し,ライセンシーはこれを受諾する。

(1) 本契約地域における独占的で,譲渡不能かつ移転不能である下記権利とライセンス。
  a) 本契約に基づきライセンサーにより開示され,付与されたノウハウおよびその他の技術情報の使用,並びに
  b) 契約地域での本製品の製造,組立,使用および販売。
(2) 本製品に関して本契約に基づき実施許諾された制限と範囲内においてライセンサーの独占的ライセンシーであることを明らかにする権限。

Article 3. COMPETITION

Licensee agrees that neither Licensee itself nor any of its affiliated companies shall compete, directly or indirectly, with Licensor in the manufacture and sale of Licensed Products except to the extent that such manufacture is allowed pursuant to the terms of this Agreement, during the life of this Agreement and for a period of two (2) years after termination of this Agreement.

---●────●───

第3条 競業

ライセンシーは，ライセンシー自身またはライセンシーの関連会社が，本契約期間中および本契約終了後の2年間は，当該製造が本契約の条件に従って認められている範囲を除き，許諾された本製品の製造および販売においてライセンサーと直接または間接を問わず，競業しないことに同意する。

> 注） 日本の公正取引委員会のガイドラインでは，ノウハウ・ライセンス契約における契約期間中の競業禁止は，「契約対象製品と同一のまたは類似する製品の製造／販売を制限する」場合であれば技術分野の制限の範囲内であるものと考えられ，不公正な取引方法にはあたらないとされています。契約終了後も，その他の方法によっては達成困難な場合に，ノウハウの流用防止のために必要な範囲内であれば，契約終了後短期間，競合品の取扱制限を課しても，原則として不公正な取引方法に該当しないとされています。

Article 4. DISCLOSURE OF KNOW-HOW AND OTHER TECHNICAL INFORMATION

1. Licensor agrees that promptly after the completion of relevant terms as provided herein it shall start to furnish Licensee with its Know-How and other technical information relating to the manufacture, assembly, and / or use of the Products which Licensor has developed, and presently owns or controls.

Such Know-How and other technical information to be furnished in writing shall consist of a copy of designs, specifications, drawings, assembling drawings, and other technical documents agreed between the parties hereto from time to time during the life of this Agreement.
2. Licensor shall furnish Licensee with technical documents stated in Paragraph 1 of this Article free of charge.
3. Licensor shall further furnish Licensee with the following technical information relating to the machinery of the plant free of charge;
    a) Advising on the selection of machinery for the plant and on the evaluation of offers from the suppliers of said machinery,
    b) Preparation of plans, blueprints and detailed studies in relation to the layout of the machinery.
4. Licensee may not use such Materials which have been disclosed other than the purpose provided for in the preceding clauses without prior written consent of Licensor.

———————●　●———————

第4条　ノウハウおよびその他の技術情報の開示

1. ライセンサーは，本契約中に規定される関連条件が充足された後ただちに，ライセンサーがすでに開発し現在所有しまたは管理している本製品の製造・組立およびまたは使用に関連するノウハウおよびその他の技術情報をライセンシーに提供することを開始するものとする。
    書面で供与されるべき当該ノウハウおよびその他の技術情報は，設計図，仕様書および図面，組立図面，並びに，本契約期間中随時，本契約当事者が合意するその他の技術書類各1部からなるものとする。
2. ライセンサーは，本条1項に掲げる技術書類を無償でライセンシーに供与するものとする。
3. ライセンサーは，プラントの機械類に関してさらに下記の技術情報を無償

でライセンシーに供与するものとする。
- a) 当該プラントのための機械類の選択に関しておよび前記機械類の供給者からの申込の評価に関して助言すること。
- b) 機械類の配置に関する計画，青写真および詳細な検討の作成。

4. ライセンシーは，ライセンサーの事前の書面による同意なくしては，開示された本件資料を上記条項に定める目的以外に使用してはならない。

Article 5. TECHNICAL GUIDANCE

1. Upon request of Licensee made from time to time during the life of this Agreement, and when Licensor judges it appropriate, Licensor agrees to dispatch a reasonable number of Licensor's engineers (hereinafter called "Engineer") to Licensee's plant in order to give necessary guidance in relation to manufacture, assembly and / or use of the Products.
2. The terms and conditions of dispatching Engineer of Licensor to Licensee's plant in accordance with Paragraph 1 of this Article shall be as follows;
   - a) Licensee shall, on its own account, purchase and send an economy class round trip air ticket for each Engineer ten (10) days prior to his or her departure from New York.
   - b) Licensee shall pay Licensor 20,000 Japanese Yen per day per person as remuneration for Engineer in which includes lodging expenses and living expenses.
3. The working days of Engineer shall be five (5) days per week, and his or her working hours shall not exceed seven (7) hours per day, and shall include not less than one (1) hour's rest.

   In case Engineer accepts Licensee's request to work over the working hours or at midnight, Licensee shall pay to Engineer a reasonable extra allowance.

Licensee shall arrange fully furnished living accommodations for Engineer.

Licensee shall, during Engineer's stay in Tokyo, undertake the full responsibility for Engineer's health, life, body, property, etc.

──────────●　●──────────

第5条　技術指導

1. 本契約期間中に随時なされるライセンシーの要求に基づき，かつライセンサーがそれを適切と判断する場合，ライセンサーは本製品の製造・組立および／または使用に関連しての必要な指導を与えるために合理的な人数のライセンサーの技術者（以下，「技術者」という）をライセンシーのプラントへ派遣することに同意する。

　注）　"when Licensor judges it appropriate" の文言に注意。要請があっても，ライセンサーが不要と判断した場合には，技術者を派遣する義務はないこととなります。ライセンシーが自社の場合，かかる条件文言は削除しておくべきでしょう。

2. 本条1項に従いライセンサーの技術者をライセンシーのプラントへ派遣する諸条件は，以下の通りとする。

    a) ライセンシーは自己の費用で，各技術者のためのエコノミークラス往復航空券を購入し，各技術者のニューヨークからの出発の10日前に送付するものとする。

    b) ライセンシーは，ライセンサーに対し1人1日につき2万円の技術者報酬金を支払うものとし，当該金額中には宿泊費および生活費が含まれる。

3. 技術者の労働日数は，1週5日とし，その労働時間は1日7時間を超えないものとし，さらに1時間以上の休憩を含むものとする。

    技術者が労働時間を超過してまたは深夜に勤務せよとのライセンシーの要求を受け入れる場合，ライセンシーは技術者に合理的な超過勤務手当を支

払うものとする。

ライセンシーは，生活必需品一切が備わった住居を技術者に準備するものとする。

ライセンシーは，技術者の東京滞在中，技術者の健康，生命，身体，財産等につき一切の責任を負う。

注) 従業員を大事にする会社であれば，外国に自社の技術者を派遣する場合には，当該派遣技術者の労働時間や健康・生命・財産等の安全に対してライセンシーに責任をもってもらいたいと考えるのは当然のことと考えられます。

Article 6. TECHNICAL LICENSE FEE

1. In consideration of the right and license granted under this Agreement, Licensee shall pay to Licensor the fixed amount of _____ Japanese Yen within ten (10) days after this Ag reement comes effective.
2. In addition to the payment under the preceding paragraph, Licensee shall further pay to Licensor a running royalty equal to ten percent (10%) of Net Selling Price of the Products manufactured and sold by Licensee during the life of this Agreement.

―――――●　●―――――

第6条　技術ライセンス料

1. 本契約に基づいて付与される権利および実施許諾の対価として，ライセンシーは本契約発効後10日以内に_____円の固定額をライセンサーへ支払うものとする。
2. 前項に基づく支払いに加えて，ライセンシーは，さらに，本契約期間中，ライセンシーにより製造および販売される本製品の正味販売価格の10％に等しいランニングロイヤリティをライセンサーへ支払わなければならない。

注) ライセンス料の支払方法には，最初に一定額を支払う方法，製品の出来高に応じて支払う方法，両方を併用する方法等があります。ノウハウ・ライセンス契約では，ノ

ウハウを開示するライセンサーは，開示した限度でノウハウの秘密性を失うこととなり，いったん開示すれば開示前の状態へ戻すことは不可能となります。この点，技術情報が対象となっている特許ライセンスとは決定的な相違があります。したがって，ノウハウ・ライセンス契約では，最初に支払うイニシャル・ペイメントの金額が高額となるケースが多いようです。

Article 7. PAYMENT OF ROYALTIES

1. Concurrently with the statements required under Article 8, Licensee shall pay to Licensor, within thirty (30) days after the last day of February and August respectively, the total amount of the running royalty that shall have been computed in accordance with Paragraph 2 of Article 6 of this Agreement on all Products for each half calendar year.
2. The payment to Licensor under Paragraph 1 of this Article shall be made in Japanese Yen and remitted to such a bank account as Licensor shall have specified by written notice.

第7条　ロイヤリティ支払

1. 第8条に基づいて要求される計算書と同時に，ライセンシーは，2月および8月のそれぞれの末日後30日以内に，各暦半年間の本製品全量に対し，本契約第6条2項に従って計算されたランニングロイヤリティ総額をライセンサーに支払わなければならない。
2. 本条1項に基づくライセンサーへの支払いは，日本円で行われるものとし，ライセンサーが書面による通知で特定した銀行口座に送金される。

Article 8. ACCOUNTING BOOKS AND ROYALTY STATEMENT

Licensee shall keep true books and records containing an accurate and complete record of all data necessary for the computation of the running royalty accruing pursuant to Paragraph 2 of Article 6, and at each of the times specified I the Paragraph 1 of Article 7, for the payment of the running royalty, shall furnish to Licensor a written royalty statement, certified by Licensee as correct, setting forth in reasonable detail the computation of the running royalty then payable (if none, so stating) and the underlying facts on which such computation was based.

Licensee shall permit Licensor, acting by independent certified public accountants acceptable to Licensee, from time to time, and upon reasonable notice and during regular business hours to examine and take abstracts from said relevant books and records of Licensee to such extent as may be reasonably necessary to allow such accountants to determine the accuracy of any such statements.

―――――●　●―――――

第8条　会計帳簿およびロイヤリティ計算書

ライセンシーは，第6条2項に従い発生するランニングロイヤリティの計算に必要な全データの正確かつ完全な記録を含む真正な会計帳簿を保持するものとし，ランニングロイヤリティの支払いについて本契約第7条1項に規定される各時期に，そのときに支払われるランニングロイヤリティの計算（ない場合にはその旨を記載）を妥当な明細で定め，当該計算を基準とした基礎事実を記載し，並びにライセンシーより正確なものであると証明された書面によるロイヤリティ計算書をライセンサーへ提供するものとする。

ライセンシーは，ライセンサーがライセンシーに受け入れられる独立の公認会計士を使って，随時，妥当な通知により営業時間中に，当該計算書の正確さを

当該会計士が決定し得るのに妥当かつ必要な範囲で，ライセンシーの前記会計帳簿および関連記録を検査し，抜粋を作成することを許容しなければならない。

 注） ライセンス料の算定は，ライセンシーが正確で公正な会計帳簿を作成することが前提となります。そのために，ライセンサーはライセンシーの会計帳簿を検査する権限を要求するのが通例です。当社がライセンサーの場合には，絶対にもらしてはいけない条項です。逆に，当社がライセンシーの場合には，もう少し緩やかな内容のものとするのが望ましく，とくに「Licensee shall permit～」で始まる末尾の条項は削除しておくべきでしょう。

Article 9. TAXES

Any income tax imposed on payments to Licensor under this Agreement shall be borne by Licensor and shall be computed and paid in accordance with the applicable tax laws and any convention, treaty or other agreement relating to taxation between Japan and the United States of America.

―――――――●―――●―――――――

第9条　税金

本契約に基づくライセンサーへの支払いに賦課される所得税は，ライセンサーにより負担されるものとし，適用される税法および日本とアメリカ合衆国との間の課税に関する協定，条約または取決に従い計算され支払われる。

 注） 本条項は，ライセンシーを自社，ライセンサーを米国企業として作成しています。日本ではライセンス料の支払については，原則として20％の源泉課税ですが，日本と米国との取引には，二国間に租税条約が締結されておりますので10％に軽減されています。

Article 10. INTELLECTUAL PROPERTY RIGHTS

1. Licensor agrees that it shall inform Licensee without delay of any patents and any other intellectual property rights which Licensor hereafter shall obtain within the Territory with respect to Know-How,

and other technical information made available to Licensee hereunder by Licensor and the Products to be manufactured with such Know-How and other technical information. Licensee, after being so notified, shall endeavor to prevent any infringement of such intellectual property rights of Licensor and to protect Licensor from any and all loss or damage on account of such infringement.

2. Licensee shall not register of have any other party register any intellectual property right with respect to Know-How or other technical information, except for improvements that Licensee solely developed and invented, relating to the Products, in any country, without a prior written consent of Licensor.

Any intellectual property right obtained by Licensee in breach of this Agreement shall be transferred to Licensor upon request of Licensor.

──────●　　●──────

第10条　知的財産権

1. ライセンサーは，本契約に基づいてライセンサーによりライセンシーに提供されるノウハウおよびその他の技術情報並びに当該ノウハウおよびその他の技術情報を用いて製造される本製品に関して契約地域内で本契約日以降にライセンシーが取得する特許およびその他の知的財産権について，遅滞なくライセンシーに通知することに同意する。ライセンシーはしかるべく通知された後に，ライセンサーの当該知的財産権の侵害を阻止するためおよび当該侵害に起因するすべての損失および損害からライセンサーを保護するため努力しなければならない。

2. ライセンシーは，本製品に関して，自らが単独で開発し発明した改良を除き，ライセンサーの事前の書面による同意なくして，ノウハウまたはその他の技術情報に関するいかなる知的財産権をもいずれの国においても登録せず，あるいはいかなる者にも登録させないものとする。

本契約に違反してライセンシーが取得した知的財産権は，ライセンサーの要求によりライセンサーへ譲渡されなければならない。

注）　この条項は，ライセンシー自らが単独で開発発明した改良以外のノウハウや知的情報に関する知的財産権をライセンシーが登録することを禁止するものです。それに違反してライセンシーが取得した知的財産権はライセンサーへ譲渡されなければならないと規定されています。自社がライセンシーの場合には，自らが開発発明したノウハウや知的財産権については自己の知的財産権として登録できる旨の条項とするか，それが無理であれば削除しておくのが望ましいと考えます。

Article 11. IMPROVEMENT

1. Licensor agrees to inform Licensee of improvements which Licensor conceives or acquires subsequent to the execution of this Agreement and during the life of this Agreement, and further agrees to disclose and furnish Licensee, upon its written request, with technical information concerning such improvements, and Licensee shall have the exclusive right to manufacture, use and sell in the Territory the Products to incorporate such improvements.

2. Licensee hereby agrees to promptly disclose to Licensor any improvements owned, acquired, or controlled by Licensee during the life of this Agreement.

   Licensee further agrees that it shall grant to Licensor a non-exclusive and royalty-free license with the right to grant a sublicense to manufacture, use and sell the Products under such improvements outside the Territory during the life of this Agreement.

   On and after termination or cancellation of this Agreement for any cause, Licensor shall have the same license without any payment of royalty to Licensee.

3. Licensee agrees that upon request by Licensor it will notify Licensor of

its country or countries where it has filed a patent application for registration of such improvements, and if Licensor so requests, Licensee shall either file such application at its own expense or permit Licensor to file such application at the expense of Licensor, in which latter event said improvements shall be assigned to Licensor, except, however, that Licensee shall have a non-exclusive right thereunder for the term of any patent granted thereon.

———————●　　●———————

第11条　改良

1. ライセンサーは，ライセンサーが本契約締結後かつ本契約の期間中に考案しまたは取得した改良についてライセンシーに通知することに同意し，さらに，ライセンシーの書面による要請に応じて，当該改良に関する技術情報をライセンシーに開示・提供することに同意し，並びにライセンシーは，契約地域において当該改良を加えた本製品を製造し，使用し，販売する独占的権利を有するものとする。

    注）　契約期間中にライセンサーが考案した改良発明については，その内容をライセンシーへ通知し開示する義務が課され，ライセンシーは同改良技術の独占的実施権をもつことが規定されています。

2. ライセンシーは，本契約により，本契約期間中にライセンシーにより所有され，取得され，または管理されるいかなる改良も，速やかにライセンサーに開示することに同意する。

    ライセンシーは，さらに，本契約期間中に契約地域外にて当該改良に基づき本製品を製造・使用および販売する再実施権を付与する権利付の非独占的でロイヤリティ無償の実施権をライセンサーに付与することに同意する。理由のいかんを問わず，本契約の終了または解除以後に，ライセンサーはライセンシーにロイヤリティを支払うことなしに同一の実施権を保有する。

    注）　ライセンシーが考案した改良技術，改良発明については，その内容をライセンサーへ開示し，ライセンサーに対する非独占的実施権を付与し，契約終了後もライセンサ

ーに無償で実施権を付与することが規定されています。
　日本の公正取引委員会の特許・ノウハウライセンス契約のガイドラインでは，ライセンサーがライセンシーの負う義務と同様の義務を負担し，かつその内容が概ね均衡がとれている場合に報告する義務を課しまたはライセンシーによる改良技術・応用技術についてライセンサーにその非独占的実施を許諾する義務を課すことは，原則として不公正な取引方法に該当しないとされています。

3. ライセンシーは，ライセンサーの要求により，当該改良の特許出願をした国についてライセンサーに通知することに同意し，ライセンサーがそのように要求する場合，ライセンシーは自己の費用で当該出願を行うかまたはライセンサーの費用で当該出願を行うことをライセンサーに許可するものとし，後者の場合，前記改良はライセンサーに譲渡される。しかし，ライセンシーは，それに付与された特許の期間中，当該特許に基づく非独占的権利を保有する。

注） 日本の公正取引委員会の特許・ノウハウライセンス契約のガイドラインでは，ライセンシーによる改良技術・応用技術について，ライセンサーにその権利を帰属させたり独占的実施権（権利者自身も実施しないこと）を許諾することは不公正な取引方法に該当するおそれが強い事項とされています。本条の第3項では，ライセンシーには自ら特許出願を行う余地が残されている規定となっています。ライセンサーへ譲渡する場合でも，ライセンシーには実施権を実施することが可能となっていますので不公正な取引方法とはならないと考えられます。

Article 12. ADVERTISEMENT

All the expenses for advertisements, incidental to selling the Products in the Territory, shall be paid by Licensee.
The materials for advertisements and sales promotion shall be supplied to Licensee by Licensor or any supplier designated by Licensor at cost, including any transportation fee.

第12条　宣伝

宣伝のためのすべての費用並びに契約品の販売にともなう費用は，ライセンシ

一により支払われるものとする。

宣伝および販売促進用の資料は，輸送料込費用でライセンサーまたはライセンサーにより指定された供給者によってライセンシーに供給されなければならない。

注）宣伝費用等を当事者間でどのように負担するかを定めた規定です。

Article 13. SECRECY

1. Licensee hereby agrees not to sell, assign, transfer or otherwise disclose of any of Know-How or other technical information furnished to Licensee by Licensor.

2. Licensee hereby agrees to hold in the strictest secrecy Know-How and other technical information disclosed by Licensor pursuant to the terms hereof, divulging Know-How and other technical information only to those of its employees who are required to have such Know-How and other technical information for the successful manufacture and sale of the Products, and then only to the extent necessary for such purpose; provided, however, that Licensee may disclose Know-How and other technical information to a sub-contractor and prospective customer to such an extent as is necessary to sub-contract the manufacture of a part of the Products or sales promotion thereof.

3. When Licensee causes a third party to sub-assemble or sub-manufacture substantial portions of the Products, Licensee shall enter into a Secrecy Agreement with such third party, prohibiting said third party from disclosing Know-How and other technical information to others.

第13条　守秘義務

1. ライセンシーは，本契約によりライセンサーによりライセンシーに提供されたノウハウおよびその他の技術情報のいずれをも販売・譲渡・移転またはその他の方法で処分しないことに同意する。

   注）第1項は，ライセンシーがノウハウの販売や譲渡等の処分や開示することを禁止した規定です。

2. ライセンシーは，本契約の条件に従ってライセンサーより開示されたノウハウおよびその他の情報をもっとも厳格に秘密を保持すること，本製品の製造および販売の成功のためにノウハウおよびその他の技術情報の利用を必要とする被雇用者のみに，当該目的に必要な範囲でのみノウハウおよびその他の技術情報を開示することに同意する。ただし，ライセンシーは，下請けおよび潜在顧客に対し，本製品の部品製造の下請けまたはその販促に必要な範囲でノウハウおよびその他の技術情報を開示することができる。

   注）ノウハウは秘密が保たれてこそ価値があります。したがって，ライセンシーによる秘密保持義務について厳格に規定されることが多いものです。
   　　第2項では，被雇用者への開示についても限定されるべきことや下請業者や将来の顧客に対しては必要な範囲で開示することができることが規定されています。

3. ライセンシーが第三者に本製品の重要な部分を下請組立または下請製造させる場合，ライセンシーは当該第三者がノウハウおよびその他の技術情報を他社に開示することを禁じる秘密保持契約を，当該第三者と締結しなければならない。

   注）秘密保持を実行あるものとするには，ライセンシーだけの秘密保持義務を規定するだけでなく，ライセンシーが開示する第三者に対しても秘密保持義務を課すことが肝要となります。第2項で潜在的顧客への開示を許容していますので，同潜在顧客に対しても守秘義務契約を締結させる義務を負わせることが必要となります。また，ライセンシーと第三者との契約ではなく，ライセンシーに対して第三者とライセンサーとの直接の守秘義務契約を締結させる義務を負わせることも考えられます。ノウハウの秘密保持を徹底するには，ノウホウを実施している部品自体をブラックボックスとして第三者が同ブラックボックスを解体しようとすればノウハウの内容自体も破壊されるような構造にすることが可能であればそうしておくのが望ましいといえます。

Article 14. DURATION

Unless either party gives to the other party three (3) months prior written notice to terminate this Agreement, this Agreement shall remain in force and effect for a period of three (3) years commencing on the date first above written and shall be automatically renewed from year to year for one year term hence expiration of the initial term of this Agreement.

───────────●　　●───────────

第14条　契約期間

いずれかの当事者が相手方当事者に対し本契約を終了させる旨の3ヶ月前までの事前の書面による通知を与えない限り，本契約は，冒頭記載日に開始する3年の期間中有効に存続するものとし，本契約最初の期間の満了後は1年単位で年ごとに自動更新されるものとする。

Article 15.　TERMINATION

1. Licensor may, on thirty (30) days prior written notice given to Licensee at any time during the life of this Agreement, terminate this Agreement in the event that
    (a) during the first six (6) months period after this Agreement becomes effective, Licensee fails to manufacture or assemble such a quantity of the Products as are judged by Licensor to be reasonable in light of Licensor's experience and the prevailing economic conditions existing in the Territory,
    (b) Licensee defaults at any time in the payment of any payment due to Licensor hereunder,
    (c) Licensee, contrary to the provisions of Article 3, manufactures

other products competitive with the Products manufactured or sold by Licensor and Licensor deems such other manufacturing activities by Licensee to be injurious to Licensor's business relationship with Licensee, or

(d) Licensee commits any material breach of its obligations hereunder.

2. Licensee may, on thirty (30) days prior written notice given to Licensor at any time during the life of this Agreement, terminate this Agreement in the event Licensor commits a material breach of any of its obligations under this Agreement. For purpose of this Article, said thirty (30) days period shall commence from the date the notice is received by Licensor and such notice shall contain a statement setting forth the reasons for terminating this Agreement. The party receiving said notice may within said thirty (30) days period remedy such breach or other basis for terminating this Agreement as stated in said notice, in which event termination will not become effective.

3. This Agreement shall terminate immediately and without any prior written notice if Licensee or Licensor becomes insolvent or bankrupt or enters into a similar proceeding.

―――――●　●―――――

第15条　終了

1. ライセンサーは，本契約期間中のいかなる時点にても，ライセンシーに対する30日前の書面による通知をもって，本契約を終了することができる。

    (a) 本契約発効後の最初の6ヶ月間に，ライセンサーの経験と契約地域に存する普遍的経済状況に照らしてライセンサーにより合理的と判断された数量の本製品をライセンシーが製造せずまたは組み立てなかった場合，

    (b) ライセンシーが，いかなる時点であれ本契約に基づいてライセンサー

に対して行うべき支払いを怠った場合,

(c) ライセンシーが,第3条の規定に反して,ライセンサーにより製造されまたは販売される本製品と競合するその他の製品を製造し,ライセンサーがライセンシーによる当該その他の製造活動をライセンサーのライセンシーとの取引関係を害するものとみなした場合,あるいは

(d) ライセンシーが,本契約に基づく義務に対する重大な違反を犯す場合.

注) 第4号にある「material breach of 〜」の「material」は,「決定的な」あるいは「重大な」といった意味です。「material breach of obligations」は,「契約の存続を左右するほどの重大な義務違反」を意味します。cf.:「material evidence」=「判決に影響を及ぼす決定的な証拠」

2. ライセンシーは,ライセンサーが本契約に基づく義務に対する重大な違反を犯す場合,本契約期間中いかなる時点にてもライセンサーに対する30日前の書面による通知をもって本契約を終了させることができる。本条項の適用上,当該30日間は通知がライセンサーによって受領された日から始まるものとし,当該通知には本契約を終了させる理由を明らかにする記述が含まれていなければならない。当該通知を受けた当事者は,当該30日間以内に,当該通知に述べられた違反または本契約終了事由を矯正することができ,その場合には契約の終了は有効とはならない。

3. 本契約は,ライセンシーまたはライセンサーが支払不能となるかもしくは破産するかまたは同様の手続に入る場合,事前の書面による通知なくしてただちに終了するものとする。

Article 16. NOTICES

Any notice required or permitted hereunder shall be deemed to have been sufficiently given or served for all purposes herein, on the day when mailed by registered airmail, postage prepaid, addressed to the party being notified as follows;

In case of Licensee, to _____, and in case of Licensor, to _____, or at such other address as the party to be served shall designate in a written notice delivered to the other party.

――――――●――●――――――

第16条　通知

本契約に基づき要請されるまたは認められる通知は，書留航空郵便により，郵便料金前払いにて，以下の通り通知された当事者宛に郵送された日をもって，本契約中のすべての適用上適正に与えられまたは送達されたものとみなされる。ライセンシーの場合＿＿＿宛とし，ライセンサーの場合＿＿＿宛とし，あるいは送達されるべき当事者が相手方当事者に引き渡した書面による通知において指定するその他の住所宛とする。

Article 17. WAIVER

No delay or omission in exercising any right or remedy hereunder shall operate as a waiver thereof or of any other right or remedy, and no single or partial exercise thereof shall preclude any other or further exercise thereof or the exercise of any other right or remedy.

――――――●――●――――――

第17条　権利放棄

本契約に基づく権利または救済を行使するにあたっての遅延または不作為は，その権利放棄または他の権利もしくは救済の権利放棄としては作用しないものとし，その単独または一部行使は，他のもしくはそれ以上の行使またはその権利もしくは救済の行使を排除しないものとする。

　　注）　タイトルとして「No Waiver」としているものもあります。権利を行使しなかったからといって，その権利の行使を放棄したものとはみなされないとする規定です。

Article 18. FORCE MAJEURE

If performance of this Agreement is interfered with, for any length of time, by Act of God, war, civil commotion, epidemics and other similar occurrences which are beyond the control of either party, neither party shall be held liable for non-performance of this Agreement for such length of time.

───●──── ●────────

第18条　不可抗力

本契約の履行が，天変地異・戦争・内乱・流行病およびいずれかの当事者の支配を超えたその他の同種の事態によって，一定期間妨げられた場合，いずれの当事者も当該期間中の本契約の不履行に関しては責任を負わない。

 注）　"Force Majeure" はフランス語で「神の力」のことをいい，不可抗力を意味します。不可抗力条項では，債務を履行することができない原因のうち不可抗力として扱う場合を例示し，これらの場合はたとえ債務を履行しなくても責任を負わないと規定するものです。

Article 19. ASSIGNMENT

Neither this Agreement nor any of the rights conferred hereby shall be assigned or transferred, by judicial process or otherwise, to any person, firm or corporation without the prior written consent of the other party, and in the event any such assignment or transfer is attempted without such consent, this Agreement and all the rights conferred hereunder shall, at the option of the other party, immediately cease and terminate.

───●──── ●────────

第19条　譲渡

本契約および本契約により与えられたいかなる権利も，司法手続またはその他

により，相手方当事者の事前の書面による同意なくしては，いかなる個人，企業または法人に譲渡または移転されないものとし，当該譲渡または移転が当該同意なくして意図された場合，本契約および本契約に基づいて与えられたすべての権利は，相手方当事者の選択にてただちに終了するものとする。

 注） ライセンサーにとっては，相手方の営業能力・製造能力・適性・経済力等を総合的に勘案してライセンス契約を締結するか否かを決めると考えられ，ライセンシーは付与されるノウハウや技術情報等の知的財産権に着目して決めると考えられます。すなわち，ライセンス契約は当事者が互いに相手方の個性や能力に着目して締結される契約といえます。したがって，当事者の交代を予定していないものであり，契約の地位の譲渡を禁止するのが一般的です。

Article 20. ENTIRE AGREEMENT

This Agreement constitutes the final and entire agreement between the parties with respect to any and all subjects and shall supersede all previous negotiations, understandings and agreements between the parties relating thereto. This Agreement may be amended, modified, altered or changed only by a written instrument duly executed by the authorized representatives of both parties.

第20条　完全合意

本契約は，あらゆる事項に関して当事者間の最終的かつ完全な合意を構成し，それに関して当事者間における従前のすべての協議・了解および合意に取って代わるものとする。本契約は両当事者の授権された代表者により正当に作成された証書によってのみ，訂正・修正・改変または変更することができる。

Article 21. SEVERABILITY

In the event that any of the terms of this Agreement are declared to be illegal by any court of competent jurisdiction, such term or terms shall be null and void with respect to the jurisdiction of that court and shall be deemed from this Agreement, and all the remaining terms of this Agreement shall remain in full force and effect.

●　　●

第21条　分離可能性

本契約条項のいずれかが管轄権を有する裁判所により違法と宣告された場合、当該条件は当該裁判所の管轄地域において無効とされるものとし、本契約の残りのすべての条項は継続して完全に効力を有するものとする。

Article 22. HEADINGS

The headings of Articles used in this Agreement are inserted for convenience of reference only and shall not affect the interpretation of the respective Articles of this Agreement.

●　　●

第22条　見出し

本契約に使われている条項の見出しは参照の便宜のためにのみ挿入されており、本契約の各条項の解釈に影響を与えないものとする。

Article 23. LANGUAGE

This Agreement is prepared in the English language, which language shall control, and any translation in any other language shall be for reference only and shall not bind the parties.

第23条　使用言語

本契約は，英語のみにより作成され，英語が支配するものとし，他の言語によるいかなる翻訳も参考のためのみであり，当事者を拘束するものではない。

Article 24. GOVERNING LAW

This Agreement shall be governed by, and construed in accordance with the laws of Japan.

第24条　準拠法

本契約は，日本法に準拠し，それに従って解釈されるものとする。

Article 25. ARBITRATION

All disputes, controversies or differences which may arise between the parties hereto, out of or in relation to or in connection with this Agreement, or the breach thereof, shall be finally settled by arbitration in Tokyo, Japan in accordance with the Commercial Arbitration Rules of The Japan Commercial Arbitration Association. The award rendered by arbitrator(s) shall be final and binding upon both parties.

第25条　仲裁

本契約から，または本契約に関連してもしくは本契約に関して本契約当事者間に発生するすべての紛争・論争または意見の相違，あるいは本契約の違反については，日本国東京において㈳日本商事仲裁協会の商事仲裁規則に従って仲裁により最終的に解決されるものとする。仲裁人によってなされた仲裁判断は最終的なものでありかつ両当事者を拘束するものとする。

IN WITNESS WHEREOF, the parties hereto have caused this Agreement to be signed and sealed by their duly authorized officer or representative as of the date first written above.

———————●　●———————

上記の証拠として，本契約当事者は，冒頭記載の日付でその正当に授権された役員または代表者により本契約に署名および捺印された。

Licensor	ライセンサー
(Signature)	（署名）
Name, Title	記名，肩書
Licensee	ライセンシー
(Signature)	（署名）
Name, Title	記名，肩書

⑥ 秘密保持契約

業務提携や資本参加等を検討するにあたって、候補となる提携先や出資企業に対して自社の機密情報を開示する必要が生じることがあります。そのような場合に、情報の濫用や漏洩による問題や損害の発生を防止する目的で交わされます。本件サンプルは、自社が秘密情報を開示する立場の Disclosing Party として作成したものです。

SEECRECY AGREEMENT

This AGREEMENT (hereinafter called "Agreement") is made and entered into this ___ day of _____ ___ by and between _____, a corporation organized and existing under the laws of the State of New York, USA, having its principal place of business at _____ (hereinafter called "Recipient") and _____, a corporation organized and existing under the laws of Japan, having its principal place of business at _____, Tokyo, Japan (hereinafter called "Disclosing Party").

――――●――――●――――

秘密保持契約

本秘密保持契約書は、___年__月__日に、米国ニューヨーク州の法律に基づき設立され存続し_____に本社をもつ_____（以下、受益者と略）と、日本の法律に基づき設立され存続し、東京都_____に本社をもつ_____（以下、開示者と略）との間で締結される。

WHEREAS, Recipient has requested information from Disclosing Party in connection with consideration of a possible transaction or relationship between Recipient and Disclosing Party.

――――●――――●――――

受益者は，開示者との間に将来可能性のある取引または関係に鑑み，開示者に対して情報開示を求めた。

WHEREAS, in the course of consideration of the possible transaction or relationship, Diclosing Party may disclose to Recipient confidential, important, and / or proprietary trade secret information concerning Disclosing Party and its activities.

NOW, THEREFORE, the parties agree to enter into a confidential relationship with respect to the disclosure by Disclosing Party to Recipient of certain information as follows.

――――――●　●――――――

将来可能性のある取引または関係を考慮したうえで，開示者は開示者自身およびその活動に関する機密の，重要かつあるいは開示者が排他的に扱う権利を有する情報を受益者に開示する。

したがって，ここに両当事者は開示者による受益者に対する情報の開示に関して以下の通り秘密保持関係に入ることに合意する。

> 注）　国際的な契約では，冒頭に契約締結の日付，契約当事者の存立の法的根拠，当事者の住所（本店所在地）等を記載するのが通例で，それを頭書（Premises）といいますが，本件サンプル契約書では頭書を省略し，WHEREAS Clause から始めました。秘密保持契約は，実際の取引成立へ至るかどうかが不明な段階で締結されるのが通例であること，契約の開始日や当事者の法的存立根拠については，本件 WHEREAS Clause やその他の条文中で記載される形としたことによります。

Article 1. DEFINITIONS

For purposes of this Agreement, the following terms shall have the meanings given to them as follows;

"Confidential Information" shall include all information or material that has or could have commercial value or other utility in the business or prospective business of Disclosing Party. Confidential Information also includes all information of which unauthorized disclosure could be detrimental to the interests of Disclosing Party whether or not such information is identified as Confidential Information by Disclosing Party.

By example and without limitation, Confidential Information includes, but is not limited to, the following;

"Recipient" shall include Recipient, the company he or she represents, and all affiliates, subsidiaries, and related companies of Recipient.

"Representative" shall include Recipient's directors, officers, employees, agents, and financial, legal, and other advisors.

———————●　●———————

第1条　定義

本契約では，以下の用語には以下に規定する意味を有するものとする。

"秘密情報"とは，開示者にとって商業的価値のあるもしくは事業または将来的に遂行が予測される事業に有益であるあるいは有益となり得る情報または物をすべて含む。秘密情報は，それを開示者が秘密情報と認識しているか否かにかかわらず，許可されていない開示が開示者の利益に不利益となり得るものも含む。

例として，しかしながらこれに限定されるものではないが，秘密情報は以下の内容を指す。

"受益者"とは受益者が代表する企業，その支店，子会社，関係会社をすべて含む。

"代表者"という言葉は，受益者の取締役，役員，従業員，代理人，および財務・法務・その他の顧問を含む。

> 注：秘密保持を義務づけられるのは，「秘密情報」である旨が明記されたものに限定することが肝要です。秘密と明示されたものだけに限定しておかないと，何が秘密情報か秘密保持義務違反か否か当事者間で誤解を生じたりトラブルとなる危険性があるからです。

Article 2. EXCLUSIONS

Confidential Information shall not include information that Recipient can demonstrate;
a) To be in Recipient's possession prior to its being furnished to Recipient under the terms of this Agreement, provided the source of that information was not known by Recipient to be bound by a confidentiality agreement with or other continual, legal or fiduciary obligation of confidentiality to Disclosing Party,
b) To be now, or hereafter becomes, through no act or failure to act on the part of Recipient, generally known to the public,
c) To be rightfully or lawfully obtained by Recipient from a third party, without breach of any obligation to Disclosing Party, or
d) To be independently developed by Recipient without use of or reference to the Confidential Information.

―――――●　●―――――

第2条　除外

秘密情報は，以下を受益者が証明できるものは含まない。
a) 本契約の締結時点で，受益者がその情報源が秘密保持契約書やその他法的に守秘義務を課す文書で規定される事実を知らなかったことを前提に，すでにその情報を所持していたもの，
b) 現在もしくは今後，受益者の手によるのではなく，また受益者の落ち度でもなく一般に知られるところとなったもの，
c) 開示者に対する義務に抵触することなく第三者から正当にまたは合法的に入手したもの，または
d) 秘密情報を使用したり参照することなく受益者が独自につくり出したもの。

注) 本条項は，守秘義務の対象となる秘密情報から除外される情報とは何かを列挙して，その際の除外条件を規定したものです。情報を受領する時点で公知であったり受領者がすでに保有していたり，その後第三者から合法的に入手したりあるいは第三者が公表したものと同じであったりした場合には，秘密として保持しなければならない義務から解放されるのは当然だからです。

Article 3. RESTRICTION ON USE OF INFORMATION

Recipient and its Representatives shall use the Confidential Information solely for the purpose of evaluating a possible transaction or relationship with Disclosing Party and shall not in any way use the Confidential Information to the detriment of Disclosing Party.

Nothing in this Agreement shall be construed as granting any rights to Recipient, by license or otherwise, to any of Disclosing Party's Confidential Information.

第3条 情報使用についての制限

受益者およびその代表者は，秘密情報を開示者との間に将来起こり得る取引や関係の評価の目的のみに使用し，いかなる方法によっても開示者に損害を与えるような利用をしてはならない。

本契約書は，受益者にライセンスなどによって秘密情報の使用権を与えるものではない。

Article 4. NON-DISCLOSURE OF INFORMATION

Recipient and its Representatives shall not disclose any of the Confidential Information in any manner whatsoever, except as provided in paragraph 5 and 6 of this Agreement, and shall hold and maintain the Confidential

Information in strict confidence.

Recipient hereby agrees to indemnify Disclosing Party against any and all losses, damages, claims, expenses, and attorneys' fees incurred or suffered by Disclosing Party as a result of a breach of this Agreement by Recipient or its Representatives

---

第4条　情報の非開示

受益者とその代表者は，本契約の第5条および第6条に示された場合を除き，秘密情報を決して開示してはならず，厳格に秘密情報として取り扱わねばならない。

受益者は，開示者に対し，いかなる損失，損害，請求，出費，さらに受益者もしくはその代表者による本契約違反の結果被る弁護士費用に対し責任を負うことに合意する。

注）　本条項は，故意による第三者への開示のみならず過失による漏洩についても許さない対策を講じた規定です。すなわち，受益者自身のみならずそのグループ関係会社や役職員等に至るまで守秘義務を課したものです。加えて，それに違反して漏洩等が生じ情報提供者に損失や損害が生じた場合の金銭的負担を情報受益者に課したものです。

Article 5. PERMITTED DISCLOSURE

Recipient may disclose Disclosing Party's Confidential Information to Recipient's responsible Representative with a bona fide need to know such Confidential Information, but only to the extent necessary to evaluate or carry out a proposed transaction or relationship with Disclosing Party and only if such employees are advised of the confidential nature of such Confidential Information and the terms of this Agreement and are bound by a written agreement or by a legally enforceable code of professional responsibility to protect the confidentiality of such Confidential Information.

第5条　許容された情報開示

受益者は，開示者との間で提案された取引もしくは関係を遂行するにあたって，その代表者に対し情報を開示することが必要である場合においてのみ，かつ代表者に秘密情報の性質および本契約の趣旨について説明し，書面または秘密情報の保持のために法的に拘束されることについて通知をした場合にのみ，受益者の代表者に情報を開示することができる。

Article 6. REQUIRED DISCLOSURE

Recipient may disclose Disclosing Party's Confidential Information if and to the extent that such disclosure is required by court order, provided that Recipient provides Disclosing Party a reasonable opportunity to review the disclosure before it is made and to interpose its own objection to the disclosure.

第6条　情報開示の要求

受益者は，開示者に対し，情報開示の必要性について判断し，情報開示に対する反対を表明する合理的な機会を与えたうえで，裁判所の命令に従い開示者の秘密情報を開示することができる。

Article 7. APPOINTMENT OF INFORMATION CONTROL OBSERVER

Recipient appoints the person listed below as its information control observer to receive, on its behalf, all secret information pursuant to this Agreement.

Recipient may change its information control observer by giving Disclosing Party written notice of the name and address of its newly appointed information control observer.

(Name)　　　　(Address)

―――――――●　　●―――――――

第7条　情報管理者の指名

受益者は，下記に列挙される者を，本契約に従うすべての秘密情報を受益者に代わって受け取る受益者の情報管理者として指名する。

受益者は，その情報管理者を，新たに指名された情報管理者の氏名および住所について書面による通知を開示者に与えることにより変更することができる。

（氏名）　　　　（住所）

注）　秘密情報は，それが経済的価値が大きければ大きいほど厳密に管理しなければその漏洩による損失や損害が大きいものとなります。したがって，当該秘密情報を管理する者を設定し，情報管理を徹底するとともに情報開示者に対して責任の所在を明確にしておくために要求される条項です。

Article 8. RIGHT TO INFORMATION

All written data delivered by Disclosing Party Recipient pursuant to this Agreement shall be and shall remain the property of Disclosing Party.

If Recipient does not proceed with the possible transaction with Disclosing Party, Recipient shall notify Disclosing Party of that decision and shall, at that time or at any time upon the request of Disclosing Party for any reason, return to Disclosing Party any and all records, notes, and other written, printed or other tangible materials in its possession pertaining to the Confidential Information immediately on the written request of Disclosing Party. The Returning of materials shall not relieve Recipient from compliance with other terms and conditions of this Agreement.

第8条　情報に対する権利

本契約に従って受益者に対し開示者により引き渡されるすべての書面によるデータは開示者の財産として存続する。

受益者が開示者との間で将来起こり得る取引を遂行しない場合，受益者はその決定を開示者に伝え，その時点または開示者の書面による要求があったときに，いかなる理由があろうとも秘密情報を含む記録，帳簿およびその他の書面，印刷物，もしくはその他の資料を開示者に返還しなければならない。資料の返還は，受益者を本契約の他の条項を遂行する義務から開放するものではない。

注）　契約期間後は，秘密に関するすべてのデータや写しを返還することを明記したものです。

Article 9. NO ADDITIONAL AGREEMENTS

Neither the holding of discussions nor the exchange of material or information between Disclosing Party and Recipient shall be construed as an obligation of Disclosing Party to enter into any other agreement with Recipient or prohibit Disclosing Party from providing the same or similar information to other parties and entering into agreements with other parties. Disclosing Party reserves the right, in its sole discretion, to reject any and all proposals made by Recipient or its Representatives with regard to a transaction between Recipient and Disclosing Party and to terminate discussions and negotiations with Recipient at any time. Additional agreements of the parties, if any, shall be in writing signed by Disclosing Party and Recipient.

第9条　追加的契約の不要

開示者と受益者との間の事業検討の中断や資料または情報の交換は，開示者と受益者との間に新たな契約義務を生じるものではなく，また開示者に同様のまたは類似の情報を第三者に提供することを禁じるものではない。開示者は，開示者と受益者との間の取引に関する受益者からの提案を拒否し，議論や交渉をいつでも終了させる権利をもつ。当事者の追加的な合意には，開示者と受益者の双方が署名しなければならない。

Article 10. IRREPARABLE HARM

Recipient understands and acknowledges that any disclosure or misappropriation of any of the Confidential Information in violation of this Agreement may cause Disclosing Party irreparable harm, the amount of which may be difficult to ascertain, and therefore agrees that Disclosing Party shall have the right to apply to a court of competent jurisdiction for specific performance and / or an order restraining and enjoining any such further disclosure or breach and for such other relief as Disclosing Party shall deem appropriate. Such right of Disclosing Party is to be in addition to the remedies otherwise available to Disclosing Party at law or in equity. Recipient expressly waives the defense that a remedy in damages will be adequate and any requirement in an action for specific performance or injunction for the posting of a bound by Disclosing Party.

第10条　回復不能な損失

受益者は，本契約に抵触する秘密情報の開示または濫用が開示者に対して回復不能な損害を与えること，その被害額の算定が困難であることを理解し，しか

るべき措置，さらなる秘密情報の開示や契約違反の制限，その他開示者が妥当と判断する救済措置を求めて開示者が法的措置に訴える権利を認める。開示者のかかる権利は補償に加えて法律でまたは公平に開示者に適用できるその他の対応策をいう。受益者は，損害の補償が適切であることおよび開示者により制限される特定の履行または命令のための法律行為の要請に対する防御を明白に放棄する。

> 注）秘密保持契約に独特の条項で受益者に厳格な守秘の必要性を認識させ，違反した場合無条件で情報提供者に法的措置を取ることを認めるものです。なぜなら秘密情報は財産的価値があり，それが濫用されたり漏洩されれば，情報提供者の権利や利益が往々にして即時に失われ回復できないものとなることが多いからです。

Article 11. UNDERSTANDING BETWEEN PARTIES

Neither party shall publicly announce or disclose the existence of this Agreement, or the terms and conditions thereof, or any business and commercial matter of the other party, which is known to either party relating thereto, without the prior written consent of the other party.

This provision shall survive the expiration, termination, or cancellation of this Agreement.

―――――●　●―――――

第11条　当事者間了解

いずれの当事者も，本契約の存在，本契約の諸条件または相手方当事者の業務および事業に関する事項であってそれらに関連していずれかの当事者の知るところとなっているものを，相手方当事者の事前の書面による同意なくして，公表または開示しないものとする。

本規定は，本契約の満了，終了または解除後も引き続き有効であるものとする。

> 注）秘密情報は，保有者の固有の財産であるため，第3条の例外に該当しない限り，秘密保持義務の期間を無制限とすることは問題ありません。

Article 12. GOVERNING LAW

This Agreement shall be governed be and construed in accordance with the laws of Japan.

━━━━━●　　●━━━━━

第12条　準拠法

本契約は，日本法に準拠し，それに従って解釈されるものとする。

Article 13. JURISDICTION

The parties hereby irrevocably agree to the jurisdiction of the courts in Japan in any action arising out of or relating to this Agreement, and waive any other venue to which either party might be entitled by domicile or otherwise.

━━━━━●　　●━━━━━

第13条　裁判管轄

両当事者は，本契約に起因するまたは本契約に関するいかなる訴訟に関しても日本国にある裁判所の司法権に合意し，当事者のいずれかが居住地その他の理由により他国で裁判を起こす権利を有しても，それを放棄する。

Article 14. ATTORNEY'S FEES

If any action at law or in equity is brought to enforce or interpret the provisions of this Agreement, the prevailing party in such action shall be awarded its attorney's fees and costs incurred.

━━━━━●　　●━━━━━

第14条　法廷費用

本契約の履行に関し，または本契約に起因して裁判が起こされた場合，敗訴した側が裁判に要した費用を負担する。

Article 15. ENTIRE AGREEMENT

This Agreement expresses the full and complete understanding of the parties with respect to the subject matter hereof and supersedes all prior or contemporaneous proposals, agreements, representations and understandings, whether written or oral, with respect to the subject matter.

This Agreement is not, however, to limit any rights that Disclosing Party may have under trade secret, copyright, patent or other laws that may be available to Disclosing Party. This Agreement may not be amended or modified except in writing signed each of the parties to the Agreement. This Agreement shall be construed as to its fair meaning and not strictly for or against either party. The headings hereof are descriptive only and not to be construed in interpreting the provisions hereof.

第15条　完全合意

本契約は，ここに記載された件に関して当事者が理解していることを完全に表明しており，本契約締結以前または本契約と同時になされた提案，合意，言明，理解に対し，それが書面によるものであろうと口頭であろうと，優先するものである。

しかしながら，本契約は，開示者が利用し得る商業秘密，著作権，特許，その他の法律のもとで開示者がもち得る権利を制限するものではない。本契約は，両当事者が署名した書面によらない限り，変更または修正されない。本契約は，

いずれの当事者に対しても有利または不利に解釈されるものではなく，公正に解釈されるものである。本契約書の見出しは叙述的であり，条文の解釈として扱われるものではない。

IN WITNESS WHEREOF, the parties hereto have caused this Agreement to be signed and sealed by their duly authorized officer or representative as of the date first above written.

上記の証拠として，本契約当事者は，冒頭記載の日付で，正当に授権された役員または代表者により，本契約に署名および捺印させた。

(Recipient)	(受益者)
(Company Name)	会社名
Address of Principal Office	本店所在地

| Signature | 署名 |

| Name & Title | 署名者名，肩書（役職） |
| Date: | 日付： |

(Disclosing Party)	(開示者)
(Company Name)	会社名
Address of Principal Office	本店所在地

| Signature | 署名 |

| Name & Title | 署名者名，肩書（役職） |

Date:　　　　　　　　　　日付：

注）　末尾文言で「冒頭記載の日付で〜」といっているにもかかわらず，署名欄に日付欄が設けられていることがあります。「冒頭記載の日付で」といっていることと矛盾していますが，この場合の署名欄の日付は署名した日付を明確にしようとするもので，契約発効の日付はあくまでも契約書冒頭記載の日付となります。

⑦ 貨物寄託基本契約書

BASIC AGREEMENT FOR CARGO BAILMENT

This Agreement is entered into on this ___ day of _____, 20 __ by and between _____, a corporation duly organized and existing under the laws of Japan and having its principal office of business at _____. Tokyo, Japan (hereinafter called "Bailor") and _____, a corporation duly organized and existing under the laws of _____ and having its principal office of business at _____ (hereinafter called "Bailee") on bailment of Bailor's products.

———————● ●———————

貨物寄託基本契約書

本契約は，20__年__月__日に日本法に基づいて正当に設立され存続している法人で，主たる営業所を東京都_____に有する_____（以下「寄託者」という）と_____国法に基づいて設立され存続している法人で主たる営業所を_____に有する_____（以下「受寄者」という）の間で寄託者の商品の寄託に関し締結された。

Article 1. BAILMENT

(1) Bailor bails to Bailee its products, which Bailor owns or possesses (hereinafter called "Cargoes") and entrusts Bailee with safekeeping and operation which are carried Cargoes into and / or out from warehouse and other operation with respect thereto, and Bailee agrees to store them and accomplish its operation which Bailee carries Cargoes into and / or out from warehouse and other operation with respect

thereto on Bailor's behalf.

(2) Bailee shall store Cargoes and accomplish its operation to carry Cargoes into and / or out from warehouse and other operation with respect thereto with the care of a good faith and manner.

第1条　寄託

(1) 寄託者は受寄者に対して寄託者が所有または所持する商品（以下「貨物」という）を寄託し，受寄者に対して保管および倉庫の入出庫作業および貨物に関するその他の作業を委託し，受寄者は寄託者のために貨物を保管し，倉庫の入出庫作業およびその他の作業を行うことを同意する。
(2) 受寄者は，善良なる管理者の注意をもって，貨物を保管し，貨物の入出庫作業およびその他の作業を誠実に行うものとする。

Article 2. NOTICE OF CARGOES DETAILS

When Bailor bails Cargoes to Bailee , Bailor shall inform Bailee of names of Cargoes, marks, quantity, and the value using a written Request for Bailment.

第2条　貨物明細の通知

寄託者が受寄者に対して貨物を寄託する際は，寄託者は，寄託申込書により受寄者に対して貨物の品名，記号，数量，および価額を通知しなければならない。

Article 3. NOTICE OF CARGOES DAMAGES & LOSS

In the event Bailee finds, upon receipt of Cargoes at its warehouse, any damage or loss to Cargoes or any difference in quantity from those described in the Request for Bailment, Bailee shall inform Bailor of the details as soon as possible for further instruction.

━━━━━━━━━━●━━━●━━━━━━━━━

第3条　貨物の破損および損失の通知

受寄者は，自己の倉庫で貨物を受領したときに貨物に損害または損失があることを発見した場合，もしくは寄託申込書に記載された数量との相違を発見した場合には，遅滞なく寄託者に対してその詳細を報告するものとし，寄託者の指示に従うものとする。

Article 4. REPORT OF RECEIPT

When Bailee receives Cargoes, Bailee shall inspect the Cargoes and send a Receiving Report to Bailor specifying particulars of the received Cargoes such as names, marks, quantity, etc.

━━━━━━━━━━●━━━●━━━━━━━━━

第4条　入庫報告

受寄者は，貨物を受領した場合には，それを検査し，貨物の品名，記号，数量等を記載した入庫報告書を寄託者に送付するものとする。

Article 5. DELIVERY PROCEDURES

(1) The authorized Bailor's personnel for the purpose of giving instructions from Bailor to Bailee shall be as follows:

　　Mr. ＿＿＿＿＿　Phone No. ＿＿＿＿＿　and / or

　　Mr. ＿＿＿＿＿　Phone No. ＿＿＿＿＿

(2) The delivery instruction may be sent by Bailor by fax in the form of Delivery Instruction with the authorized personnel's signature.

・――――――・――――・

第5条　出庫手続

(1) 寄託者が受寄者に対して指示を与える権限を有する者は次のとおりとする。
　　Mr. _____　電話番号 _____　およびまたは
　　Mr. _____　電話番号 _____
(2) 寄託者による出庫の指示は，権限のある者の署名した出庫指示書をファックスで送付することができる。

Article 6. DELIVERY REPORT

Bailee shall inform Bailor by fax in the form of Delivery Report indicating particulars of the delivered Cargoes such as names of Cargoes, marks, quantity, etc., upon completion of delivery.

・――――――・――――・

第6条　出庫報告

受寄者は，出庫が完了したとき，出庫された貨物の品名，記号，数量等を記載した出庫報告書を寄託者に対しファックスにて報告をしなければならない。

Article 7. NOTICE OF CARGOES CONDITIONS

When Bailee perceived any damage or loss or those apprehensions caused to Cargoes during storage, Bailee shall inform Bailor of details of Cargoes conditions for further instruction by Bailor.

・――――――・――――・

第 7 条　貨物状態の通知

貨物保管中に損害または損失が生じもしくはそのおそれがある場合には，受寄者は寄託者の指示をあおぐため貨物の状態についての詳細を寄託者に報告しなければならない。

Article 8. COMPENSATION FOR DAMAGE

In the event any damage or loss to Cargoes occurred during storage or during in and out operation of Cargoes by Bailee, Bailee shall be fully responsible for such loss or damage.

第 8 条　損害の補償

受寄者による貨物の保管中または入出庫作業中に貨物に損害または損失が生じた場合には，受寄者はかかる損失または損害につき全面的に責任を負うものとする。

Article 9. INSPECTION OF CARGOES

Bailee shall inspect Cargoes conditions from time to time, and provide Bailor with necessary suggestion related to storage of Cargoes.

第 9 条　貨物の検査

受寄者は随時貨物の状態を検査するものとし，寄託者に対して貨物の保管に関する必要な助言を与えなければならない。

Article 10. CONFIDENTIALITY

Bailee shall not use for any purpose other than for the purpose of performance of the obligations hereunder, nor disclose to any third parties or Bailee's employees who are not in charge, any information which has been provided or disclosed by Bailor, or which Bailee came to know during the performance of this Agreement. Bailee's obligation under this Article shall survive after the termination of this Agreement.

―――――●――――●―――――

第10条　守秘義務

受寄者は，寄託者が開示した情報または受寄者が本契約の履行の過程で知ることになった情報を，本契約に基づく義務の履行目的以外のいかなる目的にも使用してはならず，いかなる第三者または受寄者の非担当職員に対して開示してはならない。本条に基づく受寄者の義務は本契約終了後も存続する。

Article 11. FIRE INSURANCE

Bailee shall insure Cargoes against fire at its expenses, with respect to all of the bailed Cargoes. The insured value shall be equal to the value of the Cargoes declared by Bailor.

―――――●――――●―――――

第11条　火災保険

受寄者は，寄託されたすべての貨物に対して自己の費用で火災保険を付保しなければならない。保険金額は，寄託者により申告された貨物の価額と同額とする。

Article 12. STORAGE FEE & SERVICE CHARGE

Bailee's storage fee and Service charge for storage, operation works to carry Cargoes into and/or out from warehouse, other operations and transportations shall be separately agreed.

---●---●---

第12条　倉庫料および手数料

受寄者の，保管，入出庫作業，その他の作業および運搬に関する倉庫料および手数料は，別途合意するものとする。

Article 13. TERM

This Agreement shall come into force on and from ＿＿＿＿, ＿＿ and, unless earlier terminated, shall remain in force until ＿＿＿＿, ＿＿ and shall be automatically renewed and continued on a year to year basis unless either party expresses its intention to terminate this Agreement by written notice to the other party at least three (3) months before the expiration of the original term or any such renewed term of this Agreement.

---●---●---

第13条　契約期間

本契約は，＿＿年＿月＿日から効力を生じ，それ以前に終了されない限り，＿＿年＿月＿日まで有効であるものとし，いずれかの当事者が当初期間または更新期間の満了の３ヶ月前までに相手方当事者に対して本契約を終了する旨の書面による意思表示をしない限り，１年ごとに自動的に更新され継続されるものとする。

Article 14. TERMINATION

Bailor may terminate this Agreement upon occurrence of any of the followings;

(a) Bailee fails to perform any obligations under this Agreement and does not cure such default within ten (10) days after receipt of a notice to such effect from bailor,

(b) Any check, bill of exchange or promissory note drawn by Bailee becomes dishonored,

(c) Attachment, provisionsl attachment, provisional disposition, disposition for tax delinquency or any procedures similar to the foregoing have been taken against Bailee or filing of official auction is raised against Bailee,

(d) A proceeding for bankruptcy, dissolution of company, petition for corporate reorganization is instituted by or against Bailee or a receiver is appointed for Bailee,

(e) Bailee passed a resolution on discontinuance of its business or liquidation (except in the case of merger),

(f) Bailee falls into insolvency, over debts or any other financial difficulty which has deteriorated or is reasonably expected to deteriorate Bailee's financial conditions, or

(g) Bailee damages Bailor's reputation in any way, or occurrence of any event which makes is difficult for Bailor to continue the transaction hereunder with Bailee.

━━━━━━━━━●　●━━━━━━━━━

第14条　解除

寄託者は，下記のいずれかの事由が発生した場合には，本契約を解除すること

ができるものとする。

(a) 受寄者が本契約に基づく義務の履行を怠り，寄託者からその旨の通知を受領してから10日以内に同履行懈怠を是正しない場合
(b) 受寄者が振り出した小切手為替手形または手形が不渡りになった場合
(c) 受寄者に対して差押，仮差押，仮処分，滞納処分その他これに準ずべき処分があり，または受託者が競売の申立を受けた場合
(d) 受寄者に対して，破産手続，会社整理，会社更生の各申立がなされ，または自ら申し立てた場合，または管財人が受託者のために選任された場合
(e) 受寄者が営業の廃止または解散（合併による場合を除く）の決議をした場合
(f) 受寄者が支払不能，債務超過。または財産状態の悪化に陥り，またはそのおそれがあると認められる相当の事由がある場合
(g) 受寄者が寄託者の信用を傷つける行為をした場合，または寄託者が本契約に基づく取引を受寄者と継続することを困難にする事由が発生した場合

Article 15. PREMATURE TERMINATION

Either party may terminate this Agreement by giving three (3) months written notice in advance to the other party, any time during the term of this Agreement.

───────●　　●───────

第15条　中途解約

いずれの当事者も，本契約の期間中，書面による3ヶ月の事前通知を相手方に与えることにより本契約を終了させることができる。

Article 16. GOVERNING LAW

This Agreement shall be governed by and construed in accordance with the laws of Japan.

―――――●　●―――――

第16条　準拠法

本契約は，日本法に準拠し，それに従って解釈される。

―――――●　●―――――

Article 17. JURISDICTION

The parties hereby agree that the Tokyo District Court shall have exclusive jurisdiction for the first instance over any dispute in connection with this Agreement.

―――――●　●―――――

第17条　裁判管轄

両当事者は，本契約に関するいかなる紛争も東京地方裁判所を第一審の専属裁判管轄とすることに同意する。

―――――●　●―――――

Article 18. SEVERABILITY

If any provision or any portion of any provision of this Agreement shall be held to be void or unenforceable, the remaining provisions of this Agreement and the remaining portion of any provision held void or unenforceable in part shall continue in full force and effect.

―――――●　●―――――

第18条　分離可能性

本契約の条項またはその一部が無効または実施不能と判断された場合、本契約の残りの条項および一部が無効または実施不能と判断された条項の残りの部分は継続して完全に効力を有するものとする。

Article 19. WAIVER

No delay or omission by Bailor, whether expressed or implied, in exercising any right or remedy hereunder shall operate as a waiver thereof or of any other right or remedy, and no single or partial exercise by Bailor thereof shall preclude any other or further exercise thereof or the exercise of any other right or remedy.

　　　　　●　　●

第19条　権利放棄

明示的または黙示的であるかを問わず、寄託者の本契約に基づく権利または救済を行使するにあたっての遅延または不作為は、その権利放棄または他の権利もしくは救済の権利放棄としては作用しないものとし、寄託者によるその単独または一部行使は、他のまたはさらなる行使またはその権利もしくは救済の行使を排除しないものとする。

Article 20. ENTIRE AGREEMENT

This Agreement constitutes the final and entire agreement between the parties with respect to any and all subjects and shall supersede all previous negotiations, understandings and agreements between the parties relatins thereto. This Agreement may be amended, modified, altered or changed only by a written instrument duly executed by the authorized representatives of both parties.

───────●────●───────

第20条　完全合意

本契約は，あらゆる事項に関して当事者間の最終的かつ完全な合意を構成し，それに関する当事者間の従前のすべての協議，了解および合意に取って代わるものとする。本契約は，両当事者の正当に授権された代表者により正当に締結された書面によってのみ，訂正，修正，改変または変更されることができる。

IN WITNESS WHEREOF, the parties have caused this Agreement to be signed by their duly authorized representatives and executed in duplicate as of the date first above written, and each party retaining one copy.

───────●────●───────

上記の証として，両当事者は本契約を2部作成し正当に授権された両当事者の代表者により冒頭記載の日付で署名し，各当事者が1部ずつ保有する。

Bailor　　寄託者　　　　　Bailee　　受寄者

_____　　　_____

Name, Title　氏名，肩書　　Name, Title　氏名，肩書

⑧ 事務所賃貸借契約書

AGREEMENT FOR LEASING OFFICE

THIS AGREEMENT is made and entered into this ＿＿ day of ＿＿＿＿. ＿＿＿ by and between ＿＿＿＿＿＿ a corporation duly organized and existing under the laws of ＿＿＿＿＿＿ and having its principal office of business at ＿＿＿＿＿＿＿ (hereinafter referred to as "Lessor") and ＿＿＿＿＿＿, a corporation duly organized and existing under the laws of ＿＿＿＿＿＿ and having its principal office of business at ＿＿＿＿＿＿＿ (hereinafter referred to as "Lessee") for the leasing of an office space (hereinafter referred to as "the Property") under the following conditions:

―――――●　●―――――

事務所賃貸借契約

本契約は，＿＿年＿月＿日に，＿＿＿＿国法に基づいて正当に設立され存続している法人で，主たる営業所を＿＿＿＿＿に有する＿＿＿＿＿（以下"賃貸人"という）と，＿＿＿＿＿国法に基づいて設立され存続している法人で，主たる営業所を＿＿＿＿＿に有する＿＿＿＿＿（以下"賃借人"という）とは，賃貸人の所有に係る下記の賃貸借スペース（以下"物件"という）の賃貸借につき，次の通り契約を締結する。

注）建物一棟貸のようなケースではLessorの代わりにLandlordと表記されることがあります。

Article 1. DESCRIPTION OF PROPERTY

(1) Lessor shall lease to Lessee the following Property, and Lessee shall take it on lease;

Room No _____ . , _____ square meters (as per attached plan) _____ Floor of _____ Building (Steel-frame reinforced concrete structure with _____ stories above, _____ floors underground) Lessee may use the air conditioners and ventilation systems currently installed in the building.

(2) The floor area of the building shall be measured on a wall-center basis.

―――――●――――●――――――

第1条　物件の表示

(1) 賃貸人は，賃借人に対し下記物件を賃貸し，賃借人はこれを賃借する。
_____階_____号室_____平方メートル（添付図面表示の通り）
_____ビルディング（鉄骨鉄筋コンクリート造地上__階地下__階建）
賃借人はビル備付けの冷暖房装置，換気設備を使用できる。
(2) 物件の床面積は壁芯計算ベースで計測されるものとする。

―――――●――――●――――――

Article 2. PURPOSE OF USE

Lessee shall use the Property for an office space only and for no other purpose.

―――――●――――●――――――

第2条　使用目的

賃借人は，物件を事務所の目的にのみ使用するものとし，その他の目的に使用してはならない。

Article 3. TERM

(1) The term of this Lease hereof shall be for a period of one year

beginning on and from _____ and, unless earlier terminated, ending at midnight on _____.

(2) Either party may terminate this Agreement upon expiration of the initial term of this Agreement giving a written notice to the other party three (3) months prior to expiration of the original term of lease.

(3) This Agreement shall be automatically renewed and continued on a year to year basis unless either party expresses its intention to terminate this Agreement by written notice to the other party at least three (3) months prior to expiration of the initial term hereof or any such renewed term of this Agreement.

――――――●　●――――――

第3条　期間

(1) 賃貸借期間は，____年__月__日から1年間とし，それ以前に終了されない限り，____年__月__日に終了する。

(2) いずれの当事者も，3ヶ月前までに相手方に対し，その旨を書面により通知することにより当初期間の満了時に本契約を終了させることができる。

(3) いずれかの当事者が当初期間または更新期間の満了の少なくとも3ヶ月前までに相手方当事者に対して本契約を終了する旨の書面による意思表示をしない限り，本契約は1年ごとに自動的に更新され継続されるものとする。

Article 4. RENT

(1) Lessee shall pay to Lessor without counterclaim, offset, defence, or reduction of any kind whatsoever, a monthly rental of US Dollars _____ by the last day of every month for the following monthly rent in advance by delivering the rent directly to Lessor or paying the same by telegraphic bank transfer into the bank account designated by Lessor.

In case that the rental period is shorter than one (1) month, such rental amount shall be computed on a daily pro-rated basis of that month.

(2) In the event the current rent is deemed to be inappropriate in view of fluctuations of commodity prices, increase in taxes imposed on or other expenses related to land and buildings, level of rents for neighboring land and buildings, and / or other changes in circumstances including economic conditions, Lessor and Lessee may reserve the right of negotiating to revise the rent.

(3) If the rent or other monetary sums due Lessor hereunder are paid later than the tenth (10th) day from the due date, a late fee of ten (10) percent of the amount due shall be payable by Lessee adding to the rent charge.

───────●   ●───────

第4条　賃料

(1) 賃料は，月額＿＿＿＿米ドルとし，賃借人は月額賃料＿＿＿＿米ドルを，いかなる種類の反訴，相殺，防御または控除なしに，毎月末日までに翌月分を賃貸人に直接持参または賃貸人の指定する銀行に電信送金にて支払うものとする。賃貸借期間が1ヶ月に満たない場合は，賃料はその月の日数によって日割計算とする。

(2) 物価変動，土地建物に対する公租公課その他経費の増加，近隣土地建物賃料の変動，経済情勢を含むその他環境の変動に基づく事情により，当該賃料が不相当と認められるに至ったときは，賃貸人および賃借人は賃料改定について協議する権利を留保できる。

(3) 賃料または賃貸人に対して負担する他の金銭が支払日より10日以上遅延して支払われる場合には，賃借人は要支払額の10％の金額を賃料に添えて支払わなければならない。

Article 5. EXPENSES

(1) Lessee shall pay Lessor the common service charge for US Dollars __ ____ every month.
(2) The provision regarding the rent mentioned in the preceding Article shall apply for the common service charge.
(3) Lessee shall be responsible for supplemental expenses, such as expenses for gas, electricity, air-conditioning, and water consumed in or for the Property, and shall promptly pay Lessor the expenses upon request from Lessor.

———————● ●———————

第5条　諸費用

(1) 賃借人は共益費月額_____米ドルを賃貸人に支払うものとする。
(2) 前条記載の賃料に係る規定は共益費についても準用されるものとする。
(3) 賃借人の物件使用に関連して生ずる物件内のガス，電気，エアコンおよび水道等の負荷費用は一切賃借人の負担とし，賃貸人から請求あり次第ただちに支払うものとする。

Article 6. PROHIBITIONS

Lessee shall not perform any of the following acts;
(1) Assign or offer as a security to any third party any rights of the Property,
(2) Sublease to any third party, or cause or allow any third party to use a part or all of the Property,
(3) Cause or allow any third party to share the Property, or to exhibit no other name than Lessee on or in connection with the Property, and

(4) Conduct any such act that will disturb other lessees, or damage any part of the building including the Property.

―――――――――●　●―――――――

第6条　禁止行為

賃借人は次の行為をしてはならない。
(1) 物件上のいかなる権利をもいかなる第三者へ譲渡し，または担保に供すること
(2) 物件の全部または一部をいかなる第三者にも転貸し，または使用させること
(3) 物件内に第三者を同居させ，または賃借人以外の在室名義を表示すること
(4) 他の賃借人に迷惑となる行為その他物件を含む建物に損害を及ぼすような一切の行為をすること

Article 7. REPAIR COST

(1) Except for damage caused by fire and other casually, Lessor shall, at its own expense, after notice from Lessee of the need thereof, be responsible for making necessary repairs to the building, any fixtures, and other facilities installed therein for maintaining the same in good condition.
(2) The repairing cost for damage to walls, ceilings and floors (including repainting) of the Property shall be borne by Lessee in principle.
(3) Lessee shall be responsible to notify Lessor, without delay, of any damage mentioned in the preceding two Articles which requires repairs. In such cases, Lessee shall consult with Lessor in advance and make necessary repairs even if made by Lessee at its own expense.

―――――――――●　●―――――――

第7条　修繕費

(1) 火災およびその他偶発的なものによる損害を除き，賃貸人は自己の費用で建物の本体および付属設備の維持保全に必要な修理を行う義務を負う。
(2) 物件内の壁，天井，床等の損傷に関する修理（塗装替を含む）は，原則として賃借人の負担とする。
(3) 前2項の修理を要する損傷を発見したときは，賃借人は遅滞なく賃貸人に通知する義務を負う。かかるケースには，自己負担の修理といえども必ず賃貸人と事前に協議のうえ必要な修理を実施するものとする。

Article 8. MODIFICATION

(1) When Lessee intends to change the original condition of the Property by installing fixtures, or making, removing or altering facilities in and to the Property, Lessee shall obtain prior written approval from Lessor. All costs and expenses for such work shall be borne by Lessee.
(2) When Lessee carries out the aforementioned works, Lessee shall keep in close contact with Lessor regarding contents and method of works to obtain prior approval on all such occasions.

――――●　●――――

第8条　原状変更

(1) 賃借人が，造作，設備の新設，除去，変更その他物件内において原状を変更しようとするときは，あらかじめ賃貸人の書面による承諾を得なければならない。これに要するすべての費用は一切賃借人の負担とする。
(2) 前項の工事を賃借人が実施する場合は，その内容，工事方法等につき，賃貸人と密に連絡を行い，そのつど賃貸人の承諾を得なければならない。

Article 9. EARLIER TERMINATION

In the event of intending to terminate this Agreement during the term hereof, either party shall notify the other party of such intention in writing at least three (3) months prior to the date of such earlier termination. Provided, however, that Lessee may terminate this Agreement forthwith by paying to Lessor an amount equal to three (3) months rent in lieu of prior notice.

第9条　期限前解約

賃貸借期間中に本契約を解約しようとするときは，いずれの当事者も少なくとも3ヶ月前までに相手方に対し書面によりその通知をしなければならない。ただし，賃借人は事前通知に代えて3ヶ月分の賃料相当額を支払い即時解約することができる。

Article 10. COMPENSATION

Any loss or damage caused to Lessor, or any other lessee or third party, by any willful negligent or mishandling act by Lessee or any of its agents, employees, contractors or other persons concerned shall be indemnified by Lessee.

第10条　損害賠償

賃借人またはその代理人，使用人，請負人その他関係者の故意または過失によって，賃貸人または他の賃借人もしくは第三者に損害を与えた場合は，賃借人が一切これを賠償しなければならない。

Article 11. EXEMPTION

(1) Lessor may be exempted from any loss or damage incurred by Lessee caused by circumstances beyond Lessor's and the Property owner's reasonable control, including, but not limited to, earthquakes, fires, floods and other natural calamities. Lessor may not be responsible for any loss or damage incurred by Lessee caused by or related to facilities of the building, such as by electricity, gas, water, air-conditioners, elevators, notwithstanding Lessor's and the property owner's good care required for maintenance and management of the building, or by circumstances such as robberies, demonstrations or labor disputes.

(2) Lessor may be exempted from any loss or damage to Lessee caused by an occurrence related to Lessee and other lessees whatsoever the situation will be.

(3) Lessor may not be responsible for any inconvenience incurred by Lessee due to inability of services and suspension or restriction of use of the common-use area or a part of the Property for repairs or alterations as required for maintenance and management of the building.

―――――――――●　●―――――――――

第11条　免責

(1) 地震，火災，水害およびその他の自然災害，または賃貸人が賃貸人および建物所有者としてその維持管理上通常払うべき善良なる管理者の注意を払ったにもかかわらず，電気，ガス，水道および冷暖房，昇降機その他建物の設備に起因もしくは関連し，または盗難もしくは示威行動，労働争議により賃借人に損失または損害が生じた場合，いずれも賃貸人はその責を負わないことができる。

(2) 賃借人が他の賃借人と関連して被った損失または損害に対しては，事態の

いかんにかかわらず賃貸人はその責を負わないことができる。
(3) 賃貸人が行う建物の修理または改造等の工事により生ずる諸サービスの不足および共用部分または物件の一部の使用停止もしくは使用上の制約に関しては，賃貸人はその責を負わないことができる。

Article 12. INSPECTION

Lessor or its employees may, at any time required for the maintenance of the Property, including, without limitation, the maintenance of security and hygiene, prevention of crimes, prevention of disaster and / or conducting relief and rescue activities, enter and inspect the Property by giving prior notice to Lessee, and take necessary measures. Provided, however, that in case of emergency, when Lessor is unable to notify Lessee of such entry and inspection in advance, Lessor shall promptly notify Lessee thereof on an *ex post facto* basis.

●━━━━━━● ●━━━━━━●

第12条　検査

賃貸人またはその使用人は，物件の保全，衛生，防犯，防火，救護その他物件の管理上必要あるときはあらかじめ賃借人に通知したうえで物件に立ち入り，これを点検し，必要な措置を講ずることができる。ただし，非常の場合賃貸人があらかじめこの旨を賃借人に通知することができないときは，事後速やかに賃借人に報告しなければならない。

> 注）　*ex post facto* はラテン語で，「事実が先行すること」を意味します。法律文書で使われることが多く，「事後の」「遡及して」といった意味で形容詞や副詞として使用されます。
> 　　Ex post facto compensation「事後の補償」，ex post fact law「遡及法」，ex post facto approval「事後承諾」，ex post facto report「事後報告」本条の "*ex post facto basis*" は「事後的に」の意で使用しました。

Article 13. DUE DILIGENCE

The Lessee shall use the Property and the common-use area of the Property with the due care expected of a good tenant.

———————●　　●———————

第13条　善管注意義務

賃借人は賃貸借室および物件の共用部分を善良な管理者の注意をもって使用しなければならない。

Article 14. BUILDING MANAGEMENT REGULATIONS

Lessee shall observe the provisions of the building management regulations separately set by Lessor.

———————●　　●———————

第14条　ビル管理規則

賃借人は，賃貸人が別途定めたビル管理規則を順守しなければならない。

Article 15. CAUTION MONEY

(1) For the purpose of securing its obligations under this Agreement, Lessee shall deposit to Lessor as a caution money for US Dollars ____ which shall be equal to ____ months rent at the time of signing of this Agreement, provided, however, that no interest shall be paid by Lessor on the deposit.

(2) In case the rent is increased or decreased, the amount of caution money shall be revised to an amount equal to ____ months of the revised rent,

and the difference of the amount shall be promptly paid by, or to Lessee.

(3) Lessor shall be entitled to appropriate, without prior notice, the deposit for settlement of any of Lessee's indebtedness payable to Lessor, including delay in payment of the rent and the common benefit charges, and compensation for damage under this Agreement. In such cases, Lessee shall replenish the amount of the original caution money within five (5) days after receipt of notice from Lessor requesting to appropriate a sum of money. Lessee shall not propose the caution money to be offset against any of Lessee's indebtedness payable to Lessor including the rent and other fees during the term hereof.

(4) Lessor shall return the caution money to Lessee after Lessee completely surrenders the Property to Lessor and fully completes payment of indebtedness payable to Lessor upon termination of this Agreement.

(5) Lessee shall not transfer the right to the caution money to any third party nor use the same for securing any other agreement that Lessee makes with other third parties.

―――――――●――――●―――――――

第15条　保証金

(1) 本契約に基づく債務の履行を担保するため，賃借人は保証金として賃料の＿ヶ月分相当額＿＿＿＿＿米ドルを本契約締結と同時に賃貸人に預け入れるものとする。ただし，賃貸人は同保証金に対し利息をつけない。

(2) 賃料に増減があった場合は，保証金もこれに従って賃料の＿ヶ月分相当額に至るまで増減するものとし，増減差額は賃借人によりまたは賃借人に対して精算されなければならない。

(3) 賃借人に延滞賃料，損害賠償その他本契約に基づく債務の不履行があるときは，賃貸人は事前通告なしに保証金をこれに充当できるものとする。こ

の場合賃借人は充当の通知を受けた日から5日以内に保証金の不足額を塡補しなければならない。賃借人は本賃貸借期間中，保証金をもって賃料その他の債務との相殺を主張することができない。

(4) 本契約が終了し，賃借人が物件を完全に明け渡し，かつ賃貸人に対する一切の債務を完済した後に，賃貸人は保証金を賃借人に返還しなければならない。

(5) 乙は，保証金に関する債権を第三者に譲渡し，または，他の第三者に対する債務の担保の用に供してはならない。

Article 16. TERMINATION

In the event the Property becomes unuseable due to destruction or damage of all or part of the building by force majeure, including, without limitation, natural disasters, this Agreement shall be automatically terminated.

第16条　契約終了

天災を含みかつそれに限定されない不可抗力により建物の全部または一部が滅失もしくは破損し物件が使用不能となった場合には，本契約は自動的に終了するものとする。

Article 17. IMMEDIATE TERMINATION

In case any of the following applies to Lessee, Lessor may terminate this Agreement without prior notice. In case Lessor suffers any loss or damage by Lessee, Lessor may have a right to claim compensation for such loss or damage;

1. Lessee fails to pay the rent, common service charge and / or any other

indebtedness for three (3) months or longer,
2. Lessee uses the Property for other purpose than the purpose provided in Article 2,
3. Lessee commits any breach of its obligation hereunder,
4. Lessee significantly interferes with any other lessee to use the Property they lease,
5. Lessee acts against any of the provisions of this Agreement, and or any other agreement entered into hereunder,
6. Lessee does not use the Property for one month or longer without prior approval of Lessor,
7. Any attachment, provisional attachment, provisional disposition or forcible execution is filed against Lessee or when any petition for insolvency or bankruptcy, company arrangement, corporate reorganization or reorganization is filed by or against Lessee, and
8. Lessee damages Lesor's reputation in any way, or occurrence of any event which makes difficult for Lessor to continue the lease hereunder to Lessee.

―――――●　●―――――

第17条　即時解除

賃借人に次の各号の一に該当することがあったときは，賃貸人は何らの事前催告なしに本契約を解除することができるものとし，この場合賃貸人が損害を被ったときは，賃借人に対してその損害の賠償を請求する権利を有する。
(1)　賃料，共益費その他の債務の支払を3ヶ月分以上怠ったとき。
(2)　物件を第2条の目的以外に使用したとき。
(3)　賃借人が本契約に基づく義務の違反を犯すとき。
(4)　他の賃借人が賃借する物件の使用に著しい妨害を与えたとき。
(5)　本契約またはこれに付随して締結した他の契約の各条項のいずれかに違反

したとき。
(6) 物件を賃貸人の事前の承諾なくして1ヶ月以上使用しないとき。
(7) 差押，仮差押，仮処分，強制執行等公権力の処分を受けたとき，支払不能，破産，会社整理，会社更生手続または再生手続等の申立を受け，もしくは自らこれらの申立をしたとき。
(8) 賃借人が賃貸人の信用を傷つける行為をした場合，または賃借人が本契約に基づく賃借人への賃貸を継続することを困難にする事由が発生したとき。

Article 18. RESTRATION TO ORIGINAL CONDITION

(1) Upon termination of this Agreement, Lessee shall forthwith, at its own expense, remove from the Property any or all fixtures, equipment and facilities, and articles owned by Lessee that Lessee has constructed or added to the Property. Any of the articles, owned by Lessor, installed to the Property by Lessor upon Lessee's request, shall be removed at Lessee's expense and transferred to Lessor if required. Lessee shall repair, at its own expense, any damage or breakage caused to the Property or to any fixtures and other facilities therein, and restore the Property to the original condition before transferring the Property to Lessor. If Lessee fails to promptly restore the Property to the original condition, Lessor may at Lessee's expense take necessary measures for such restoration, and Lessee shall raise no objection to such measures.

(2) Upon termination of the Agreement, if there is any article belonging to Lessee remaining within the Property after Lessee has surrendered the Property to Lessor, Lessor may dispose of such article, on the assumption that Lessee has abandoned the ownership thereof.

(3) If Lessee does not surrender the Property to Lessor upon termination of this Agreement, Lessee shall pay to Lessor an amount equal to two

times the amount of rent as compensation and an amount to cover other expenses payable to Lessor for the period commencing on the day following the date of termination hereof and ending on the date of actual transfer of the Property.

Lessee shall pay to Lessor compensation for damage caused to Lessor, if any, due to delay in surrender.

──────● ●──────

第18条　原状回復

(1) 本契約終了と同時に，賃借人は物件に設置した造作その他の設備および賃借人所有の物品を自己の費用で撤去しなければならない。賃借人の要請により賃貸人が設置した賃貸人所有の物品についても賃貸人の要求があるときは自己の費用でこれを取り外し賃貸人に引き渡さなければならない。賃借人は，物件を賃貸人へ引渡す前に，物件およびその付属設備，造作の破損箇所を自己の費用で修理し，物件を原状に復さなければならない。賃借人が遅滞なく原状回復の処置をとらなかったときは，賃貸人は賃借人の費用負担で原状回復の処置をとることができるものとし，賃借人はこれに異議を申し立てない。
(2) 本契約が終了し，賃借人が物件を明け渡した後に物件内に残置した物品があるときは，賃貸人は任意にこれを処分することができる。
(3) 本契約終了と同時に賃借人が物件を明け渡さないときは，賃借人は本契約終了の翌日から明渡完了に至るまでの賃料相当額の倍額の損害金および諸費用相当額を賃貸人に支払わなければならず，明渡遅延により賃貸人が損害を被ったときはその損害を賠償しなければならない。

Article 19. DEMAND PURCHASE

When Lessee transfers the Property, Lessee shall not be entitled to demand, in any form or any manner whatsoever, reimbursement of costs incurred by Lessee related to the Property, fixtures and other facilities therein, profits possibly made out of these fixtures and facilities, and of costs or compensation for removal, evacuation, or any other rights. Lessee shall not be entitled to demand the purchase by Lessor of any of the fixtures and other facilities that Lessee has at its own expense constructed or added to the Property.

第19条　買取請求

賃借人は，物件の明渡に際し，その事由，名目のいかんにかかわらず物件，諸造作および設備について支出した費用，それから得られるであろう有益費の償還請求または移転料，立退料，権利金等一切の請求をしてはならず，物件内に自己の費用をもって施設した諸造作，設備などの買取を賃貸人に請求することはできない。

Article 20. GUARANTOR

The guarantor shall hold joint and several responsibilities with Lessee for execution of all obligations that the Lessee is responsible for.

第20条　保証人

保証人は本契約に基づき賃借人の負担する一切の債務履行に関し賃借人と連帯してその責に任ずるものとする。

Article 21. TAX

Lessee shall pay value added tax and local tax payable to, imposed on any expenses under this Agreement.

・──────● ●──────・

第21条　税金

賃借人は本契約に基づく諸費用にかかる付加価値税および地方税を支払うものとする。

Article 22. NOTICE

Any notice made in relation to this Agreement or performance thereunder shall be in English language and sent by certified airmail, facsimile or e-mail transmission to the following address;

 To Lessor:
  Address _____ attention Mr._____
  Facsimile No._____ e-mail address _____
 To Lessee
  Address _____ attention Mr._____
  Facsimile No._____ e-mail address _____

・──────● ●──────・

第22条　通知

本契約または本契約に基づく履行に関する通知は英語で行われるものとし，配達証明付航空郵便，ファックスまたは電子メールにて下記住所宛に行われる。

 賃貸人宛
  住所_____ Mr._____宛
  ファックス番号_____ 電子メール_____
 賃借人宛
  住所_____ Mr._____宛

ファックス番号＿＿＿＿＿＿　電子メール＿＿＿＿＿＿

Article 23. GOVERNING LAW

This Agreement shall be governed by and construed in accordance with the laws of Japan.

●　　●

第23条　準拠法

本契約は，日本法に準拠し，それに従って解釈される。

Article 24. JURISDICTION

The parties hereto agree that all the lawsuits hereunder shall be brought in the ＿＿＿ District Court of Japan for the first instance.

●　　●

第24条　裁判管轄

両当事者は本契約から生ずる権利義務についてのすべての訴訟について，＿＿＿地方裁判所を第一審の管轄裁判所とすることに合意する。

Article 25. SEVERABILITY

If any provision or any part of provision of this Agreement shall be held to be void or unenforceable, the remaining provisions of this Agreement and the remaining part of any provision held void or unenforceable in part shall continue in full force and effect.

●　　●

第25条　分離可能性

本契約の条項またはその一部が無効または履行不能と判断された場合，本契約の残りの条項および一部が無効または履行不能と判断された条項の残余部分は継続して完全に効力を有するものとする。

IN WITNESS WHEREOF, the parties hereto have caused this Agreement to be signed by their duly authorized representatives and executed in duplicate as of the date first above written, and each to retain one copy thereof.

———————●　●———————

上記の証として，両当事者は本契約を2部作成し，正当に授権された両当事者の代表者により冒頭記載の日付で署名し，各当事者が1通を保有する。

Date:　　　　　　　日付

Lessor:　　　　　　賃貸人
Company Name　　会社名

Lessee:　　　　　　賃借人
Company Name　　会社名

———————　　　　———————
Name, Title　　　　氏名，肩書

Name, Title　　　　氏名，肩書

Guarantor:　　　　保証人
Company Name　　会社名

———————
Name, Title　　　　氏名，肩書

⑨ 電子商取引契約書

電子商取引には種々の取引があり，業種業態によりさまざまな形態があり，それに係る契約書も多種多岐にわたっています。本契約書サンプルは，二者の当事者間にすでに売買基本取引契約書が締結されていて，同取引を電子データの交換で行おうとするもので，電子データ交換契約ともいうべきものです。以下はあくまでも一例です。

AGREEMENT FOR ELECTRIC COMMERCE

THIS AGREEMENT is made and entered into this _____ day of _____, ____ by and between _____, a corporation organized and existing under the laws of State of New Jersey with its principal place of business at _____, New Jersey, USA (hereinafter called "Buyer") and _____, a corporation organized and existing under the laws of Japan with its principal place of business at _____, Tokyo, Japan (hereinafter called "Seller").

──────●　●──────

電子商取引契約書

本契約は，__年__月__日付にて米国ニュージャージー州法により設立され存続し本社を米国ニュージャージー州_____におく_____社（以下"買主"と称す）と，日本法により設立され存続し本社を日本国東京都_____におく_____社（以下"売主"と称す）との間で締結された。

RECITALS

WHERAS, the Seller has a Web site (hereinafter called "Site") and desires to sell its products through electric data exchange, and

WHEREAS, the Buyer is interested in working with the Seller in marketing and e-commerce arrangements.

NOW THEREFORE, the parties agreed as follows;

前文

売主はウェブサイト（以下"サイト"と称す）を有し，電子データの交換を通じて自己の製品を販売することを希望しており，買主は売主と市場開拓や電子商取引の手配をすることに興味を有している。

そこで，両当事者は以下のとおり合意した。

Article 1. PURPOSE

This Agreement shall establish the terms and conditions necessary for exchange of reference data to the business transaction between the parties by using computer systems and internet-network and for conclusion of Individual Contract on the business transaction through electronic data exchange.

第1条　目的

本契約は，当事者間でコンピューターシステムおよびインターネット・ネットワークを用いて本件取引に関する参考情報を互いに交換し合い，本件取引に関する個別契約を電子データのやりとりにより締結するに際しての必要な条件を定めるものである。

　注）参考情報の交換（exchange of reference data）を規定することがポイントです。

Article 2. DEFINITIONS

The following terms in this Agreement shall have the meanings given to them as follows;

(1) "Site" means a web site system holding all informations, contents, program interfaces, computer codes, published materials, electronic documents, graphic files and other technology.

(2) "Basic Sales Agreement" means an agreement attached to Appendix 1, which has been concluded between the parties.

(3) "Business Transaction" means continual trade business between the parties under the Basic Sales Agreement.

(4) "Individual Contract" means a contract concluded between the parties under the Basic Sales Agreement.

(5) "Operation Manual" means a manual developed separately to establish contents of the system needed for execution of Business Transaction, transmission procedure, message structure, types of data exchanged between the parties, system operation time, and other details and provisions.

(6) "Buyer's System" means a system designated in the Operation Manual as a system to be managed by the Buyer or a party commissioned by the Buyer to manage the said system.

(7) "Seller's System" means a system designated in the Operation Manual as a system to be managed by the Seller or a party commissioned by the Seller to manage the said system.

(8) "Third-Party System" means a system that does not correspond to systems described in the two foregoing items.

(9) "Data Transmission" means a recording of data in designated recording device of the system of the other party, in compliance with procedure

designated in the Operation Manual.

(10) "Data Disclosure" means to record the data in the designated recording device of one's own system in compliance with procedure designated in the Operation Manual and at the same time to maintenance the said data in a state accessible by the other party through the methods and procedures designated in the Operation Manual.

(11) "Reference Data for Disclosure" means the data described in Appendix 2.

(12) "Reference Data for Transmission" means the data described in Appendix 3. ("Reference Data for Disclosure" and "Reference Data for Transmission" to be collectively called "Reference Data.")

(13) "Order Placement Data" means the data containing expression of will to apply for Individual Contract established in the Operation Manual.

(14) "Acceptance Data" means the data containing expression of will to acknowledge application for Individual Contract established in the Operation Manual.

(15) "Storage Target Data" means the data, log, etc., established as "storage target data" in the Operation Manual.

(16) "Security Measure" means a communication procedure, data management method, and other measure established as "measure for assurance of security" in the Operation Manual.

―――――――●――●―――――――

第2条　定義

本契約中の以下の用語は，以下に規定する意味を有する。

(1) サイトとは，すべての情報，内容，プログラムインターフェース，コンピューターコード，公開された資料，電子書類，グラフィックファイルおよびその他技術を有するウェブサイトシステムをいう。

(2) 取引基本契約とは，当事者間で締結された別紙1貼付の契約をいう。
(3) 本件取引とは，取引基本契約書に定められた当事者間の継続的取引をいう。
(4) 個別契約とは，取引基本契約書に基づいて当事者間で締結される個別の取引契約をいう。
(5) 運用マニュアルとは，本件取引の遂行に必要なシステムの内容，送信手順，メッセージ構成，当事者間でやりとりするデータの種類，システムの稼働時間その他の細目および事項を定めるために別途作成するマニュアルをいう。
(6) 買主のシステムとは，運用マニュアルにおいて買主が管理しまたは買主から委託を受けた者が管理するシステムとして指定されたシステムをいう。
(7) 売主のシステムとは，運用マニュアルにおいて売主が管理しまたは売主から委託を受けた者が管理するシステムとして指定されたシステムをいう。
(8) 第三者のシステムとは，前2号のシステムに該当しないシステムをいう。
(9) データの伝達とは，運用マニュアルに定められた手順に従って，相手方のシステムの所定の記憶装置にデータを記録することをいう。
(10) データの開示とは，運用マニュアルに定められた方法と手順を通じて，自己のシステムの所定の記憶装置にデータを記録することと，同時に相手方が運用マニュアルに定められた方法と手順に従って当該データにアクセス可能な状態を維持することをいう。
(11) 開示用参考情報データとは，別紙2に掲げるデータをいう。
(12) 送信用参考情報データとは，別紙3に掲げるデータをいう（開示用参考情報データおよび送信用参考情報データを総称して参考情報データという）。
(13) 発注データとは，運用マニュアルで定められた個別契約の申込の意思表示を内容とするデータをいう。
(14) 受注受諾データとは，運用マニュアルで定められた個別契約の申込に対する承諾の意思表示を内容とするデータをいう。
(15) 保存対象データとは，運用マニュアルで保存対象データと定められたデータ，ログその他をいう。

(16) 安全確保措置とは，運用マニュアルで安全確保のための措置として定められた通信手順，データの管理方法その他の措置をいう。

> 注） 契約書中で用いられる用語の定義を定めるものです。電子データのやりとりを用いて行われる本件のごとき契約書では，技術的用語が頻繁に使用されるので，定義規定で用語の定義を明確にしておくのが望ましいのです。

Article 3. OBLIGATION IN TRANSMISSION

1. Both parties shall be required to transmit Reference Data for Transmission to each other.
2. Time of transmission of Reference Data for Transmission shall be established for each data type in Appendix 2.
3. In carrying out the obligations under this Agreement, the parties shall act in accordance with good faith and fair dealing.

――――●――●――――

第3条　送付義務

1. 両当事者は，お互いに，送信用参考情報データを相手方に送信しなければならない。
2. 送信用参考情報データの送信時期は，別紙2において各データの種類ごとに定められなければならない。
3. 本契約に基づく義務の履行において，当事者は誠実かつ公正な取扱に従って行動しなければならない。

> 注） 電子商取引では，当事者の双方から相手方に対して多くの情報データがやりとりされますので，データの内容および伝達者やデータごとの伝達目的や送信時期をきちんと取り決めておく必要がありますので，その詳細を別紙に記載しておくことが肝要です。

Article 4. OBLIGATION OF DISCLOSURE

1. Both parties shall disclose Reference Data for Disclosure to the other party.
2. The time for update, period for disclosure and other data for Reference Data for Disclosure shall be defined for each data type in Appendix 2.
3. The party disclosing Reference Data for Disclosure shall not only disclose Reference Data for Disclosure but also disclose the last update time of the said data.

―――――――● ●―――――――

第4条　開示義務

1. 両当事者は，開示用参考情報データを相手方に開示しなければならない。
2. 開示用参考情報データの更新時期，開示期間およびその他のデータは，各データごとに別紙2に定められなければならない。
3. 開示用参考情報データの開示者は，開示用参考情報データのみならず当該データの最終更新時期を相手方に開示しなければならない。

Article 5. ACCURACY OF DATA

1. Either party shall assure the accuracy of the Reference Data content either to be transmitted or to be disclosed in good faith.
2. Regarding Reference Data related to projections, the obligation of the disclosing party described in the foregoing paragraph shall be restricted to the data calculated based on the method (either reasonable or agreed to between the parties). If the projection does not reconcile the real data, the issuing party of the projection shall not be held liable so long as this obligation is observed.

第5条　データの正確性

1. 各当事者は，自己が相手方に送信または開示する参考情報データの内容について，誠実にその正確性を確保しなければならない。
2. 予測に関する参考情報データについては，前項に記載された開示当事者の義務は，（当事者間で合理的なまたは合意した）計算式により当該データを算出することに限定される。予測が実績と合致しなくても，かかる義務を履行している限り，予測を作成した当事者は責任を負わないものとする。

Article 6. HANDLING REFERENCE DATA TRANSMITTED OR DISCLOSED

1. Both parties shall maintain Reference Data transmitted or disclosed by the other party confidential and shall not disclose or leak the content to a third party in any form; provided however, that this shall not apply in the following cases;
    (1) When approval is received in writing by the other party.
    (2) If content of the said data is publicly disclosed.
    (3) If content of the said data has been acquired legally and fairly before transmission or disclosure.
    (4) If the party is obliged to disclose the data under laws, orders, regulations, etc., of the national government, administrative authorities, juridical court, or local government.
2. Either party shall use Reference Data received from the other party by transmission or disclosure only for the objectives specified in Appendix 2 or 3 for each data type and shall not use the said data for other purposes. However, this shall not apply if Item 1 or Item 3 of the foregoing paragraph applies.

3. Transmission or disclosure of Reference Data shall not violate any intellectual property rights including copyright, patent, and utility design right on the data content. The party receiving the data either transmitted or disclosed shall not tamper with data content without the written approval of the other party and the holder of the intellectual property right on the said data.

───────●　●───────

第6条　送信または開示された参考情報データの取扱

1. 両当事者は，相手方から送信または開示を受けた参考情報データ内容について秘密を厳守し，いかなる形式においても第三者に開示または漏洩してはならない。ただし，以下に該当する場合はこの限りではない。
   (1) 相手方当事者の文書による承諾がある場合
   (2) 当該データの内容が公知である場合
   (3) 当該データの送信または開示を受ける前に，当該データの内容を適法かつ正当に取得していた場合
   (4) 政府，行政官庁，裁判所または地方公共団体の法律，命令，規則等により開示義務を負う場合
2. 各当事者は，相手方当事者から送信または開示を受けた参考情報データを別紙2または別紙3記載の目的にのみ使用できるものとし，それ以外の目的に使用してはならない。ただし，前項1号から3号までのいずれかに該当する場合はこの限りではない。
3. 参考情報データの送信または開示は，当該データ内容に存する著作権，特許権，実用新案権その他すべての知的財産権を侵害してはならない。当該データの送信または開示を受けた者は，他方当事者および当該データに知的財産権を有する者の書面による承諾がなければデータ内容を改変してはならない。
   注）当事者間で取り交わされる参考情報データは，販売実績等の企業の重要な秘密にか

かわるものであるケースが多いと思われるため，秘密保持や目的外利用禁止を明記しておくことが肝要です。

Article 7. INDIVIDUAL CONTRACT

1. Individual Contract shall be concluded by transmission of Order Placement Data from the Buyer to the Seller and the transmitting Acceptance Data from the Seller to the Buyer.
2. Upon receipt of the Order Placement Data, the Seller shall transmit promptly the data expressing will whether to accept or refuse the order to the Buyer.
3. In the event the Buyer does not receive the transmission of Acceptance Data within __ days from his transmission of Order Placement Data, the application for Individual Contract related to the said Order Placement Data shall lose effect without explicit expression of will by the Buyer or the Seller.

    This shall not apply if both parties complete implementation of the Individual Contract on the said application without any objection.
4. If the Acceptance Data received is the reception of confirmation target data, either party shall confirm acceptance of the Acceptance Data in compliance with provisions of Article 11.
5. If any reason specified in Paragraph 2 of Article 11 arises in a reception of confirmation, notwithstanding conclusion of the Individual Contract under provision of Paragraph 1, the Seller may request to the Buyer a deferment of delivery for the said Individual Contract within a reasonable term, after confirming transmission of Acceptance Data.

第7条　個別契約

1. 個別契約は，買主が売主に対して発注データを送信し，売主が買主に対して受注受諾データを送信することにより成立する。
2. 発注データを受信したら，売主は買主に対して当該発注を受諾するか拒否するかの意思表示を内容とするデータを速やかに送信しなければならない。
3. 買主が発注データを送信した後＿日以内に受注受諾データを受領しない場合，当該発注データに係る個別契約の申込は買主または売主からの何らの意思表示なくして効力を失うものとする。
両当事者が異議なく当該申込にかかる個別契約の履行を完了した場合にはこの限りではない。
4. 受注受諾データが受信確認対象データである場合，各当事者は，第11条の規定に従って受注受諾データの受信確認を行うものとする。
5. 第1項の規定により個別契約が成立したにもかかわらず，前項の受信確認において第11条第2項に規定する事由が発生した場合，売主は受注受諾データの送信を確認した後，買主に対して当該個別契約について合理的な期間の範囲内で納期の延長を求めることができるものとする。

Article 8. ORDER PLACEMENT DATA AND ACCEPTANCE DATA

Paragraph 1 of Article 6 shall apply to handling of Order Placement Data or Acceptance Data transmitted.

第8条　発注データおよび受注受諾データ

第6条第1項は，送信された発注データまたは受注受諾データの取扱について適用する。

Article 9. COMMUNICATION EXPENSES

1. Communication expenses involved in data transmission shall be covered by the party transmitting the data. Expenses involved in reception of the data transmitted shall be covered by the party receiving the said data.
2. Communication expenses involved in data disclosure shall be covered by the party disclosing data, and expenses involved in accessing disclosed data shall be covered by the party being granted data disclosure.
3. Expenses and charges involved in maintenance, management, including without limitation, of one's own system other than that described in the two foregoing paragraphs shall be covered by the corresponding party.

───────●　●───────

第9条　通信費用

1. データ送信にかかる通信費用はデータ送信当事者が負担し，送信されたデータの受信にかかる費用は当該データを受領する当事者が負担する。
2. データ開示にかかる通信費用は開示者が負担し，開示されたデータにアクセスする通信費用はデータの開示を受ける者が負担する。
3. 前2項の他，自己のシステムの保守・運用その他にかかる費用や手数料を含むがそれに限定されない費用は各自が負担する。

Article 10. DATA STRAGE AND ISSUE

1. Either party shall store Storage Target Data as stipulated in the Operation Manual.
2. Either party may request to issue the Storage Target Data to the other party in case justifiable business reason exists. In such a case, the other

party shall issue the Storage Target Data to the demanding party according to the method stipulated in the Operation Manual.
3. Expenses and charges involved in the issue described in the foregoing paragraph shall be covered by the party demanding issue.

―――――――●　●―――――――

第10条　データの保存および発行

1. 各当事者は，運用マニュアルの記載に従って，保存対象データを保存しなければならない。
2. 各当事者は，正当な業務上の理由があれば，相手方当事者に対し保存対象データの交付を請求できるものとする。この場合，相手方当事者は，請求者に対して運用マニュアルに定められた方法により保存対象データを交付しなければならない。
3. 前項の交付にかかる費用は請求者の負担とする。

　注）　電子商取引では，発注書や受注請書・送り状等の書類のやりとりがないため，取引の成立や履行等に関する電子データ自体を証拠として残すしかありません。したがって，同電子データの確実な保存が重要なのです。

Article 11. DATA TRANSMISSION

1. Either party shall transmit its Reception Confirmation Data promptly to the other party when receiving a Reception Confirmation Target Data.
2. If either party is unable to confirm transmission of Reception Confirmation Data notwithstanding transmission of Reception Confirmation Target Data to the other party, the said party shall be required to notify the other party by telephone, fax, or other means.
3. In case of occurring any error in own computer, including technical

errors in a received transmission, either party shall give notice to the other party of the abnormal circumstances for preventing the further processing of a message or the Reference Data.

――――――●――●――――――

第11条　データ送信

1. 各当事者は，受信確認対象データの送信を受けた場合には，相手方当事者に対し速やかに受信確認データを送信しなければならない。
2. いずれかの当事者が，相手方当事者に対して受信確認対象データを送信したにもかかわらず受信確認データの送信を確認できない場合は，電話・ファックスまたはその他の方法でその旨を相手方当事者に通知しなければならない。
3. 受信におけるエラーを含めて自己のコンピューターにエラーが生じたときは，各当事者は，メッセージまたは参考情報データのさらなる処理を防止するため，その異常な状況を他方当事者に通知しなければならない。

Article 12. ILLEGAL OR ERRONEOUS TRADE

1. Either party shall prevent from trading on false identity, unauthorized trading, input error, data tampering, illegal access or leakage of data content, intrusion of computer virus, and other comparable accidents by implementing Security Measures in compliance with the Operation Manual.
2. In the event any accident described in the foregoing paragraph occurs and causes damages on the Buyer or the Seller, the party who failed to implement Security Measure shall compensate for damages; provided however, that this shall not apply if the said party is able to prove the following.

(1) The other party is responsible for occurrence of the accident.
(2) There is justifiable reason for not implementing Security Measures.
(3) There is no relationship between failure to implement Security Measures and occurrence of the accident.

3. In the event any accident described in Paragraph 1 occurs and the Buyer or the Seller incurs damages notwithstanding implementation of Security Measures by both parties or if the proviso in the foregoing paragraph applies, both parties shall hold consultations and decide on sharing of damages.

―――――●　●―――――

第12条　違法または誤作動取引

1. 各当事者は、偽称取引、無権限取引、入力ミス、データ内容改ざん、データ内容への違法なアクセスまたはデータ内容の漏洩、コンピューターウィルスの侵入、その他これに類する事故を防止するため、運用マニュアルに従って安全確保措置を講じなければならない。
2. 前項記載の事故が発生し買主または売主が損害を被った場合、安全確保措置を講じなかった当事者が損害を負担しなければならない。ただし、当該当事者が以下の各号のいずれかを立証できれば適用されない。
   (1) 事故発生について他方当事者に責があること。
   (2) 安全確保措置を講じなかったことについて正当な事由があること。
   (3) 安全確保措置を講じなかったことと事故の発生との間に因果関係がないこと。
3. 両当事者が安全確保措置を講じていたにもかかわらず第1項記載の事故が発生し、買主または売主が損害を被った場合、または前項但書が適用される場合には、両当事者は協議のうえ損害の分担を決めるものとする。

Article 13. SYSTEM MANAGEMENT

1. Either party shall be responsible for management of his own respective computer systems for the other party and shall implement measures necessary for smooth implementation of data transmission and disclosure stipulated in this Agreement.
2. If any data is transmitted from the other party in form or content not stipulated in the Operation Manual or if any data disclosed is found not to be in the form or content stipulated in the Operation Manual, each party shall notify the other party promptly.
3. If the Buyer or the Seller notices the possibility of abnormality, breakdown or other problem in the computer system of the other party or a third party due to causes stemming from the said Buyer or Seller, action described in the foregoing paragraph shall be taken.
4. In case of abnormality, breakdown or other problem is occurred in or by the computer system of the Buyer, the Seller, or a third party, the Buyer and the Seller shall take necessary measures stipulated in the Operation Manual and cooperate with each other to prevent or minimize damages.

―――――● ●―――――

第13条　システム管理

1. 各当事者は，それぞれ自己のコンピュータ・システムについて相手方当事者に対して管理責任を負い，本契約に定めるデータの送信および開示が円滑に行われるよう必要な措置を講じなければならない。
2. 他方当事者から運用マニュアルに記載されていない形式または内容のデータが送信されたとき，または相手方が運用マニュアルに記載のない形式または内容のデータを開示されているときは，各当事者は速やかに相手方に

それを通知しなければならない。
3. 買主または売主が，前項以外の事由により相手方当事者または第三者のコンピュータ・システムに異常・故障その他問題が発生している可能性を知った場合には，前項記載の措置がとられなければならない。
4. 買主，売主または第三者のシステムにまたはそれにより異常，故障その他問題が発生した場合，買主または売主は運用マニュアル記載の必要な措置をとる他，損害の発生を防止または縮小するために互いに協力しなければならない。

Article 14. TERM

1. This Agreement shall be in effect on and from _____ to _____.
2. If either party does not reject extension of this Agreement or request for revisions on terms of this Agreement in writing to the other party at least __ months before the termination of the aforementioned period, this Agreement shall be extended for one (1) year under the same terms and conditions and the same thereafter.

● ●

第14条　期間

1. 本契約の有効期間は_____から_____までとする。
2. 前項の期間満了の少なくとも__ヶ月前までにいずれの当事者からも書面による本契約の更新の拒絶または内容変更の要請がないときは，本契約は同一条件でさらに1年間継続するものとし，以後も同様とする。

Article 15. RELATIONSHIP WITH BASIC SALES AGREEMENT

1. If the Basic Sales Agreement is revised upon agreement between the

parties, this Agreement herein shall be in effect notwithstanding provision in Item 2 of Article 2 by recognizing the revised Agreement as the Basic Sales Agreement for this Agreement herein.
2. If the Basic Sales Agreement should be abrogated, terminated, canceled, or made ineffective due to other reasons, this Agreement herein shall lose effect at the same time.

―――――●　●―――――

第15条　取引基本契約との関係

1. 取引基本契約書が両当事者間の合意により変更された場合には，第2条第2号の規定にかかわらず，変更後の契約を本契約における取引基本契約と認識して，本契約は引き続き効力を有するものとする。
2. 取引基本契約が破棄，解約，解除されまたはその他の事由により効力を失ったときは，本契約は取引基本契約の失効と同時に効力を失うものとする。

Article 16. REVISION

1. In case of revision of the Basic Sales Agreement or revision of this Agreement or the Operation Manual due to system changes or other reason, the revision shall be made under an agreement through consultations in advance between the parties, including coverage of expenses incurred in the change.
2. Should differences emerge in the provisions stipulated in the Basic Sales Agreement, this Agreement herein, and the Operation Manual, provision stipulated the latest shall take priority.

―――――●　●―――――

第16条　契約の変更

1. 取引基本契約の変更，システムの変更その他の事由により本契約または運用マニュアルを変更する場合は，その変更にともなう費用負担を含め，両当事者間で事前に協議し合意のうえ変更するものとする。
2. 取引基本契約，本契約並びに運用マニュアルに定められた規定の間に相違が生じた場合は，後に定められた規定が優先するものとする。

Article 17. SURVIVAL

Notwithstanding this Agreement loses effect, provisions of this Agreement herein shall be survived and applied to Individual Contract concluded before termination of this Agreement herein or to the Individual Contract in question, as well as Articles 6, 8, and 10 shall survive and remain in effect.

第17条　存続

本契約が効力を失った場合でも，失効前に締結された個別契約および当該個別契約に適用される本契約の条項の効力並びに第6条，第8条および第10条の効力は存続する。

Article 18. SEVERABILITY

If any provision of this Agreement is declared by a court of competent jurisdiction to be illegal, invalid or unenforceable, the remainder of this Agreement shall remain in full force and effect.

第18条　分離可能性

本契約の条項のいずれかが管轄権を有する裁判所によって違法，無効または実行不能と宣告された場合には，本契約の残りの条項はなお有効である。

Article 19. GOVERNING LAW

The conclusion and interpretation of this Agreement shall be governed by, and construed in accordance with the laws of Japan.

第19条　準拠法

本契約の成立および解釈については日本法に準拠し，それに従って解釈されるものとする。

Article 20. JURISDICTION

1. If any conflict should arise on interpretation of this Agreement herein, provisions of the Basic Sales Agreement or Individual Contract shall apply, or the conflict shall be resolved through consultations in good faith between the parties.
2. The parties shall strive to resolve amicably any and all disputes, controversies or differences arising between or among them out of or in relation to or in connection with this Agreement or their rights and obligations thereunder by mutual consultations in good faith.
3. In case of failing such amicable resolutions, any controversy, claim or dispute relating to or arising under, out of or in connection with this Agreement shall be finally settled by the exclusive jurisdiction of the

Tokyo District Court of Japan for the first instance.

━━━━━━━━●━━━━●━━━━━━━━

第20条　裁判管轄

1. 本契約の解釈について疑義を生じた場合には，取引基本契約および個別契約の定めによる他，当事者間で誠実に協議して解決するものとする。
2. 当事者は，本契約から，または本契約に関連してもしくは本契約に関して，またはこれらに基づく当事者の権利義務について当事者間で生じる一切の紛争，論争または意見の相違を，誠実な協議により友好的に解決するよう努力しなければならない。
3. 友好的な解決に至らない場合は，本契約に関するまたは生じる，もしくは本契約に関連するいかなる論争，クレーム，紛争については，日本国の東京地方裁判所を第一審の専属管轄裁判所として解決される。

IN WITNESS WHEREOF, the parties have caused this Agreement to be duly executed as of the date first written, and this Agreement shall be executed in duplicates as proof of conclusion, with each party retaining one copy.

━━━━━━━━●━━━━●━━━━━━━━

上記を証するため，当事者は本契約の冒頭記載の日付にて本契約を2通作成し，各当事者は1通ずつ保有する。

Buyer:（買主）

Seller:（売主）

Appendix 1　Basic Sales Agreement
別紙1　取引基本契約書

注） 取引基本契約書を添付する。

Appendix 2　List of Reference Data for Transmission
別紙2　送信用参考情報データ
　注）　データ内容，送信者，目的，送信時期等をできるだけ詳細に記載する。また，各データの具体的内容，データ形式等は運用マニュアルで定める。

Appendix 3　List of Reference Data for Disclosure
別紙3　開示用参考情報データ
　注）　開示する最新のデータ内容，開示者，更新時期，開示期間等の明細を上記別紙2と同様に詳細に記載する。

索　引

英　文

Ability（能力） …………………………………………………………42
Acceleration Clause（期限の利益喪失条項） ………………………133
Acceptance（承諾） ……………………………………………………4,5
Accounting Records & Reports（経理記録の保管・報告義務条項） ………142
Act of God（天災） ……………………………………………………77
action（訴訟，告訴） …………………………………………………41
Administrative litigation（行政訴訟） ………………………………96
ADR：Alternative Dispute Resolution（裁判外紛争解決） ………96
after ………………………………………………………………………43
Agency Agreement（代理店契約） ……………………………………17
Agent（代理店） …………………………………………………………16
Agreement（合意） ………………………………………………………3
Agreement for Processing Deal（委託加工取引契約） ……………18
Agreement of Employment（雇用の合意） …………………………22
Agreement of Knock-Down（ノックダウン契約） …………………18
American Law Institute（米国法律協会） ……………………………5
amicable（友好的な） …………………………………………………44
Anti Trust Laws（反トラスト法） ……………………………………36
Appointment（指名） …………………………………………………15
Arbitration（仲裁） ……………………………………………………89,96
Arbitration Rule（仲裁規則） …………………………………………91
arrangement（between debtors and creditors）（民事再生手続） ………45
articles of incorporation（会社定款） …………………………………45
as the case may be（場合に応じて） …………………………………44
Assets Purchase Agreement（資産譲渡契約） ………………………24
Assign（譲渡する） ……………………………………………………40
Assignment（譲渡） ……………………………………………………70
attachment（添付物，差押） …………………………………………41
Award（仲裁判断） ……………………………………………………91
Battle of Forms（書式合戦） …………………………………………51
bear（負担する） ………………………………………………………44
before ……………………………………………………………………43

Binding provision（法的拘束力をもった規定） ……………………42
Board of directors（取締役会） ………………………………………111
Bond（債務証書） ………………………………………………………5
Borrowings（借入） ……………………………………………………111
breach（違反） …………………………………………………………44
Business Trust Agreement（業務委託契約） ………………………18
but not limited to（これらに限られるものではない） ……………44
Buying Agent（買付代理店） …………………………………………17
by（〜までに） …………………………………………………………43
Capacity（能力） ………………………………………………………42
Capacity to contract（行為能力） ……………………………………5
Caption（頭書） …………………………………………………………64
Case（訴訟） ……………………………………………………………96
Certificate by Board of Meeting（取締役会議事録） ………………110
certificate of incorporation（会社定款） ……………………………45
CFR（運賃込） …………………………………………………………119
CIF（運賃保険料込） …………………………………………………119
Claim（クレーム） ……………………………………………………38
Closest Connection（もっとも密接な関係） …………………………49
Closing Clause（末尾文言） …………………………………………109
Company Purchase Agreement（他社買収契約） …………………24
Conciliation（和解，調停） ……………………………………………96
Condition（条件条項） ………………………………………………132
Confidentiality Agreement（秘密保持契約） ………………………22
Confidentiality（守秘義務，守秘義務条項，秘密保持義務，秘密保持条項）
　………………………………………………………………16, 22, 82, 145
Confirmation of Sales（売買確認書） ………………………………15
Conflict of Laws（抵触法） …………………………………………85
consideration（約因，行為，約束，対価） ……………………4, 37, 41, 44
Consignment Agreement（委託販売契約書） ………………………18
Construction Agreement（建設工事契約） …………………………23
Construction（建設工事，解釈） ……………………………………23, 84
Consulting Agreement（コンサルタント契約書） …………………18
Continuing Guarantee（継続的保証） ………………………………21
Continuous Sale and Purchase Agreement（継続的売買契約書） …13
Contract（契約） ………………………………………………………3
Contracts for the International Sales of Goods, Vienna 1980,（ウィーン条約,

国連物品売買統一法条約) ································46
Contractual Intention (契約意思) ·····················4
Control of Quality (品質コントロール条項) ···········141
Convention on the Recognition and Enforcement of Foreign Arbitral Awards
　(外国仲裁判断の承認および執行に関する条約) ········90
Copyright and Ownership (著作権・所有権の帰属条項) ········140
Corruption Act (腐敗防止法) ·······················36
Counter Proposal (カウンタープロポーザル) ···········30
Counterdraft (カウンタードラフト) ··················29
Counterparts (副本条項) ··························101
Criminal litigation (刑事訴訟) ······················96
DDP (関税込持込渡) ·····························119
Deed (捺印証書) ·······························4, 110
Default (債務不履行) ······························73
Defect (欠陥) ····································50
Defendant (被告) ·································96
Definition (定義条項) ·····························65
Delivery of Goods, Transfer of Proprietorship & Risk (商品引渡, 所有権およ
　び危険負担の移転条項) ··························116
disclose (開示する) ································44
Disclosure of Technical Information (技術情報・知的財産権の開示条項) ······136
Dispute (紛争) ·································91, 96
Dispute resolution (紛争解決) ······················96
dissolution ((会社などの) 解散) ·····················41
Distributor (販売店) ······························15
Distributorship Agreement (販売店契約) ············15, 17
Drafting (ドラフティング) ··························29
Duties (仕事の内容) ······························22
EDI：Electronic Data Interchange (電子データ交換) ·······25
Effective Date (契約発効日) ························64
Efforts for Promotion & Advertising (広告宣伝・販売促進努力条項) ·········142
Electronic Commerce (電子商取引) ··················25
Employment Agreement (雇用契約) ··················21
Enforceability (法的拘束力) ·························3
Enforcement (仲裁判断の執行) ·····················95
Entire Agreement (完全合意) ··················105, 106
Entire Agreement Clause (完全合意条項) ·············9

Epidemic defect（傾向的不良）……………………………………124
Equipment Supply（機器の供給）……………………………………23
Event of Default（違反，債務不履行を構成する事由）………………73
Exclusive Distributorship Agreement（独占的販売店契約）…………15
Exclusive Jurisdiction（専属管轄）…………………………………88
execute（調印する）………………………………………………41, 44
EXW（工場渡）…………………………………………………………118
failure（不履行）………………………………………………………41
failure to enforce（不履行）…………………………………………41
FAS（船側渡）…………………………………………………………118
filing（申請や告訴をすること）………………………………………41
Finance（融資）………………………………………………………111
Finance Lease（ファイナンスリース）………………………………19
FOB（本船渡）…………………………………………………………118
Force Majeure（不可抗力）……………………………………………77
Formation（成立）………………………………………………………84
Fringe benefit（福利厚生）……………………………………………22
from ～ to（～から～まで）……………………………………………43
frustration（契約目的の達成不能）……………………………………41
Full time work（常勤労働）……………………………………………22
furnish to ～……………………………………………………………44
Gentleman's Agreement（紳士協定）…………………………………8
Good Faith（当事者間の善意）…………………………………………87
good faith and fair dealing（誠実かつ公正な取扱い）………………44
govern（準拠する）……………………………………………………41
Governing Law for Establishment（設立準拠法）……………………64
Grant of License（ライセンス許諾条項）……………………………135
Grant-back Clause（グラントバック条項）…………………………139
Guarantee（保証）……………………………………………………111
Guaranty Agreement（保証契約）……………………………………21
Hardship（事情変更条項）……………………………………………79
Have Made Clause（ハブ・メイド条項）……………………………135
have the option to ～（～する選択権をもつ，～することができる）…45
Headings（見出しに関する条項）……………………………………100
hereinafter（以後本契約書中で）……………………………………45
Home Leave（休暇）……………………………………………………22
ICC：International Chamber of Commerce（国際商工会議所）………93

Improvements Grant-back（改良情報相互交換使用条項） ……………139
including but not limited to（～を含むが，それらには限定されない）……………45
including without limitation（～を含むが，それらには限定されない） …………45
Incorporated Joint Venture（合弁事業契約（新会社設立の場合））……………23
INCOTERMS：International Commercial Terms（国際商業取引条件） …12,116
Inspection（検品条項） ……………………………………………124
Institute Cargo Clause（ロンドン保険業者協会貨物約款）……………124
instrument（法律文書） ……………………………………………41
Intellectual Property Rights（知的財産権侵害条項）……………………130
interest（持分） ……………………………………………………45
International Chamber of Commerce（国際商業会議所） ……………11
Investment（投資） …………………………………………………111
ivulge（漏洩する） …………………………………………………45
Japan Commercial Arbitration Association（日本商事仲裁協会） ……………91
Joint Venture Agreement（合弁事業契約） ………………………23
Jurisdiction（裁判管轄） ………………………………………52,85,87
Language Clause（使用言語条項） …………………………………107
Law Firm（弁護士事務所） …………………………………………53
law suit, Lawsuit（訴訟，告訴，民事訴訟）………………………41,96
legal documents（法律文書） ………………………………………41
Legal Relations（法的関係）…………………………………………4
Letter of Credit（信用状） …………………………………………11
Liability（責任（法的な意味での責任）） ……………………………41
liable to（～の責任がある） …………………………………………41
License Agreement（ライセンス契約） ……………………………19
Limitation of Liability（損害賠償の制限条項） ……………………96
Liner Boat（定期船） ………………………………………………122
Litigation（訴訟） ……………………………………………………96
Loan Agreement（金銭消費貸借契約） ……………………………20
Management Trust Agreement（経営委託契約書） ………………18
Manufacturing Agreement（製造契約） …………………………18
material（資料，データ） …………………………………………41
may（できる） ……………………………………………………42,45
Mediation（仲裁，調停） …………………………………………96
Meeting of Minds（売買意思表示条項） …………………………112
memorandum of association（会社定款） ………………………45
Minimum Purchase Obligation（最低購入義務） …………………16

Minutes of Board Meeting（取締役会議事録） ······111
Modern Private Law（近代私法） ······9
Modifier（修飾語） ······31
Mortgage Agreement（担保契約） ······21
Most Compelling Interest（もっとも強い関心） ······49
must（義務を表す場合に用いる） ······42
No Bribery（贈賄禁止条項） ······104
Non-Competition after termination（契約終了後の一定期間の競業制限） ······22
Non-Exclusive Distributorship Agreement（非独占的販売店契約） ······15
Non-Exclusive Jurisdiction（非専属管轄） ······88
Nonwaiver of Rights（権利の非放棄条項） ······80
Obligation（債務） ······42
observe（遵守する） ······41
OEM：Original Equipment Manufacturing（依頼者のブランドを表示させる製造委託） ······18
Offer（申込） ······4, 5
On Board Arrangement（船積手配条項） ······122
Operating Lease（オペレーティングリース） ······19
Order Acceptance（受注請書） ······14
Ordering（発注手続条項） ······112
Overtime（残業） ······22
Ownership（所有権） ······117
Parol Evidence Rule（口頭証拠排除の原則） ······8, 106
Parol Evidence Rule Clause（口頭証拠排除条項） ······9
Part time work（時間制労働） ······22
Parties（当事者） ······64
Payment（支払条件条項） ······115
PE：Permanent Establishment（恒久的な施設） ······16
performance（履行） ······41, 84
Place of Signing（契約締結地） ······64
Place of Work（仕事・労働の提供場所） ······22
Plaintiff（原告） ······96
Plant Engineering（プラント技術） ······23
Possibility（可能性） ······42
PREAMBLE（前文） ······65
President（社長） ······110
Price（価格，代金条項） ······37, 114

索引　*335*

Prisoner Labor（囚人労働者） ……59
Private International Law（国際私法） ……85
Procurement（資材機器の調達） ……23
Product Liability（製造物責任） ……50
Product Liability Law（製造物責任法） ……13
Prohibition of Assignment（譲渡禁止条項） ……70
Prohibition of Set-Off（相殺禁止条項） ……103
provide（規定する，提供する） ……41, 45
provided that 〜（但し，〜） ……45
Purchase Order（発注書） ……14
Quantity（量） ……37
question（疑義） ……41
Receiver（管財人） ……45, 75
Recipient（受領者，受託者） ……41
Reciprocal Contract（双務契約） ……13
RECITALS（前文） ……65
Relationship of the Parties（当事者関係条項） ……66
Remedy（救済方法） ……126
Remunetation Bonus（報酬） ……22
Representative Service Agreement（代行サービス契約書） ……18
Reserch & Development Agreement（研究開発委託契約書） ……18
Reserve of Proprietorship（所有権留保条項） ……119
Responsibility（責任） ……41
Retention of Title（所有権留保条項） ……119
Salary Bonus（給与，賞与） ……22
Sales Agreement（物品売買契約） ……13
Sales Representation Agreement（販売代行契約書） ……18
save（免れる） ……41
Seal（捺印） ……110
Secrecy（秘密保持義務） ……22
Secretary（秘書役） ……111
Security Agreement（担保契約） ……21
Seller（売主） ……15
Service Agreement（役務契約書，サービス提供契約） ……18, 20
Set-Off Clause（相殺条項） ……102
Settlement of Dispute（紛争処理条項） ……22
Severability（条項の分離可能条項） ……81

shall（〜しなければならない） ……………………………41, 42, 45
Shareholders Agreement（株主間契約） ……………………23
should（〜しなければならない） ……………………………42
Sick Leave（病気休暇） ………………………………………22
sign and deliver（調印する） …………………………………41
Signature（署名欄） ………………………………………109
Signing Date（契約の日付） …………………………………64
Slave Labor（奴隷労働者） …………………………………59
special resolution（特別決議） ………………………………45
Specification of Goods（商品仕様書条項） ………………114
Stamp（収入印紙） …………………………………………111
Standard of Goods（商品規格条項） ………………………114
Standard Trade Terms（定型取引条件） ……………………12
Stock Purchase Agreement（株式譲渡契約） ………………24
Subject Matter（契約の目的物ないし対象物） ……………37
Supply & Purchase Agreement（物品売買契約） ……………13
Survival（存続条項） ………………………………………101
Tax（源泉徴収税，税金条項） ……………………………19, 97
Technical Assistance（技術指導条項） ……………………137
Term（雇用期間，契約期間条項） …………………………22, 68
Termination for Cause（契約中途解除事項） ………………22
Termination（契約解除条項） ……………………………72, 144
Terms and Conditions for Sale（売買条件） ………………38
Territory（販売地域の指定） …………………………………16
The Uniform Customs and Practice for Documentary Credits（信用状統一規則） ……………………………………………………………11
thereof（there+of） …………………………………………45
Time of Essence（タイム・オブ・エッセンス条項） ………99
title（所有権，表題） …………………………………41, 63, 117
Transportation Insurance（運送保険条項） ………………123
UCC：Uniform Commercial Code（米国統一商法典） ………14
UNCITRAL：The United Nations Commission on International Trade Law（国際商取引法委員会） ……………………………………46
UNIDROIT（国際私法統一国際協会） ………………………26
Uniform Commercial Code（米国統一商法典） ………………8
until（〜まで） ………………………………………………43
Use of Legend（ライセンス許諾表示条項） ………………138

索引 *337*

Validity（効力） ……………………………………………………84
Vendor（商品供給者） ……………………………………………56
Venue（裁判籍） …………………………………………………52
Volume（取引数量条項） …………………………………………113
voluntary arrangement（任意整理） ……………………………45
voluntary winding up（任意清算） ……………………………45
Warranty（品質保証，品質保証条項） ………………………38,126
Way of Notice（通知条項） ………………………………………69
Way of Settlement of Dispute Clause（紛争解決条項） ………87
WHEREAS Clause（前文） ………………………………………65
whereas（～なので） ……………………………………………45
will（法的強制力をともなわない義務） ………………………41,42
withdraw（撤回する，取り下げる） ……………………………45
withhold（控除する） ……………………………………………45
Witness（立会人，証人） ………………………………………45,110
WITNESSETH（前文） …………………………………………45,65
workmanship（できばえ，手際） ………………………………45

◆　◆

和　文

委託加工取引契約（Agreement for Processing Deal） ………18
委託販売契約書（Consignment Agreement） …………………18
違反（Event of Default） …………………………………………73
依頼者のブランドを表示させる製造委託（Original Equipment Manufacturing：OEM） ……………………………………………18
売買条件（Terms and Conditions for Sale） …………………38
売主（Seller） ………………………………………………………15
運送保険条項（Transportation Insurance） …………………123
運賃込（CFR） ……………………………………………………119
運賃保険料込（CIF） ……………………………………………119
役務契約書（Service Agreement） ………………………………18
オペレーティングリース（Operating Lease） …………………19
外国仲裁判断の承認および執行に関する条約（ニューヨーク条約）（Convention on the Recognition and Enforcement of Foreign Arbitral Awards） ………90
（会社などの）解散（dissolution） ………………………………41
解釈（Construction） ……………………………………………84

会社定款（certificate of incorporation, articles of incorporation, memorandum of association）……45
買付代理店（Buying Agent）……17
改良情報相互交換使用条項（Improvements Grant-back）……139
カウンタードラフト（Counterdraft）……29
カウンタープロポーザル（Counter Proposal）……30
価格（Price）……37
可能性（Possibility）……42
株式譲渡契約（Stock Purchase Agreement）……24
株主間契約（Shareholders Agreement）……23
（ロンドン保険業者協会の）貨物約款（Institute Cargo Clause）……124
借入（Borrowings）……111
管財人（Receiver）……75
関税込持込渡（DDP）……119
完全合意条項（Entire Agreement Clause, Entire Agreement）……9, 105, 106
（雇用）期間（Term）……22
疑義（question）……41
機器の供給（Equipment Supply）……23
期限の利益喪失条項（Acceleration Clause）……133
技術指導条項（Technical Assistance）……137
技術情報・知的財産権の開示条項（Disclosure of Technical Information）……136
規定する（provide）……41
休暇（Home leave）……22
救済方法（Remedy）……126
給与賞与（Salary Bonus）……22
行政訴訟（Administrative litigation）……96
業務委託契約（Business Trust Agreement）……18
（ライセンシーの）記録保管・報告義務条項（Accounting Records & Reports）……142
金銭消費貸借契約（Loan Agreement）……20
近代私法（Modern Private Law）……9
グラントバック条項（Grant-back Clause）……139
クレーム（Claim）……38
経営委託契約書（Management Trust Agreement）……18
傾向的不良（Epidemic defect）……124
刑事訴訟（Criminal litigation）……96
継続的売買契約書（Continuous Sale and Purchase Agreement）……13
継続的保証（Continuing Guarantee）……21

索引 *339*

契約（Contract） ……………………………………………………………3
契約意思（Contractual Intention） ………………………………………4
契約解除条項（Termination） ……………………………………72,144
契約期間条項（Term） ……………………………………………………68
契約終了後の一定期間の競業制限（Non-Competition after termination） ………22
契約中途解除事由（Termination for Cause） …………………………22
契約締結地（Place of Signing） …………………………………………64
契約の日付（Signing Date） ………………………………………………64
契約の目的物ないし対象物（Subject Matter） …………………………37
契約発効日（Effective Date） ……………………………………………64
契約目的の達成不能（frustration） ………………………………………41
欠陥（Defect） ………………………………………………………………50
研究開発委託契約書（Reserch & Development Agreement） ………18
原告（Plaintiff Complainant, accuser） …………………………………96
建設工事（Construction） …………………………………………………23
建設工事契約（Construction Agreement） ……………………………23
検品条項（Inspection） …………………………………………………124
権利の非放棄条項（Nonwaiver of Rights） ……………………………80
合意（Agreement） …………………………………………………………3
行為能力（Capacity to contract） …………………………………………5
恒久的な施設（Permanent Establishment：PE） ……………………16
（ライセンシーによる）広告宣伝・販売促進努力条項（Efforts for Promotion &
　Advertising） ………………………………………………………142
工場渡（EXW） …………………………………………………………118
口頭証拠排除条項（Parol Evidence Rule Clause, Parol Evidence Rule） ……9,106
口頭証拠排除の原則（Parol Evidence Rule） ………………………8,106
合弁事業契約（Joint Venture Agreement） …………………………23
合弁事業契約（新会社設立の場合）（Incorporated Joint Venture） ………23
効力（Validity） ……………………………………………………………84
国際私法（Private International Law） …………………………………85
国際私法統一国際協会（UNIDROIT） …………………………………26
国際商業会議所（International Chamber of Commerce） ……………11
国際商業取引条件（International Commercial Terms：INCOTERMS） ………12
国際商工会議所（International Chamber of Commerce：ICC） ……93
告訴（action） ……………………………………………………………41
国連国際商取引法委員会（The United Nations Commission on International
　Trade Law：UNCITRAL） ………………………………………46

国連物品売買統一法条約，ウィーン条約（Contracts for the International Sales of Goods, Vienna 1980）……46
雇用契約（Employment Agreement）……21
雇用の合意（Agreement of Employment）……22
コンサルタント契約書（Consulting Agreement）……18
サービス提供契約（Service Agreement）……20
最低購入義務（Minimum Purchase Obligation）……16
裁判外紛争解決（ADR：Alternative Dispute Resolution）……96
裁判管轄（Jurisdiction, Venue）……52, 85, 87
債務（Obligation）……42
債務証書（Bond）……5
債務不履行（Default）……73
残業（Overtime）……22
仕事・労働の提供場所（Place of Work）……22
仕事の内容（Duties）……22
資産譲渡契約（Assets Purchase Agreement）……24
事情変更条項（Hardship）……79
支払条件条項（Payment）……115
社長（President）……110
修飾語（Modifier）……31
囚人労働者（Prisoner Labor）……59
収入印紙（Stamp）……111
受注請書（Order Acceptance）……14
守秘義務（Confidentiality）……16
守秘義務条項（Confidentiality）……82
受領者（Recipient）……41
準拠する（govern）……41
遵守する（observe）……41
使用言語条項（Language Clause）……107
条項の分離可能条項（Severability）……81
承諾（Acceptance）……4, 5
（権利の）譲渡（Assignment）……70
譲渡禁止条項（Prohibition of Assignment）……70
譲渡する（Assign）……40
商品規格条項（Standard of Goods, Specification of Goods）……114
商品供給者（Vendor）……56
商品引渡，所有権および危険負担の移転条項（Delivery of Goods, Transfer of

Proprietorship & Risk) ……116
書式合戦（Battle of Forms）……51
署名欄（Signature）……109
所有権（Ownership, Title）……41, 117
所有権留保条項（Reserve of Proprietorship, Retention of Title）……119
資料，データ（material）……41
紳士協定（Gentleman's Agreement）……8
申請や告訴をすること（filing）……41
信用状（Letter of Credit）……11
信用状統一規則（The Uniform Customs and Practice for Documentary Credits）……11
（源泉徴収）税（Tax）……19
税金条項（Tax）……97
製造委託契約（Manufacturing Agreement）……18
製造物責任（Product Liability）……50
製造物責任法（Product Liability Law）……13
成立（Formation）……84
責任（Responsibility）……41
責任（法的な意味での責任）（Liability）……41
設立準拠法（Governing Law for Establishment）……64
専属管轄（Exclusive Jurisdiction）……88
前文（RECITALS＝PREAMBLE＝WHEREAS Clause＝WITNESSETH）……65
相殺禁止条項（Prohibition of Set-Off）……103
相殺条項（Set-Off Clause）……102
双務契約（Reciprocal Contract）……13
贈賄禁止条項（No Bribery）……104
訴訟（Case, Litigation, law suit）……41, 96
損害賠償の制限条項（Limitation of Liability）……96
存続条項（Survival）……101
代金条項（Price）……114
代行サービス契約書（Representative Service Agreement）……18
タイム・オブ・エッセンス条項（Time of Essence）……99
代理店（Agent）……16
代理店契約（Agency Agreement）……17
他社買収契約（Company Purchase Agreement）……24
立会人（Witness）……110
担保契約（Mortgage［Security］Agreement）……21

知的財産権侵害条項（Intellectual Property Rights） ……………130
仲裁（Mediation, Arbitration） ……………………………89, 96
仲裁規則（Arbitration Rule） ………………………………91
仲裁判断（Award） …………………………………………91
仲裁判断の執行（Enforcement） ……………………………95
調印する（sign and deliver, execute） ………………………41
（資材機器の）調達（Procurement） …………………………23
調停（Conciliation, Mediation） ……………………………96
著作権・所有権の帰属条項（Copyright and Ownership） ……140
通知条項（Way of Notice） …………………………………69
定義条項（Definition） ………………………………………65
定期船（Liner Boat） ………………………………………122
定型取引条件（Standard Trade Terms） ………………………12
抵触法（Conflict of Laws） …………………………………85
天災（Act of God） …………………………………………77
電子商取引（Electronic Commerce） …………………………25
電子データ交換（Electronic Data Interchange：EDI） …………25
添付物，差押（attachment） …………………………………41
投資（Investment） …………………………………………111
当事者（Parties） ……………………………………………64
当事者関係条項（Relationship of the Parties） ………………66
当事者間の善意（Good Faith） ………………………………87
頭書（Caption） ……………………………………………64
独占的販売店契約（Exclusive Distributorship Agreement） ……15
特別決議（special resolution） ………………………………45
ドラフティング（Drafting） …………………………………29
取締役会（Board of directors） ……………………………111
取締役会議事録（Certificate by Board of Meeting, Minutes of Board Meeting）
　……………………………………………………………110, 111
取引数量条項（Volume） ……………………………………113
奴隷労働者（Slave Labor） …………………………………59
捺印（Seal） ………………………………………………110
捺印証書（Deed） …………………………………………4, 110
日本商事仲裁協会（Japan Commercial Arbitration Association） …91
ニューヨーク条約 ……………………………………………90
任意清算（voluntary winding up） …………………………45
能力（Capacity, Ability） ……………………………………42

〜の責任がある（liable to）	41
ノックダウン契約（Agreement of Knock-Down）	18
売買意思表示条項（Meeting of Minds）	112
売買確認書（Confirmation of Sales）	15
発効条件条項（Condition）	132
発注書（Purchase Order）	14
発注手続条項（Ordering）	112
ハブ・メイド条項（Have Made Clause）	135
反トラスト法（Anti Trust Laws）	36
販売代行契約書（Sales Representation Agreement）	18
販売地域の指定（Territory）	16
販売店（Distributor）	15
販売店契約（Distributorship Agreement）	15, 17
販売店の指名と受託条項（Appointment）	15
被告（Defendant）	96
秘書役（Secretary）	111
非専属管轄（Non-Exclusive Jurisdiction）	88
非独占的販売店契約（Non-Exclusive Distributorship Agreement）	15
秘密保持義務（Confidentiality; Secrecy）	22
秘密保持契約（Confidentiality Agreement）	22
秘密保持条項（Confidentiality）	145
病気休暇（Sick leave）	22
表題（Title）	63
品質コントロール条項（Control of Quality）	141
品質保証，品質保証条項（Warranty）	38, 126
ファイナンスリース（Finance Lease）	19
不可抗力（Force Majeure）	77
副本条項（Counterparts）	101
福利厚生（Fringe benefit）	22
物品売買契約（Supply & Purchase Agreement, Sales Agreement）	13
船積手配条項（On Board Arrangement）	122
船側渡（FAS）	118
腐敗防止法（Corruption Act）	36
プラント技術（Plant Engineering）	23
不履行（failure to enforce, failure）	41
紛争（Dispute）	91, 96
紛争解決（Dispute resolution）	96

紛争解決条項，紛争処理条項（Way of Settlement of Dispute） ……………22, 87
米国統一商法典（Uniform Commercial Code：UCC）………………………8, 14
米国法律協会（American Law Institute）………………………………………5
弁護士事務所（Law Firm）……………………………………………………53
報酬（Remunetation Bonus）…………………………………………………22
法的関係（Legal Relations）……………………………………………………4
法的拘束力（Enforceability）……………………………………………………3
法的拘束力をもった規定（Binding provision）………………………………42
法律文書（legal documents, instrument）……………………………………41
保証（Guarantee）……………………………………………………………111
保証契約（Guaranty Agreement）……………………………………………21
本船渡（FOB）………………………………………………………………118
末尾文言（Closing Clause）…………………………………………………109
免れる（save）…………………………………………………………………41
見出しに関する条項（Headings）……………………………………………100
民事再生手続（arrangement（between debtors and creditors））…………45
民事訴訟（Lawsuit, Civil Litigation）…………………………………………96
申込（Offer）…………………………………………………………………4, 5
持分（interest）………………………………………………………………45
（紛争に）もっとも強い関心（Most Compelling Interest）…………………49
（契約と）もっとも密接な関係（Closest Connection）………………………49
約因，行為，約束，対価（Consideration）………………………………4, 37, 41
融資（Finance）………………………………………………………………111
ライセンス許諾条項（Grant of License）……………………………………135
ライセンス許諾表示条項（Use of Legend）…………………………………138
（知的財産）ライセンス契約（License Agreement）…………………………19
履行（performance）………………………………………………………41, 84
量（Quantity）…………………………………………………………………37
労働時間（Full time work; Part time work）………………………………22
和解（Conciliation, Mediation）………………………………………………96

《著者紹介》

野副靖人（のぞえ　やすひと）

昭和45年(1970)	鹿児島大学法文学部法学科卒
同年4月	㈱東京銀行(現東京三菱銀行)入行
昭和54年(1979)	同行ハンブルグ支店赴任，ドイツ国内・北欧・東欧との融資取引を担当，国内・海外関係の契約，訴訟，債権回収などの法務を経験
昭和62年(1987)	同行審査部審査役，契約，訴訟，債権回収などの法務を経験
平成8年(1996)	㈱三栄コーポレーション取締役社長室長就任，国内・海外関係の契約，債権回収などの法務を経験
平成13年(2001)	同社常勤監査役就任，現在に至る

英文ビジネス契約書の読み方・書き方・結び方

平成17年2月25日　初版発行

著　者　野　副　靖　人
発行者　山　本　時　男
発行所　㈱中央経済社

〒101-0051　東京都千代田区神田神保町1-31-2
電話　03（3293）3371（編集部）
　　　03（3293）3381（営業部）
http://www.chuokeizai.co.jp/
振替口座　00100-8-8432
印　刷／文唱堂印刷㈱
製　本／㈱関川製本所

© 2005
Printed in Japan

※頁の「欠落」や「順序違い」などがありましたらお取り替えいたしますので小社営業部までご送付ください。（送料小社負担）
ISBN4-502-59200-5　C2034

R〈日本複写権センター委託出版物〉本書の全部または一部を無断で複写複製（コピー）することは，著作権法上での例外を除き，禁じられています。本書からの複写を希望される場合は，日本複写権センター（☎03-3401-2382）にご連絡下さい。

国際ビジネスに必須の実用辞典！

英和和英 ビジネス法律用語辞典

喜多了祐編著　　A5・上製ケース入り・18,000円（本体）

◆国際取引に必要な8,000を超える用語句を収録。
◆民法・商法をはじめ証取法・独禁法・税法領域までを網羅。
◆日本人の感覚では理解できない英語独特の表現を数多く掲載。

本辞典の構成と特色

英和の部

＊見出し語には訳語だけでなく，重要なものにはコメントを付した。
＊訳語およびその意味が法律によって異なる場合にはその内容を明示した。
＊コメント中の英文についても，その語が見出し語として掲載されている場合やコメントが付されている場合を明示した。

和英の部

＊英和の部のすべての訳語を見出し語として掲げ，対応する英語句をすべて表示し，さらに該当頁とともに右段・左段の区別を明示した。
＊対応する英語句に，コメントが付されているかどうかを明示した。

英文索引の部

＊英和の部の見出し語だけでなく，コメント中の重要な英文も掲載した。
＊見出し語とそうでないものとを太字と細字で区分し，いずれにも該当頁と右段・左段の区別を明示した。
＊見出し語が，他の語句のコメント中に使用されている場合には，そのすべてについて該当頁と右段・左段の区別を，さらにその語にコメントが付されているかどうかも明示した。

中央経済社